유니티 C#
스크립팅 마스터하기

유니티 C#
스크립팅 마스터하기

고급 C# 팁과 기법을 통해 배우는
프로 게임 개발

앨런 쏜 지음 장석현 옮김

i!i
에이콘

 에이콘출판의 기틀을 마련하신 故 정완재 선생님 (1935-2004)

지은이 소개

앨런 쏜^{Alan Thorn}

런던에 살고 있는 13년 이상의 경력을 가진 게임 개발자 겸 프리랜서 프로그래머이자 저술가다. 2010년에 왁스 리리컬 게임즈^{Wax Lyrical Games}를 설립했고 수상 경력에 빛나는 〈바론 위타드: 네메시스 오브 라그나로크^{Baron Wittard: Nemesis of Ragnarok}〉를 만들었다. 열 개의 동영상 교육 과정을 만들었고, 『Unity 4 Fundamentals: Get Started at Making Games with Unity』(Focal Press, 2013), 『UDK Game Development』(Cengage Learning PTR, 2011), 『Pro Unity Game Development with C#』(Apress, 2014) 등 11권의 게임 개발 서적을 저술했다. 또한 영국 국립영화학교^{National Film and Television School}에서 게임 디자인 및 개발 과정의 객원 강사로 활동 중이다.

게임과 시뮬레이터, 키오스크, 기능성 게임, 게임 스튜디오나 박물관, 전 세계의 테마파크 등지에 필요한 증강현실 소프트웨어 등 500개 이상의 프로젝트 개발에도 프리랜서로 참여했다. 현재는 데스크톱과 모바일용으로 곧 출시되는 어드벤처 게임인 〈메가 배드 코드^{Mega Bad Code}〉를 개발하고 있다. 철학과 요가, 시골길 걷기를 좋아한다. 이메일 주소는 directx_user_interfaces@hotmail.com이다.

기술 감수자 소개

딜런 아기스^{Dylan Agis}

프로그래머이자 게임 디자이너로서 현재 몇몇 프로젝트에 프리랜서로 참여하고 있으며 개인 프로젝트도 개발 중이다. C++, C#, 유니티에 대한 탄탄한 지식을 갖췄고, 문제 해결을 좋아한다.

책을 검토할 기회를 준 팩트출판사와 흥미로운 책을 쓴 지은이에게 감사한다.

존 도란^{John P. Doran}

10년 이상 게임을 만들어온 테크니컬 게임 디자이너다. 한 명에서부터 70명 이상까지 다양하게 구성된 학생 팀, 모드^{MOD} 팀, 프로 팀 등에서 여러 가지 게임 개발에 참여했다.

루카스아츠^{LucasArts}에서 〈스타워즈: 1313^{Star Wars: 1313}〉의 게임 디자인 인턴(경력자로 구성된 팀의 유일한 신입 게임 디자이너)으로 일했다. 또한 디지펜-유비소프트^{DigiPen-Ubisoft} 캠퍼스의 게임 프로그래밍 과정 수석 강사로서 졸업반 학생들을 위한 고급 게임 프로그래밍 과정을 맡아 강의하고 있다.

현재는 디지펜의 연구개발 부서에서 테크니컬 디자이너로 근무 중이다. C++, 언리얼^{Unreal}, 플래시^{Flash}, 유니티 등 게임 개발의 다양한 주제에 대해 강의도 겸하고 있다.

아홉 권의 게임 개발서에 대한 기술 감수에 참여했고, 팩트출판사의 『Unity Game Development Blueprint』, 『Getting Started with UDK』, 『Mastering UDK Game Development HOTSHOT』과 동영상 콘텐츠 'UDK Game Development'의 저자다. 팩트출판사의 『UDK iOS Game Development Beginner's Guide』의 공동 저자이기도 하다.

알레산드로 모치[Alessandro Mochi]

암스트래드[Amstrad]와 NES 시절부터 비디오 게임을 플레이해왔으며 PC, 콘솔, 모바일 등 가능한 모든 분야의 게임을 붙잡고 있다. 스케일이 큰 게임이든 작은 게임이든 사랑과 열정을 쏟아 붓는다. RPG, 전략, 액션 플랫폼 게임 등 어떤 장르도 예외는 없다.

IT 전문직에 종사하며 우수한 성적으로 프로젝트 관리를 전공했다. 여러 강의를 통해 많은 지식을 습득했으며 스페인어, 이탈리아어, 영어를 유창하게 구사한다. 항상 새로운 도전을 즐긴다.

현재는 프리랜서 게임 디자이너 겸 프로그래머로 활동 중이며, 어린 개발자들이 꿈을 실현할 수 있게 돕고 있다. 세계 각지를 곧잘 여행하곤 하지만, 언제든지 www.amochi-portfolio.com에서 그의 포트폴리오를 볼 수 있다.

라이언 왓킨스[Ryan Watkins]

파티를 즐긴다. 링크드인[LinkedIn](www.linkedin.com/in/ryanwatkins/)에서 만날 수 있다.

옮긴이 소개

장석현(book@herzz.com)

2002년부터 넥슨, 네오위즈 등의 회사에서 다수의 온라인 게임을 만든 게임 개발자다. 2011년부터 유니티 엔진을 이용한 멀티플랫폼 게임 개발 프로젝트들에서 일했다. 에이콘출판사가 펴낸『Unity로 하는 2D 게임 개발』(2014),『유니티 2D 게임 만들기』(2015)를 번역했다.

옮긴이의 말

유니티는 이제 더 이상 설명이 필요 없을 정도로 널리 사용되는 게임 엔진이자 개발 도구다. 비단 프로그래머뿐 아니라 게임 디자이너와 아티스트에게도 비교적 진입 장벽이 낮은 편이고, 유니티의 기능을 활용하기 위한 책과 참고 자료들이 수없이 많아 가장 대중적인 게임 엔진으로서의 이점도 누릴 수 있다.

유니티와 관련해 개인적으로 한 가지 아쉬운 점이 있다면 초급자를 위한 유니티 입문서와 튜토리얼 등은 손쉽게 찾아볼 수 있는 반면, 초급자가 중·고급자로 넘어가기 위해 필요한 지식을 전달하는 책과 자료는 상대적으로 찾아보기 어렵다는 것이다. 초급자를 위한 내용들을 습득한 이후 바로 고급자에게 특화된 내용을 다룬 저술이나 논문 등을 따라가기란 다소 벅찬데, 그 내용상의 간극을 독자 스스로가 자료를 찾아가며 채워야 하는 것이 지금까지의 현실이었다.

이 책은 유니티에서 C#을 이용해 스크립트를 작성할 때 필요한 중·고급 기술들에 대해 집중적으로 탐구해보는 중급자용 안내서다. 유니티 활용을 다루는 초급서와 C# 및 닷넷·NET에 대한 초급서를 살펴봤다면, 이 책에서 다루는 실용적인 예제들을 통해 유니티에서 C#을 좀 더 적극적으로 활용하는 아이디어를 얻어볼 것을 권한다.

이 책의 번역 기간 동안 물심양면으로 아낌없이 지원해준 아내에게 사랑한다는 말을 전한다.

차례

들어가며

이 책은 유니티에서 C#을 이용한 게임 스크립트를 작성하는 데 필요한 고급 기술과 색다르고 효과적인 방법들에 대해 간략하면서도 집중적으로 탐구해보는 책이다. 유니티에 대한 입문서나 초급자 튜토리얼은 이미 셀 수 없이 많기 때문에 차별화될 수 있도록 좀 더 고급 주제에 집중했으며 짜임새 있게 구성했다. 따라서 독자가 이미 애셋 임포트나 레벨 디자인, 라이트 매핑, C#이나 자바스크립트를 이용한 기초 스크립트 작성법 등 기본적인 유니티 사용법을 숙지하고 있음을 전제한다. 이 책은 처음부터 디버깅, 인공지능^{AI, Artificial Intelligence}, 사용자 정의 렌더링, 에디터 확장, 애니메이션 및 움직임 등의 주제를 포함해 실용적인 사례와 예제를 살펴보고, 작성한 스크립트를 창의적으로 적용해 복잡한 결과를 만들어내는 방법을 다룬다. 이론상의 추상적 개념과 팁을 설명하기보다 어떠한 이론이 현실적인 예제에 어떻게 적용될 수 있는지를 보여줌으로써 독자의 프로그래밍 지식을 업그레이드하고, 이를 통해 단지 동작하기만 하는 게임 대신 최적화된 게임을 만들 수 있게 하는 것이 주된 목적이다. 이 책을 최대한 활용하려면 각 장을 처음부터 끝까지 순서대로 읽고, 읽는 동안 일반적이고 추상적인 사고방식을 유지하자. 시간과 공간 개념을 아울러 일반적인 원리를 설명하는 각 장의 개별 예제와 설명을 간단히 살펴보자. 이 예제들은 내가 사용한 구체적인 내용을 빼고 독자의 필요에 맞게 재사용할 수도 있다. 요컨대 이 책에서 다루는 내용들은 내가 선택한 특정 예제나 사례에만 관련된 것이 아니라, 독자의 프로젝트와 밀접한 내용들이다. 그럼 이제 시작해보자.

이 책에서 다루는 내용

1장, 유니티 C# 복습에서는 C#의 기초와 유니티에서의 스크립트 작성을 간추려서 다룬다. 기초적인 내용에 대해 포괄적으로 설명하는 대신, 기초를 배운 적이 있지만 한동안 코딩을 쉬었거나 뒤에 나올 내용을 살펴보기 전에 빠른 복습을 원하는 독자에게 필요할 만한 내용들을 다룬다. 스크립트 작성에 필요한 기초 내용들(클래스, 상속, 프로퍼티, 다형성 등)을 숙지하고 있는 독자라면 1장은 건너뛰어도 좋다.

2장, 디버깅에서는 디버깅에 대해 깊이 다룬다. 오류가 발생했을 때 찾아서 성공적으로 고칠 수 있는 능력을 갖춰야 견고하면서도 효과적인 코드를 작성할 수 있다. 때문에 디버깅은 무척 중요한 기술이다. 2장에서는 기초에만 그치지 않고 모노디벨롭 인터페이스를 통한 디버깅을 심도 있게 설명하고, 유용한 오류 기록 시스템을 만들어본다.

3장, 싱글턴과 정적 멤버, 게임오브젝트와 월드에서는 게임오브젝트에 대한 접근, 변경, 관리를 둘러싼 폭넓은 기능들을 살펴본다. 구체적으로, 전역 접근이 가능하고 계속 유지되는 오브젝트를 만들기 위해 싱글턴 디자인 패턴을 살펴보고, 검색, 리스트, 정렬, 오브젝트 배치에 대한 여러 가지 기법들도 살펴본다. 그리고 신뢰도 높은 결과를 만들어내기 위해 하나로 통합된 게임 월드나 좌표 공간에서 오브젝트를 처리하는 유니티 스크립트를 작성해본다.

4장, 이벤트 주도적 프로그래밍에서는 게임 최적화를 위해 구조를 재구성할 때 중요한 방법인 이벤트 주도적 프로그래밍에 대해 알아본다. 업데이트나 빈번히 발생하는 이벤트 안의 큰 부하를 일으키는 작업들을 이벤트 시스템으로 옮김으로써 절약한 시간은 다른 작업을 수행하는 데 가치 있게 사용할 수 있다.

5장, 카메라, 렌더링, 씬에서는 카메라 동작에 대해 단순히 겉핥기만 하는 것이 아니라, 카메라의 구조와 렌더링되는 출력 결과를 직접 조정함으로써 카메라가 어떻게 동작하는지 깊이 들여다본다. 프러스텀^{frustum} 검사, 컬링, 시야, 직교 투영, 깊이와 레이어, 후처리 효과 등을 설명한다.

6장, 모노를 이용한 개발에서는 모노 라이브러리와 여기에 포함된 딕셔너리, 리스트, 스택 등의 유용한 클래스들을 살펴보고, 문자열 및 정규식, LINQ 등의 다른 기능과 개념에 대해서도 알아본다. 6장을 통해 대량의 데이터를 빠르고 효과적으로 처리하는 방법을 배울 수 있다.

7장, 인공지능에서는 인공지능 프로젝트를 만들기 위해 앞 장에서 다루었던 모든 내용들을 활용한다. 돌아다니기, 추격하기, 순찰하기, 공격하기, 회피하기, 체력 회복 아이템 찾기 등 다양한 동작을 수행하는 영리한 적을 만들어보며, 이 캐릭터를 만드는 과정을 통해 시야 문제와 근접 감지, 경로 탐색을 설명한다.

8장, 유니티 에디터 사용자화에서는 유니티 에디터에 초점을 맞춘다. 유니티 에디터는 여러 기능들로 가득 차 있지만 더 많은 기능이 필요할 때도 있다. 먼저 에디터 클래스를 만드는 방법을 배우고, 에디터가 다른 방법으로 동작하도록 혹은 더 잘 동작하도록 에디터 자체를 사용자화하는 방법을 익힌다. 인스펙터에 표시되는 프로퍼티를 사용자화하고, 에디터 사용자화를 통해 게임에서 다중 언어 간 전환에 필요한 모든 기능을 갖춘 현지화 시스템을 만든다.

9장, 텍스처, 모델, 2D를 이용한 구현에서는 스프라이트, 텍스처, GUI 구성 요소 등 2D 구성 요소를 이용해 할 수 있는 여러 가지 것들을 살펴본다. 3D 게임에서도 2D 구성 요소는 중요한 임무를 맡고 있으므로, 다양한 2D 관련 문제들과 효과적이면서 강력한 해결책들을 함께 알아본다.

10장, 소스 관리 및 유용한 팁은 좀 더 일반적인 내용을 다룬다. 특정 주제에 국한되지는 않지만, 여기에서 다루는 다양한 팁과 요령은 모두 습득할 필요가 있는 중요한 내용들이다. 명료한 코드를 작성하는 팁, 데이터 직렬화, 소스와 버전 관리 시스템 통합 등의 내용을 살펴본다.

준비 사항

이 책은 유니티에 초점을 맞추므로 유니티가 필요하다. 유니티에는 코드 에디터를 포함해서 이 책의 내용을 따라오는 데 필요한 모든 것들이 들어있다. 유니티는 http://unity3d.com/에서 다운로드할 수 있고, 하나의 애플리케이션 배포판 안에서 무료와 프로 버전 두 라이선스를 모두 제공한다. 무료 버전은 한정된 기능만을 사용할 수 있지만, 이 기능들 또한 강력하다. 이 책에서 다루는 대부분의 내용과 예제들은 무료 버전과 호환되는 내용이므로 무료 버전을 사용해도 따라오는데 무리가 없다. 다만, 몇몇 장과 예제들은 프로 버전이 필요한 경우가 있다.

이 책의 대상 독자

이 책은 학생, 교사, 전문가 등 유니티와 스크립트 작성에 대한 기본적인 내용을 이미 숙지한 독자에게 알맞은 중급자용 안내서다. 유니티를 짧은 시간 동안 사용해본 독자뿐 아니라 유니티 숙련자일지라도 게임 개발 공정을 향상시키는 중요하고 가치 있는 내용들을 얻을 수 있다.

편집 규약

이 책에서는 독자의 이해를 돕고자 다루는 정보에 따라 글꼴 스타일을 다르게 적용했다. 이러한 스타일의 예와 의미는 다음과 같다.

텍스트에서 코드 단어는 다음과 같이 표기한다.

"MyFuction 함수를 부르기 위해 SendMessage를 호출했다."

코드 블록은 다음과 같이 표기한다.

```
01 using UnityEngine;
02 using System.Collections;
03
04 public class MyNewScript : MonoBehaviour
05 {
```

코드 블록에서 중요한 부분은 다음과 같이 굵게 표기한다.

```
// Y 위치가 100을 초과하는 경우 이 오브젝트를 숨겨야 한다
bool ShouldHideObject = (transform.position.y > 100) ? true : false;

// 오브젝트 가시성 업데이트
gameObject.SetActive(!ShouldHideObject);
```

화면상에 표시되는 메뉴나 버튼은 다음과 같이 표기된다.

"한 가지 방법은 애플리케이션 메뉴에서 Assets > Create > C# Script를 선택하는 것이다."

경고나 중요한 노트는 박스 안에 이와 같이 표기한다.

 팁과 트릭은 박스 안에 이와 같이 표기한다.

독자 의견

독자로부터의 피드백은 항상 환영이다. 이 책에 대해 무엇이 좋았는지 또는 좋지 않았는지 소감을 알려주기 바란다. 독자 피드백은 독자에게 필요한 주제를 개발하는 데 매우 중요하다.

일반적인 피드백을 우리에게 보낼 때는 간단하게 feedback@packtpub.com으로 이메일을 보내면 되고, 메시지의 제목에 책 이름을 적으면 된다. 여러분이 전문 지식을 가진 주제가 있고, 책을 내거나 책을 만드는 데 기여하고 싶으면 www.packtpub.com/authors에서 저자 가이드를 참조하기 바란다.

고객 지원

팩트출판사의 구매자가 된 독자에게 도움이 되는 몇 가지를 제공하고자 한다.

예제 코드 다운로드

이 책에 사용된 예제 코드는 http://www.packtpub.com의 계정을 통해 다운로드할 수 있다. 다른 곳에서 구매한 경우에는 http://www.packtpub.com/support를 방문해 등록하면 파일을 이메일로 직접 받을 수 있다. 또한 에이콘출판사의 도서정보 페이지인 http://www.acornpub.co.kr/book/mastering-unity-scripting에서도 예제 코드를 다운로드할 수 있다.

컬러 이미지 다운로드

이 책에 사용된 다이어그램이나 스크린샷도 PDF 파일로 제공한다. 이 파일은 https://www.packtpub.com/sites/default/files/downloads/0655OT_ColoredImages.pdf와 에이콘출판사 도서 정보 페이지에서 다운로드할 수 있다.

오탈자

팩트출판사의 도서에서 문장이든 코드든 간에 문제를 발견해서 알려준다면 매우 감사하게 생각할 것이다. 그런 참여를 통해 그 밖의 독자에게 도움을 주고, 다음 버전의 도서를 더 완성도 높게 만들 수 있다. 오탈자를 발견한다면 http://www.packtpub.com/submit-errata를 방문해 책을 선택하고, 구체적인 내용을 입력해주길 바란다. 보내준 오류 내용이 확인되면 웹사이트에 그 내용이 올라가거나 해당 서적의 정오표 부분에 그 내용이 추가될 것이다. http://www.packtpub.com/support에서 해당 도서명을 선택하면 기존 정오표를 확인할 수 있다. 한국어판은 에이콘출판사 도서정보 페이지 http://www.acornpub.co.kr/book/mastering-unity-scripting에서 찾아볼 수 있다.

저작권 침해

팩트출판사에서는 저작권과 사용권 문제를 아주 심각하게 인식한다. 어떤 형태로든 팩트출판사 서적의 불법 복제물을 인터넷에서 발견한다면 적절한 조치를 취할 수 있도록 해당 주소나 사이트명을 알려주길 부탁한다. 의심되는 불법 복제물의 링크를 copyright@packpub.com으로 보내주길 바란다. 저자와 더 좋은 책을 위한 팩트 출판사의 노력을 배려하는 마음에 깊은 감사의 뜻을 전한다.

질문

이 책과 관련해 질문이 있다면 questions@packtpub.com으로 문의하길 바란다. 최선을 다해 질문에 답하겠다. 한국어판에 관한 질문은 이 책의 옮긴이나 에이콘출판사 편집 팀(editor@acornpub.co.kr)으로 문의해주길 바란다.

1

유니티 C# 복습

이 책은 유니티를 이용한 게임 개발에 대한 내용 중 C# 스크립팅을 정복하기 위한 내용에 초점을 맞추고 있다. 시작하기에 앞서 이 책에서 말하는 정복의 정의 및 필요 요건에 대해 생각해보자. 이론적으로만 알고 있는 중급 수준의 지식을 유용하고 깊이 있는 지식이 되도록 하여 능수능란해지는 것을 정복이라 할 수 있는데, 이러한 정복을 위해 이 책이 유용할 것이라는 이야기를 하고 싶다. 여기서 능수능란해진다는 것이 핵심이다. 프로그래밍 언어를 배우기 시작할 땐 어김없이 언어의 형식적인 요소인 문법과 규칙에 초점을 맞추게 된다. 여기엔 변수와 반복문, 함수 등의 개념이 포함된다. 하지만 프로그래머가 경험을 쌓아감에 따라 언어 자체에 대한 내용보다는 현실 세계의 문제를 해결하기 위해 언어를 창조적으로 활용하는 방법에 좀 더 관심을 갖게 된다. 언어 중심적인 문제로부터 상황에 대처하는 애플리케이션상의 문제로 초점이 옮겨진다. 그래서 이 책에서는 C# 언어의 문법적인 형식에 대한 내용을 중점적으로 다루지 않을 것이다.

1장을 읽은 후엔 독자들이 기본적인 내용을 알고 있다고 가정하고 계속 진행할 예정이다. 이 책은 기본적인 내용을 다루는 대신에 실질적인 사례 탐구 및 C#을 이용한 현실적인 문제들에 대해 다룰 예정이다. 하지만 1장에서는 이 단계로 넘어가기 전에 일반적인 C#의 기초에 대해 잠시 초점을 맞추려 한다. 앞으로 나올 각 장의 내용을 알차게 따라가기 위해 필요한 모든 C# 기초 지식을 빠르게 요약해 다룰 것이다. 독자들의 경력 여부와 무관하게 이 책을 처음부터 끝까지 읽어보길 강력히 권장하는 바다. 이 책은 C#을 비교적 최근에 시작해서 어려운 내용으로 뛰어들길 원하는 독자를 대상으로 한다. 하지만 어쩌면 이 책을 통해 기존의 지식을 공고히 하고 새로운 조언이나 아이디어를 얻음으로써 경험이 많은 개발자들에게도 도움이 될 수 있다. 그러므로 1장에서 C#의 기초적인 부분들을 처음부터 차근차근 요약해 설명하려고 한다. 독자들이 대체로 이미 알고 있는 프로그래밍의 매우 기초적인 부분까지도 설명하게 될 것이다. 어쩌면 C#과는 무관한 다른 언어에 대한 내용이 될 수도 있다. 자, 이제 시작해보자.

C#을 선택하는 이유

유니티로 새로 게임을 만들 때 여러 가지 언어를 선택할 수 있는 관계로, 유니티 스크립팅을 처음 접할 때는 C#을 선택하는 이유에 대해 의문을 가질 수 있다. 보통은 처음 시작하면서 C#이나 자바스크립트^{JavaScript}를 선택한다. 하지만 자바스크립트의 경우 유니티에서만 다르게 적용된, 언어적인 변경점이 있는 관계로 자바스크립트라는 이름이 맞는지, 아니면 유니티스크립트^{UnityScript}라는 이름이 맞는지에 대한 논쟁이 있다. 뭐, 우리에게 중요한 내용은 아니다. 핵심은 독자의 프로젝트에 어떤 언어를 선택해야 하는가 하는 점이니까. 그런데, 가만 보니 다른 선택지가 있어 보인다. 두 가지 언어를 모두 선택해서 한 가지 언어로 스크립트 파일을 몇 개 만들고, 다른 언어로 다른 스크립트 파일을 만들 수도 있겠다. 물론 기술적으로는 가능한 얘기다. 이렇게 한다고 해서 유니티가 멈추거나 하진 않는다. 하지만 이렇게 하면 컴파일 충돌과 같은 혼란을 일으킬 수 있기 때문에 나쁜 습관이라 할 수 있다. 마치 거리 계산을 할 때 킬로미터와 마일을 섞어서 하려는 것과 같다고 할 수 있겠다.

권장하는 방법은 유니티가 지원하는 세 가지 언어 중 하나를 골라서 프로젝트 전체에 걸쳐 일관되게 사용하는 것이다. 이렇게 하는 것이 보다 매끄럽고 효율적인 작업 방식인데, 다른 언어들을 포기하고 한 가지 언어만을 선택해야 한다는 이야기다. 이 책에서는 C#을 선택했다. 왜일까? 우선, C#이 다른 언어에 비해 우월하기 때문은 아니다. 내 관점에서 보면, 각 언어들에 절대적인 우월함이나 부족함이 존재하지는 않는다. 모든 언어는 각각의 이점과 쓰임새가 있고 유니티에서 사용되는 모든 언어는 게임을 만드는 데 있어 똑같이 쓸 만한 언어다. 아마도 C#을 선택하는 주된 이유를 들어보면 유니티에서 가장 널리 사용되며 지원받는 언어라는 점이 두드러지는데, 개발자들이 유니티를 접할 때 C#을 선택하는 경우 기존에 만들어진 자료 대부분에 가장 손쉽게 접근할 수 있기 때문이다. C#은 다른 분야의 애플리케이션 개발에 큰 영향력을 가지고 있는 관계로 대부분의 유니티 튜토리얼은 C#을 염두에 두고 만들어졌다. C#은 유니티에서도 사용하는 닷넷.NET 프레임워크(유니티에서는 모노Mono를 통해 구현된다.)의 역사와 함께한다. 또한 게임 개발 분야에 큰 영향력을 지닌 C++와 가장 닮아있기도 하다. 덧붙여, C#을 배움으로써 현재의 게임 업계에서 유니티 프로그래머에게 요구하는 것과 같은 기술을 독자가 사용하게 될 가능성이 커진다고 할 수 있다. 따라서 나는 이 책이 널리 읽혀질 수 있도록, 그리고 광범위한 내용의 다른 튜토리얼과 문서를 일관되게 참고할 수 있도록 C#을 선택했다. 덕분에 이 책을 다 읽은 후 독자의 지식을 더욱 넓혀가려 할 때 좀 더 쉽게 접근할 수 있을 것이다.

스크립트 파일 생성

게임의 동작이나 로직을 정의하려 할 때에는 스크립트를 작성해야 한다. 유니티에서의 스크립트 작성은 새로운 텍스트 형식의 스크립트 파일을 생성해 프로젝트에 추가함으로써 시작하게 된다. 이러한 파일에는 유니티가 따라야 할 모든 명령어를 포함하는 프로그램이 정의된다. 앞에서 언급했듯이 C#, 자바스크립트, Boo 어떤 언어로든 명령어를 작성할 수 있다. 이 책에선 C#을 선택한다. 유니티에서 스크립트 파일을 만드는 방법에는 여러 가지가 있다.

한 가지 방법은 다음 그림처럼 애플리케이션의 메뉴에서 Assets > Create > C# Script를 선택하는 것이다.

애플리케이션 메뉴를 통해 스크립트 파일 생성하기

다른 방법은 다음 그림처럼 **Project** 패널 안쪽의 빈 공간에서 우클릭해 컨텍스트 context 메뉴의 **Create ➤ C# Script** 옵션을 선택하는 것이다. 이렇게 하면 현재 열린 폴더 안에 애셋[Asset1]을 생성하게 된다.

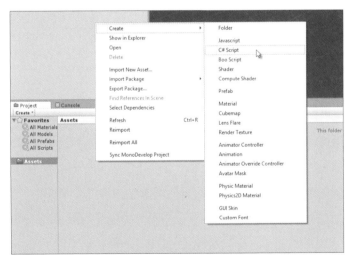

Project 패널의 컨텍스트 메뉴를 통해 스크립트 파일 생성하기

---

1 유니티에서는 스크립트 파일을 포함해 이미지, 사운드, 텍스트 등의 모든 게임 리소스를 애셋이라는 개념으로 통합해서 관리한다. - 옮긴이

생성하고 나면, 새 스크립트 파일이 Project 폴더 안에 .cs 파일 확장자(C Sharp을 의미함)를 가지도록 만들어진다. 파일 이름은 유효한 스크립트 파일을 만드는 데 큰 영향을 주기 때문에 매우 중요하다. 유니티가 파일 안에 만들 C# 클래스^{class}의 이름을 정할 때 파일 이름을 참조하기 때문이다. 클래스에 대해서는 이번 장의 뒷부분에서 자세히 다룬다. 한마디로 파일에 고유하고 의미 있는 이름을 지정하라는 말이다.

고유한 이름이란 폴더가 같든 아니든 프로젝트 안의 다른 어느 곳에도 같은 이름의 스크립트 파일이 존재하지 않아야 한다는 의미다. 모든 스크립트 파일은 프로젝트를 통틀어 고유한 이름을 가져야만 한다. 또한 이러한 이름은 스크립트가 하려고 하는 일을 명확하게 표현할 수 있도록 의미 있는 이름이어야 한다. 덧붙여서 C#의 클래스 이름을 결정짓는 파일 이름을 유효하게 정하는 규칙이 있다. 이 규칙에 대한 자세한 내용은 웹사이트 https://msdn.microsoft.com/ko-kr/library/aa664670(VS.71).aspx에서 찾아볼 수 있다. 간단히 설명하면, 파일 이름은 영문자나 밑줄(_)로만 시작해야 하며, 이름에는 공백을 포함할 수 없고 밑줄을 포함하는 것만 허용된다.

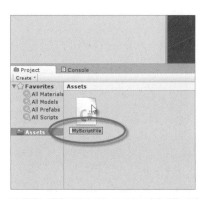

C# 클래스 명명 규약에 따른 스크립트 파일 이름 지정

유니티 스크립트 파일은 비주얼 스튜디오^{Visual Studio}나 노트패드++^{Notepad++} 등을 포함해서 모든 텍스트 편집기 또는 IDE로 열어 볼 수 있다. 유니티는 무료 오픈소스 편집기인 모노디벨롭^{MonoDevelop}을 함께 제공한다. 이 소프트웨어는 유니티 패키지

의 일부분으로서 설치할 때 포함되므로 별도로 다운로드할 필요가 없는 것이 장점이다. Project 패널에서 스크립트 파일을 더블클릭하면 유니티는 모노디벨롭을 통해 자동으로 파일을 열게 된다. 혹시 나중에 스크립트 파일 이름을 변경할 일이 생기면, 다음 그림처럼 파일의 이름과 함께 스크립트 파일 안의 C# 클래스 이름 또한 파일 이름과 정확히 일치하도록 바꿔주어야 한다. 그렇게 하지 않으면 코드를 망가뜨리게 되고 스크립트 파일을 오브젝트^{object}에 붙일 때 컴파일 에러나 문제를 일으키게 된다.

```
File  Edit  View  Search  Project  Build  Run  Version Control  Tools  Window  Help

                                                            MonoDevelop-Unity

    MyScriptFile.cs

  MyNewScript ▶ No selection
 1  using UnityEngine;
 2  using System.Collections;
 3
 4  public class MyNewScript : MonoBehaviour
 5  {
 6      // Use this for initialization
 7      void Start () {
 8
 9      }
10
11      // Update is called once per frame
12      void Update () {
13
14      }
15  }
16
```

클래스 이름을 스크립트 파일의 이름과 일치하도록 변경하기

코드 컴파일하기

유니티에서 코드를 컴파일하려면 모노디벨롭의 애플리케이션 메뉴 중 File 메뉴에서 Save 옵션을 선택해(혹은 키보드의 Ctrl+S를 눌러서) 스크립트 파일을 저장한 후 유니티 에디터로 돌아간다. 유니티 창을 다시 활성화시키면 유니티가 자동으로 코드 변경을 감지하고 해당 파일들의 코드를 컴파일하게 된다. 컴파일 과정에 에러가 생기면 게임은 실행할 수 없는 상태가 되고, 이 에러들은 콘솔(Console) 창에 출력된다. 컴파일에 성공했다면 간단히 에디터 툴바 위의 재생 버튼을 눌러 게임을 실행하고 테스트할 수 있다. 여기서 주의할 점! 코드를 변경한 후 모노디벨롭에서 파일 저장을 잊어버리면 유니티는 이전에 컴파일된 버전의 코드를 계속 사용하게 된다. 따라서 백업이 될 수 있도록 작업을 주기적으로 저장하는 것이 몹시 중요하다. 모노디벨롭에서 Ctrl+S를 눌러 저장하는 것을 잊지 말자.

스크립트 인스턴스화

유니티의 각 스크립트 파일은 인스턴스화 가능한 주 클래스^{class}를 하나씩 정의하고 있는데 이것은 도면이나 설계도에 해당하는 것이다. 클래스는 관련된 변수와 함수, 이벤트(곧 소개할 예정)의 집합이다. 기본적으로 스크립트는 메시^{mesh}, 오디오 파일과 같은 다른 종류의 유니티 애셋과 동등하게 취급된다. 스크립트를 특정 씬^{scene}에 추가(오브젝트에 컴포넌트 형태로 추가한다.)하기 전까지 스크립트는 Project 패널에 비활성 상태로 존재하게 된다. 형태를 가진 독립적인 메시 등의 오브젝트와는 달리 스크립트는 완전히 논리적이고 수학적인 것으로서 아직 씬에 추가된 상태가 아니다. 스크립트는 시각적, 청각적 존재감이 없어 직접 보거나 들을 수 없다. 대신 기존의 게임오브젝트에 이 오브젝트의 동작을 정의하는 컴포넌트^{component}로서 추가된다. 특정 오브젝트에 스크립트를 컴포넌트로서 추가해 숨을 불어넣는 이런 과정을 인스턴스화^{instantiation}라고 한다. 여러 오브젝트에 하나의 스크립트 파일을 인스턴스화해 모든 오브젝트에 복제된 동작을 갖도록 할 수 있다. 예를 들면, 복수의 적 캐릭터가 동일한 인공지능을 사용하도록 하는 경우 각각의 오브젝트마다 각각 스크립트 파일을 만들지 않아도 되므로 시간을 낭비하지 않아도 된다. 스크립트 파일의 이상적인 모습은 비슷한 오브젝트들에 성공적으로 최대한 재사용 가능하도록 추상적인 공식이나 오브젝트의 동작 형태를 정의하는 것이다.

오브젝트에 스크립트 파일을 추가하려면 Project 패널의 스크립트를 씬에 있는 오브젝트로 드래그앤드롭한다. 스크립트는 컴포넌트 형태로 인스턴스화되어 다음 그림과 같이 오브젝트를 선택하면 이 스크립트의 public 변수들이 오브젝트의 인스펙터(Inspector)에 나타난다.

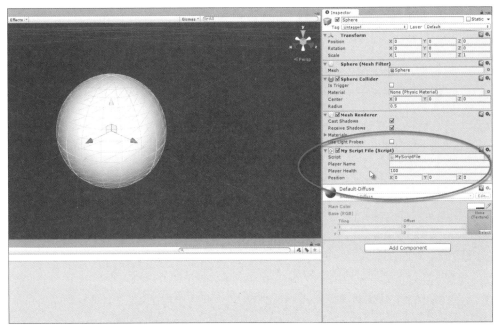

스크립트를 컴포넌트 형태로 게임오브젝트에 붙이기

변수에 대해서는 다음 절에서 좀 더 깊이 다루겠다.

 다음 웹사이트에 유니티에서 스크립트를 생성하고 사용하는 상세한 설명이 있다.

http://docs.unity3d.com/412/Documentation/Manual/Scripting.html

변수

C#을 포함해 프로그래밍의 공통적인 핵심 개념 중 하나는 아마도 변수일 것이다. 변수는 대수학에서 쓰는 X, Y, Z나 a, b, c와 같이 숫자 값을 대신하는 문자에 해당하는 것이라 할 수 있다. 플레이어의 이름, 점수, 위치, 방향, 탄약, 생명이나 무수히 많은 다른 종류의 계량 가능한 데이터와 같은 정보를 취급해야 할 때 변수가 도움을 줄 것이다. 변수는 한 가지 단위의 정보만을 담을 수 있다. 여러 단위

를 함께 담으려면 단위마다 변수 한 개씩 여러 개의 변수가 필요하다는 의미다. 또한 각각의 단위는 특정 형식이나 유형을 갖는다. 예를 들어, 플레이어의 이름은 'John', 'Tom', 'David'와 같이 문자의 연속으로 표현된다. 반면에 플레이어의 생명은 100퍼센트(1), 혹은 50퍼센트(0.5)와 같은 수치 데이터로서 플레이어가 피해를 건뎌내는 정도를 나타내게 된다. 따라서 각각의 변수는 반드시 데이터 형식을 가지게 된다. C#에서 변수는 정해진 문법을 통해 생성된다. 다음 예제 코드 1-1은 각각 다른 형식의 세 변수를 포함하는 MyNewScript라는 이름의 클래스를 정의한다. '정의'한다는 것은 프로그래머가 C# 컴파일러에게 필요한 변수에 대해 말해준다는 것이다.

```
01 using UnityEngine;
02 using System.Collections;
03
04 public class MyNewScript : MonoBehaviour
05 {
06     public string PlayerName = "";
07     public int PlayerHealth = 100;
08     public Vector3 Position = Vector3.zero;
09
10     // 여기에서 초기화한다
11     void Start () {
12
13     }
14
15     // Update는 매 프레임마다 한 번씩 호출된다
16     void Update () {
17
18     }
19 }
```

예제 코드 1-1의 06~08번 줄에 주목하자. 각각의 변수는 초기값을 할당하고 있으며 데이터 형식을 명시적으로 int, string, Vector3(3D 공간상의 지점이나 방향을 나타낸다.)로 선언하고 있다. 사용 가능한 데이터 형식의 전체 목록을 나열하기엔 너무 많을 뿐더러 프로젝트에 따라 추가되는 경우도 있다(여러분도 자신의 형식을 만들 수 있다!). 이 책에선 가장 일반적인 형식을 이용할 예정이므로 이러한 형식의 변수와 관련된 수많은 예제들을 보게 될 것이다. 마지막으로 각각의 변수를 선언하는 줄을 보면 public 키워드로 시작하는 것을 볼 수 있다. 보통 변수들은 public 혹은 private으로 선언될 수 있다(protected로 선언할 수도 있지만 지금 설명하진 않겠다). public 변수는 유니티의 오브젝트 인스펙터(앞서 나온 그림을 참고하자. 곧 다시 다루게 된다.)에서 접근과 편집이 가능하게 되며, 다른 클래스에서도 접근할 수 있게 된다.

변수의 값은 시간이 지남에 따라 바뀔 수 있기 때문에 고유한 이름을 지정해 이 이름으로 부르게 된다. 변수는 임의로 혹은 예측 불가능하게 변경되지 않는다. 우리가 코드에서 직접 할당하거나 오브젝트 인스펙터에서 수정하거나 함수 호출을 통해 명시적으로 지정하는 경우에만 변경된다. 직접적인 방법이나 간접적인 방법을 사용해 변경할 수 있다. 다음과 같은 방법으로 변수에 직접 할당할 수 있다.

```
PlayerName = "NewName";
```

다음과 같이 수식을 이용해 대입 전에 구해진 결과 값을 통해 간접적으로 할당할 수도 있다.

```
// 100 x 0.5 = 50이므로 변수의 값은 50이 된다
PlayerHealth = 100 * 0.5;
```

 변수 범위

각각의 변수는 암시적으로 범위와 함께 선언된다. 변수 범위란 소스 파일 안에서 변수의 참조와 접근이 성공하는 위치를 말하고 이를 통해 변수의 수명을 정하게 된다. 예제 코드 1-1에 선언된 변수들은 모든 함수들의 바깥쪽, 클래스의 최상단에 선언되었기 때문에 클래스 범위를 가진다. 따라서 이 변수들은 클래스 안의 어디에서든 접근이 가능하고, public으로 선언되었기 때문에 다른 클래스에서도 접근할 수 있다. 또한 특정 함수 안에서도 변수를 선언할 수 있다. 이렇게 하면 변수의 범위가 함수 안으로 한정되기 때문에 지역변수라 불리는데, 지역변수는 선언된 함수의 바깥에서 접근할 수 없다. 클래스와 함수는 이번 장의 뒷부분에서 다룬다.

C#에서의 변수 사용법에 대해 더 자세한 내용이 필요하다면 다음 웹사이트를 참고하길 바란다.

http://msdn.microsoft.com/ko-kr/library/aa691160(v=vs.71).aspx

조건문

플레이어가 위치를 옮기거나 적이 파괴되거나 레벨이 변경되는 등 여러 가지 다른 상황에 따라 변수가 변할 수 있다. 따라서 변수의 값에 따라 다른 동작을 수행하도록 스크립트의 실행을 분기하려면 변수의 값을 검사해야 한다. 예를 들어 PlayerHealth가 0퍼센트에 도달하면 죽는 장면을 보여줘야 하지만, PlayerHealth가 20퍼센트라면 경고 메시지만을 보여줘야 될 수도 있다. 이 예제에서 PlayerHealth 변수는 스크립트를 특정 방향으로 이끌어 나간다. C#은 이런 식으로 프로그램을 분기할 수 있도록 크게 두 가지의 주요 조건문을 제공한다. 바로 if문과 switch문이다. 두 가지 모두 무척 유용하다.

if문

if문의 형태는 다양하다. 조건을 검사해 조건이 true인 경우에만 if 다음 블록의
코드를 수행하는 것이 가장 기본적인 형태다. 다음 예제 코드 1-2를 살펴보자.

```
01 using UnityEngine;
02 using System.Collections;
03
04 public class MyScriptFile : MonoBehaviour
05 {
06     public string PlayerName = "";
07     public int PlayerHealth = 100;
08     public Vector3 Position = Vector3.zero;
09
10     // 여기에서 초기화한다
11     void Start () {
12     }
13
14     // Update는 매 프레임마다 한 번씩 호출된다
15     void Update ()
16     {
17         // PlayerHealth를 검사한다. 한 줄짜리 내용의 if문에서 중괄호는 옵션이다
18         if(PlayerHealth == 100)
19         {
20             Debug.Log ("Player has full health");
21         }
22     }
23 }
```

앞에서처럼 씬의 오브젝트에 스크립트를 붙여 인스턴스화되어 있다는 전제하에
유니티에서 다른 코드와 마찬가지로 툴바에서 **재생** 버튼을 눌러 위의 코드를 실
행할 수 있다. 18번 줄의 if문은 클래스 변수인 PlayerHealth의 현재 값을 계
속 검사한다. 만약 PlayerHealth 변수가 정확히 100과 일치(==)하게 되면 중괄
호 안의 코드(19-21번 줄)가 실행될 것이다. 모든 조건을 검사할 때 결과가 bool
값의 형태로 true인지 false인지를 검사하는 식으로 동작한다. 따라서 사실 이

조건문은 주어진 조건(PlayerHealth == 100)이 true인지를 검사하게 된다. 문법적으로 중괄호 안의 코드는 여러 줄이 들어갈 수 있다. 하지만 이 코드에서는 20번 줄에 한 줄만을 넣어 두었다. 유니티 함수 Debug.Log는 다음 그림처럼 콘솔에 "Player has full health" 문자열을 출력한다. 물론 if문은 어쩌면 다르게 동작할 수도 있는데, 만약 PlayerHealth가 100과 일치하시 않는다면(예를 들어, 99이거나 101이라면), 아무런 메시지도 출력되지 않을 것이다. 앞선 if문은 조건이 true일 때만 실행된다는 점을 잊지 말자.

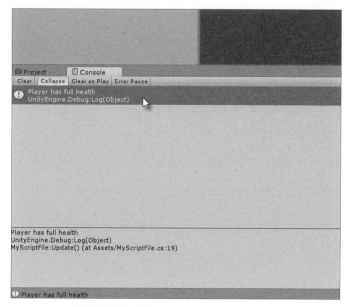

유니티의 콘솔은 디버그 메시지를 출력해서 볼 때 유용하다.

C#에서의 if문이나 if-else문에 대한 더 자세한 내용과 사용법이 궁금하다면 다음 웹사이트를 참고하기 바란다.

http://msdn.microsoft.com/ko-kr/library/5011f09h.aspx

당연하지만, 예제 1-2에 했던 일치(==)하는지에 대한 조건뿐만 아니라 더 많은 조건을 사용해서 검사할 수 있다. >, < 연산자를 이용해 변수가 다른 값과 비교해 더 큰지 혹은 더 작은지를 검사할 수 있다. 또한 != 연산자를 이용해 변수가 다른 값과 불일치하는지 검사할 수 있다. 또한 &&(AND) 연산자와 ||(OR) 연산자를 이용해 여러 개의 조건 검사를 하나의 if문으로 합칠 수도 있다. 다음과 같이 PlayerHealth 변수가 0에서 100 사이의 값이고 50이 아닐 때만 중괄호 안의 코드가 실행되게 할 수 있다.

```
if(PlayerHealth >=0 && PlayerHealth <= 100 && PlayerHealth != 50)
{
    Debug.Log("Player has full health");
}
```

if-else문

if문의 다른 형태로 if-else문이 있다. if문은 조건이 true일 때 코드를 실행한다. 하지만 if-else문은 다음과 같이 조건이 true일 때 X 코드를, false일 때 Y 코드를 실행하게 된다.

```
if(MyCondition)
{
    // X - MyCondition이 true일 때 이 부분의 코드가 실행된다.
}
else
{
    // Y - MyCondition이 false일 때 이 부분의 코드가 실행된다.
}
```

switch문

앞에서 살펴봤듯이 if문은 특정 조건이 true 혹은 false인지에 따라 정해진 코드를 수행하길 원할 때 유용하다. 그에 반해, switch문은 변수를 가능한 여러 조건이나 상태로써 검사하도록 하여 if문에서 한 가지 혹은 두 가지의 경우로 분기하는 것과는 달리, 프로그램을 여러 선택지 중 한 방향으로 분기할 수 있게 한다. 예를 들어, 적 캐릭터를 만들 때 이 캐릭터는 많은 행동 상태(CHASE, FLEE, FIGHT, HIDE 등) 중 하나의 상태를 가지게 되고, 이에 따라 각각의 특정 상태를 처리할 코드로 적절히 분기해야 한다. switch문의 각 상태에서 빠져나가기 위해 break 키워드를 사용하게 된다. 다음 예제 코드 1-3은 열거형^{enumeration, enum}을 사용하는 적의 예시다.

```
01 using UnityEngine;
02 using System.Collections;
03
04 public class MyScriptFile : MonoBehaviour
05 {
06     // 열거형을 사용해 가능한 상태를 정의한다
07     public enum EnemyState {CHASE, FLEE, FIGHT, HIDE};
```

```
08
09    // 적의 현재 상태
10    public EnemyState ActiveState = EnemyState.CHASE;
11
12    // 여기에서 초기화한다
13    void Start () {
14    }
15
16    // Update는 매 프레임마다 한 번씩 호출된다
17    void Update ()
18    {
19        // ActiveState 변수를 검사한다
20        switch(ActiveState)
21        {
22        case EnemyState.FIGHT:
23        {
24            // FLIGHT 코드를 여기서 실행한다
25            Debug.Log ("Entered fight state");
26        }
27            break;
28
29
30        case EnemyState.FLEE:
31        case EnemyState.HIDE:
32        {
33            // FLEE와 HIDE는 같은 동작을 한다
34            Debug.Log ("Entered flee or hide state");
35        }
36            break;
37
38        default:
39        {
40            // 다른 모든 상태의 기본값이다
41            // CHASE 상태일 때 여기의 코드가 실행된다
42            Debug.Log ("Entered chase state");
43        }
44            break;
```

```
45          }
46     }
47 }
```

 열거형

예제 1-3의 7번 줄에서 EnemyState라는 이름의 열거형(enum)을 선언한다. 열거형은 변수에 가능한 범위의 값을 정해 담는 데 사용되는 특별한 구조다. 열거형은 그 자체로서 변수는 아니지만 변수가 가질 수 있는 값의 범위를 지정하는 방법이다. 예제 코드 1-3에서 10번 줄의 ActiveState 변수는 EnemyState를 이용한다. EnemyState 열거형의 어떤 값이든 이 변수의 값이 될 수 있다. 열거형은 변수의 값을 특정 범위 및 일련의 선택지로 제한함으로써 변수의 유효성을 유지하는 데 큰 도움이 된다.

열거형을 사용하는 다른 큰 이점 중 하나는, 다음 그림처럼 오브젝트 인스펙터에서 열거형을 가진 변수의 선택지가 드롭다운 박스로 표시된다는 점이다.

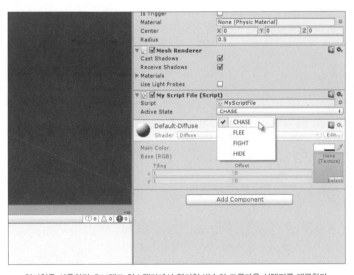

열거형을 사용하면 오브젝트 인스펙터에서 열거형 변수의 드롭다운 선택지를 제공한다.

C# 열거형에 대한 더 자세한 내용은 웹사이트 http://msdn.microsoft.com/ko-kr/library/sbbt4032.aspx를 참고한다.

다음은 예제 코드 1-3에 대한 설명이다.

- 20번 줄: switch문이 시작된다. 소괄호로 검사할 값이나 상태를 감싼다. 예제 에서는 ActiveState 변수를 검사한다.
- 22번 줄: switch문 내의 첫 번째 case문이다. 그다음의 코드 블록(24번과 25번 줄)은 ActiveState 변수가 EnemyState.FLIGHT로 설정되었을 때 실행된다. 다른 경우엔 무시된다.
- 30, 31번 줄: 하나의 case문 다음에 다른 case문이 중첩된다. ActiveState가 EnemyState.FLEE이거나 EnemyState.HIDE이면 33, 34번 줄의 코드가 실행 된다.
- 38번 줄: switch문에서 default문은 옵션이다. default문을 포함하게 되면 아무 case문에 해당사항이 없을 때 default문으로 들어가게 된다. 이 예제에 서는 ActiveState가 Enemy.CHASE일 때 적용된다.
- 27, 36, 44번 줄: case문의 마지막에 break문이 나온다. break문에 도달하게 되면 switch문에 포함된 내용을 완료하고 빠져나가서 switch문 이후의 프로 그램 내용으로 넘어가게 된다. 이 예제에서는 45번 줄 이후의 내용으로 넘어 가는 역할을 한다.

 C# switch문에 대한 더 자세한 내용 및 사용법은 다음 웹사이트를 참고한다.
http://msdn.microsoft.com/ko-kr/library/06tc147t.aspx

배열

리스트와 순서는 게임의 어디에서나 찾아볼 수 있다. 레벨 안의 모든 적, 수집한 모든 무기, 모을 수 있는 모든 능력 강화 아이템, 인벤토리inventory 안의 모든 마법 및 아이템 등과 같이 동일한 형식의 데이터를 담은 목록에 대한 확인이 빈번히 필요하게 된다. 이러한 리스트의 형식 중 하나로 배열array이 있다. 배열에 담긴 각각의 항목은 기본적으로 게임 플레이 중 변할 수 있는 정보의 단위로서 각각 변수로 담을 수 있는 것들이다. 관련된 변수들(모든 적, 모든 무기 등)을 임의로 각 위치에 접근 가능하도록 하나의 이어진 목록 구조에 담아두면 무척 유용하게 이용할 수 있다. 바로 배열이 그런 리스트다. C#에는 정적 배열과 동적 배열, 두 종류의 배열이 있다. 정적 배열은 메모리에 고정된 최대 항목의 수만큼을 사전에 할당하고, 이 용량보다 적은 수의 항목만을 담는 경우일지라도 프로그램 실행 중 배열의 용량은 변하지 않는다. 일정 양의 공간이 낭비될 수 있다는 이야기다. 동적 배열은 필요한 항목의 수에 따라 용량의 확대와 축소가 가능하다. 정적 배열이 일반적으로 더 빠르고 성능상 유리하지만, 동적 배열이 더 깔끔한 느낌이 들고 메모리 낭비도 피할 수 있다. 이번 장에서는 예제 코드 1-4와 같은 정적 배열만을 다룰 것이고, 동적 배열에 대해서는 이후에 다룰 예정이다.

```
01 using UnityEngine;
02 using System.Collections;
03
04 public class MyScriptFile : MonoBehaviour
05 {
06     // 씬의 게임오브젝트를 담는 배열이다
07     public GameObject[] MyObjects;
08
09     // 여기에서 초기화한다
10     void Start ()
11     {
12     }
13
14     // Update는 매 프레임마다 한 번씩 호출된다
15     void Update ()
16     {
17     }
18 }
```

예제 코드 1-4에서 7번 줄에 MyObjects라는 이름으로 GameObject 형식을 담을 수 있는 텅 빈 배열을 선언했다. 이 배열을 만들기 위해 GameObject 데이터 형식

뒤에 대괄호 []를 써서 낱개의 GameObject와 구별되도록 배열로서 명시했다. 이 제 신인된 배열을 씬 인의 모든 오브젝트를 담는 목록으로 이용할 것이다. 처음 엔 빈 상태이지만 유니티 에디터의 오브젝트 인스펙터를 이용해 이 배열의 최대 용량을 설정하고, 원하는 임의의 오브젝트를 각각의 항목에 지정해 직접 채울 수 있다. 이렇게 해보려면 씬에서 이 스크립트를 붙여 놓은 오브젝트를 선택하고 My Objects 필드의 Size 값에 배열의 크기를 지정해 입력해야 한다. 이 값은 담길 원 하는 총 오브젝트 수를 넣는다. 그런 다음, 다음 그림처럼 오브젝트들을 개별적으 로 선택해 씬의 Hierarchy(계층) 패널에서 오브젝트 인스펙터에 표시되는 배열의 빈칸으로 드래그앤드롭해 채워 넣는다.

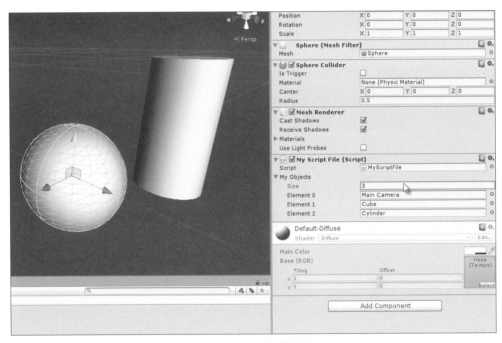

유니티 오브젝트 인스펙터에서 배열 채워 넣기

오브젝트 인스펙터를 사용하는 대신 코드의 Start 함수를 이용해 배열을 직접 채워 넣을 수도 있다. 이렇게 하면 레벨이 시작됨과 동시에 배열 생성이 보장된 다. 예제 코드 1-5처럼, 어떤 방법을 이용하더라도 잘 동작한다.

```
01 using UnityEngine;
02 using System.Collections;
03
04 public class MyScriptFile : MonoBehaviour
05 {
06     // 씬의 게임오브젝트를 담는 배열이다
07     public GameObject[] MyObjects;
08
09     // 여기에서 초기화한다
10     void Start ()
11     {
12         // 배열의 내용을 코드로 채운다
13         MyObjects = new GameObject[3];
14         // 씬에 MainCamera 태그로 설정된 카메라가 있어야 한다
15         MyObjects[0] = Camera.main.gameObject;
16
17         // GameObject.Find 함수를 사용해 씬의 오브젝트를 이름으로 찾는다
18         MyObjects[1] = GameObject.Find("Cube");
19         MyObjects[2] = GameObject.Find("Cylinder");
20     }
21
22     // Update는 매 프레임마다 한 번씩 호출된다
23     void Update ()
24     {
25     }
26 }
```

다음은 예제 코드 1-5에 대한 설명이다.

- 10번 줄: Start 함수는 레벨이 시작될 때 실행된다. 함수는 이번 장의 뒷부분
  에서 좀 더 자세히 다루도록 한다.

- 13번 줄: new 키워드를 이용해 새로운 배열을 세 개 크기로 생성한다. 한 번에
  세 개를 초과하지 않는 크기를 담을 수 있게 된다. 기본적으로 모든 항목은 초
  기 값으로 null('없음'을 의미함)로 설정된다. 배열은 빈 상태다.

- 15번 줄: 배열의 첫 번째 항목을 씬의 메인 카메라 오브젝트로 설정했다. 두

가지 중요한 내용이 있다. 첫 번째로 배열의 참조 연산자인 [ ]를 이용해 항목에 접근힐 수 있다. 그리하여 MyObjects의 첫 빈째 항목은 MyObjects[0]의 형식으로 접근할 수 있다. 두 번째로 C# 배열은 0을 기반으로 한다. 첫 번째 항목의 위치는 항상 0이며, 다음 항목은 1, 그다음 항목은 2…와 같은 식으로 정해진다. 세 항목을 가지는 MyObjects 배열의 각각의 항목은 MyObjects[0], MyObjects[1], MyObjects[2]로 접근할 수 있다. 마지막 항목이 3이 아니라 2로 끝나는 점을 주의하자.

- 18, 19번 줄: MyObjects 배열의 1번과 2번 항목은 GameObject.Find 함수를 이용해 채워졌다. 이렇게 하여 활성화된 씬에서 게임오브젝트를 지정된 이름(대소문자 구별)으로 검색하고 반환된 참조 값을 MyObjects 배열의 지정된 항목에 삽입한다. 지정된 이름과 일치하는 오브젝트를 찾지 못하면 null을 대신 삽입한다.

 C# 배열에 대한 더 자세한 내용은 다음 웹사이트를 참조한다.
http://msdn.microsoft.com/ko-kr/library/9b9dty7d.aspx

반복문

반복문은 프로그래밍에 있어 가장 강력한 도구 중 하나다. 지형 전체가 초토화될 수 있는 게임을 가정해보자. 이런 일이 일어나게 되면, 씬에 존재하는 거의 모든 것을 파괴해야 할 것이다. 독자는 모든 오브젝트를 각각 한 번에 한 줄씩 개별적인 코드로 삭제하려 하는데, 이렇게 한다고 해서 문제가 되진 않는다. 하지만 수백 개의 오브젝트를 가진 더 큰 규모의 씬이라면 엄청난 코드를 작성해야 하고 씬에 포함된 내용을 바꾼 경우 이 코드를 수정해야 한다. 지루한 일이 아닐 수 없다. 반복문은 이런 과정을 씬의 복잡도나 오브젝트의 수와 무관하게 단지 몇 줄로 단순화시켜준다. 반복문을 통해 많은 오브젝트에 반복적인 명령을 수행할 수 있기 때문이다. C#에는 몇 가지 종류의 반복문이 있다. 예제를 살펴보자.

foreach문

C#에서 가장 단순한 반복문은 foreach문일 것이다. foreach를 사용해 배열의 각 항목을 시작부터 끝까지 순회하고 필요에 따라 각각의 항목을 처리할 수 있다. 다음의 예제 코드 1-6을 살펴보자. 이 예제는 GameObject 배열에서 모든 게임오브젝트를 파괴한다.

```csharp
01 using UnityEngine;
02 using System.Collections;
03
04 public class MyScriptFile : MonoBehaviour
05 {
06     // 씬의 게임오브젝트를 담는 배열이다
07     public GameObject[] MyObjects;
08
09     // 여기에서 초기화한다
10     void Start ()
11     {
12         // 하나씩 배열의 모든 오브젝트에 코드를 반복시킨다
13         foreach(GameObject Obj in MyObjects)
14         {
15             // 오브젝트를 파괴한다
16             DestroyImmediate(Obj);
17         }
18     }
19
20     // Update는 매 프레임마다 한 번씩 호출된다
21     void Update ()
22     {
23     }
24 }
```

예제 코드 다운로드

다음의 에이콘출판사 웹사이트 자료실에서 예제 코드를 다운로드할 수 있다.

http://www.acornpub.co.kr/contact/download

이 예제에서 foreach 반복문은 14-17번 줄의 중괄호 속 코드를 MyObjects 배열의 각 항목에 한 번씩 반복한다. 반복문에서 각 단계 혹은 주기는 보통 이터레이션iteration(반복)으로 불린다. 반복문은 배열의 크기에 의존적이다. 다시 말해 큰 배열은 더 많은 이터레이션과 더 많은 처리시간을 필요로 한다. 이 반복문에서 Obj라는 이름의 지역변수를 포함하고 있다. 이 변수는 13번 줄의 foreach문에 선언되어 있다. 이 변수는 반복문이 각각의 이터레이션을 순회함에 따라 선택되는 (혹은 활성화된) 항목을 대신하게 된다. 따라서 Obj는 반복문의 첫 번째 이터레이션에서 배열의 첫 번째 항목을 가리키고, 두 번째 이터레이션에서는 두 번째 항목을 가리키는 식이다.

C#의 foreach 반복문에 대한 더 자세한 내용은 다음 웹사이트를 참고한다.
http://msdn.microsoft.com/ko-kr/library/ttw7t8t6.aspx

for문

foreach 반복문은 하나의 배열을 시작부터 끝까지 순서대로 순회하며 각 항목들을 한 번에 하나씩 처리할 때 편리하다. 하지만 때때로 이터레이션의 순회 자체를 제어할 필요가 생기기도 한다. 끝에서 처음으로 거꾸로 반복해서 처리해야 할 수도 있고, 동일한 길이를 가진 두 배열을 같이 처리하거나 모든 항목을 다른 배열의 항목으로 대체해서 처리해야 할 수도 있다. 다음 예시와 같이 for 반복문을 이용하면 이런 처리가 가능하다.

```
// 배열의 모든 오브젝트에 대해 하나씩 거꾸로 코드를 반복한다
for(int i = MyObjects.Length-1; i >= 0; i--)
{
    // 오브젝트를 파괴한다
    Destroy(MyObjects[i]);
}
```

다음은 앞의 코드에 대한 설명이다.

- for 반복문은 MyObjects 배열을 끝에서 처음으로 거꾸로 순회해 씬에 포함된 각 GameObject를 지운다. 지역변수인 i를 이용해서 이 작업을 수행한다. 이 변수는 반복문의 진행을 제어하는 역할을 하기 때문에 종종 이터레이터 변수로 불리기도 한다.

- for 반복문이 있는 줄은 세미콜론(;) 문자로 나뉘어지는 세 부분으로 구성된다.

  ○ i: 이 변수의 값은 MyObjects.Length - 1(배열의 마지막 항목의 위치)로 초기화된다. 배열의 순서는 0을 기반으로 하므로 마지막 항목은 항상 [배열의 길이 - 1]에 위치하게 된다는 점을 기억하자. 이렇게 해서 반복문 이터레이션의 시작을 배열의 끝으로 맞춘다.

  ○ i >= 0: 이 식은 반복문을 끝내야 하는 시점을 지시한다. i 변수는 카운트다운 변수처럼 동작해 배열의 끝까지 거꾸로 감소해간다. 이 예제의 경우, 0이 배열의 시작을 의미하므로 반복문은 i가 더 이상 0보다 크거나 같지 않은 경우 종료되어야 한다.

  ○ i--: 이 식은 배열의 끝에서 처음까지 반복문의 각 이터레이션마다 변수 i를 변경하는 방법을 지시한다. 각 이터레이션이 수행될 때마다 i는 하나씩 감소한다. 즉 반복문이 매번 수행될 때마다 i에서 1씩 값을 빼게 된다. 반대로 ++ 식을 쓰면 1씩 더하게 된다.

- 반복문이 수행되는 동안 MyObjects[i]를 통해 배열의 항목에 접근한다.

 C#의 for 반복문에 대한 더 자세한 내용은 다음 웹사이트를 참고한다.
http://msdn.microsoft.com/ko-kr/library/ch45axte.aspx

while문

for, foreach 반복문은 배열을 순회하며 각 이터레이션마다 지정된 작업을 수행할 때 특히 효과적이었다. 반면, while 반복문은 지정된 조건이 false가 되기 전까지 특정 동작을 계속 반복할 때 유용하다. 예를 들면, 플레이어가 뜨거운 용암위에 서 있는 동안 피해를 입힌다거나, 브레이크를 밟기 전까지 차량을 계속 움직일 때, 예제 코드 1-7과 같은 while 반복문이 필요하게 될 것이다.

```
01 using UnityEngine;
02 using System.Collections;
03
04 public class MyScriptFile : MonoBehaviour
05 {
06     // 여기에서 초기화한다
07     void Start ()
08     {
09         // 몇 개의 메시지가 출력되었는지를 센다
10         int NumberOfMessages = 0;
11
12         // 다섯 개의 메시지가 콘솔에 출력될 때까지 반복한다
13         while(NumberOfMessages < 5)
14         {
15             // 메시지 출력
16             Debug.Log ("This is Message: " + NumberOfMessages.ToString());
17
18             // 카운터 증가
19             ++NumberOfMessages;
20         }
21     }
22
23     // Update는 매 프레임마다 한 번씩 호출된다
24     void Update ()
25     {
26     }
27 }
```

ToString

유니티의 여러 클래스와 오브젝트는 ToString 함수를 갖고 있다(예제 코드 1-7의 16번 줄을 살펴보자). 이 함수는 int(정수)와 같은 오브젝트를 사람이 읽을 수 있는 단어나 상태로 변환해 콘솔(Console)이나 디버깅(Debugging) 창에 출력하도록 한다. 디버깅 과정에서 오브젝트와 데이터를 콘솔에 출력할 때 무척 유용하다. 수치 오브젝트를 문자열로 변환할 때 암시적 변환[2]이 일어난다는 점을 기억하자.

다음은 예제 코드 1-7에 대한 설명이다.

- 13번 줄에서 NumberOfMessages 변수가 5보다 크거나 같지 않음을 조건으로 while 반복문을 시작한다.
- while 반복문의 내용인 15번 줄에서 19번 줄 사이의 코드가 반복된다.
- 19번 줄에서 매 이터레이션마다 NumberOfMessages 변수의 값이 증가한다.

예제 코드 1-7의 결과로 게임을 실행하면, 레벨이 시작될 때 다음 그림과 같이 유니티 콘솔에 다섯 개의 텍스트 메시지가 출력될 것이다.

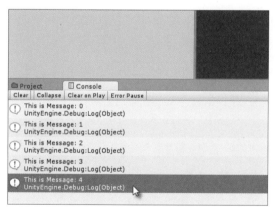

while 반복문에서 콘솔에 메시지 출력하기

---

2 암시적 변환에 대한 자세한 내용은 다음의 웹사이트를 참고하기 바란다. – 옮긴이
http://msdn.microsoft.com/ko-kr/library/ms173105.aspx

C#의 while 반복문에 대한 더 자세한 내용은 다음 웹사이트를 참고한다.
http://msdn.microsoft.com/library/2aeyhxcd.aspx

무한 루프

반복문을 사용할 때, 특히 while 반복문의 경우 한 가지 위험한 점은 실수로 반복을 종료하지 못하는 무한 루프loop(반복)를 만들어버리는 것이다. 게임이 무한 루프에 빠지는 경우 보통 영원히 먹통이 되어 애플리케이션을 강제로 종료해야 하거나 더 심한 경우 시스템 크래시crash를 일으킬 수도 있다! 유니티는 종종 이런 문제를 잡아내서 종료시키는 기능이 있지만 여기에 의존하지 말자. 예를 들어, 예제 코드 1-7의 19번 줄을 삭제하면 NumberOfMessages 변수가 전혀 증가하지 않아 while 반복문의 종료 조건을 충족하는 상태가 되지 못하는 무한 루프가 만들어진다. 이 단락에서 무엇보다 가장 중요한 내용은 '반복문을 작성하고 계획할 때 무한 루프가 생기지 않도록 주의하자.'는 것이다. 다음은 어김없이 문제를 일으키는 또 다른 유명한 예제다. 이런 경우는 반드시 피하도록 하자.

```
// 영원히 반복됨
while(true)
{
}
```

그런데 믿기 힘들겠지만, 올바른 조건이 갖춰진 상태라면 게임에 이런 무한 루프가 기술적으로 필요할 때도 있다! 발판을 위아래로 끊임없이 움직여야 한다거나, 마법 구를 계속 빙빙 돌릴 때, 혹은 영원히 반복해서 밤낮을 전환할 때 적절하게 구현된 무한 루프가 쓸모 있게 된다. 이 책의 뒷부분에서 무한 루프가 좋은 용도로 쓰이는 예제를 보게 될 것이다. 반복문은 강력하고 재미있는 요소이지만, 부적절하게 코딩된 경우 무한 루프이든 아니든 관계없이 크래시, 멈춤, 성능 문제를 야기할 수 있으니 주의해 사용하자. 이 책에서는 반복문을 생성하는 좋은 지침들을 소개할 예정이다.

함수

이미 1장에서 Start나 Update 같은 함수를 사용해봤다. 하지만 이제 좀 더 제대로 자세히 살펴보자. 기본적으로 함수는 하나의 식별 가능한 블록으로 함께 묶인 코드들이다. 함수는 코드의 집합인데 각각의 집합은 고유한 이름을 가지고 있어, 이 이름을 통해 원하는 시점에 함수 안의 코드 라인들이 순서대로 실행된다. 게임의 로직logic을 고안할 때, 무기를 발사하거나 공중으로 점프하거나 적을 죽이고 점수를 반영하고 소리를 재생하는 등 오브젝트에 어떤 명령들을 반복적으로 실행해야 할 때가 있다. 코드 재활용이 필요할 때, 소스 파일에서 코드를 복사해 붙여 넣을 수도 있지만 좋은 습관은 아니다. 재활용 가능한 코드를 함수 하나로 통합해 필요할 때 예제 코드 1-8에서처럼 이름으로 실행할 수 있다.

```
01 using UnityEngine;
02 using System.Collections;
03
04 public class MyScriptFile : MonoBehaviour
05 {
06     // 범위 내에서 사용되는 private 변수
07     // 이 클래스 안에서만 접근이 가능하다
08     private int Score = 0;
09
10     // 여기에서 초기화한다
11     void Start ()
12     {
13         // 점수 업데이트를 호출한다
14         UpdateScore(5, false); // 5점을 추가한다
15         UpdateScore (10, false); // 10점을 추가한다
16         int CurrentScore = UpdateScore (15, false); // 15점을 추가하고 결과를 저장한다
17
18         // 점수를 두 배로 만든다
19         UpdateScore(CurrentScore);
20     }
21
22     // Update는 매 프레임마다 한 번씩 호출된다
23     void Update ()
```

```
24        {
25        }
26
27        // 게임 점수를 업데이트한다
28        public int UpdateScore (int AmountToAdd, bool PrintToConsole = true)
29        {
30            // 점수에 포인트를 추가한다
31            Score += AmountToAdd;
32
33            // 콘솔에 출력이 필요한가
34            if(PrintToConsole){Debug.Log ("Score is: " + Score.ToString());}
35
36            // 현재 점수를 출력하고 함수를 종료한다
37            return Score;
38        }
39 }
```

다음은 예제 코드 1-8에 대한 설명이다.

- 8번 줄: private int 형식의 클래스 변수인 Score를 선언해 점수 값을 기록한다. 이 변수는 이후에 UpdateScore 함수에서 사용할 예정이다.

- 11, 23, 28번 줄: MyScriptFile 클래스는 Start, Update, UpdateScore 세 가지 함수를 가지고 있다(메소드^{method} 혹은 멤버 함수라고 불린다). Start와 Update는 유니티가 제공하는 특별한 함수인데 곧 살펴볼 것이다. UpdateScore는 MyScriptFile 클래스 전용으로 만든 함수다.

- 28번 줄: UpdateScore 함수는 29-38번 줄 사이의 코드 블록에 해당된다. 이 함수는 게임 점수가 변경되어야 할 때마다 매번 불려질 것이다. 불려지게 되면 코드 블록의 내용이 순서대로 실행된다. 이런 방법으로 함수는 코드 재활용을 가능케 한다.

- 14-19번 줄: UpdateScore 함수는 두 개의 파라미터^{parameter}(매개변수) 혹은 인자^{argument}를 받아들인다. int 형식의 AmountToAdd와 bool 형식의 PrintToConsole이 바로 그것이다. 파라미터는 함수가 어떻게 동작하는지에 영향을 주는 입력으로서 동작한다. AmountToAdd 변수는 현재의 Score 변수

에 값을 얼마나 추가할지를 나타내고, PrintToConsole 변수는 함수가 실행되었을 때 Score 변수의 값이 콘솔(Console) 창에 보여야 하는지를 정한다. 이론적으로 함수가 가질 수 있는 최대 파라미터 개수에 대한 제약은 없으며 Start와 Update 함수와 같이 파라미터를 전혀 가지지 않을 수도 있다.

- 31~34번 줄: 점수가 실제로 업데이트되고 필요하다면 콘솔에 출력된다. PrintToConsole 파라미터는 28번 줄에서 함수를 선언할 때 이미 할당해 true를 기본값으로 가진다는 점에 주의하자. 이렇게 하면 함수를 호출할 때 파라미터를 옵션으로 뺄 수 있다. 14, 15, 16번 줄에서는 파라미터의 기본값을 false로 명시적으로 지정해 덮어씌운다. 19번 줄에서는 반대로 두 번째 값을 생략해 기본값인 true를 받게 된다.

- 28, 37번 줄: UpdateScore 함수는 28번 줄에서 함수 이름 앞에 지정한 데이터 형식의 반환 값을 가진다. 지정된 이 반환 값의 형식은 int다. 다시 말해 함수가 완료되거나 함수에서 빠져나왔을 때 정수형을 출력하게 된다는 말이다. 37번 줄에서 return문을 이용해 실제로 출력하게 된다. 함수가 꼭 반환 값을 가져야 하는 것은 아니다. 반환 값이 필요하지 않다면 Start나 Update 함수처럼 반환 형식을 void로 지정해야 한다.

 C#의 함수에 대한 더 자세한 내용은 다음 웹사이트를 참고한다.
http://csharp.net-tutorials.com/basics/functions/

이벤트

이벤트는 본질적으로는 함수인데, 독특한 방식으로 이용된다. 앞에서 봤던 Start와 Update 함수는 사실 유니티 고유의 이벤트라고 설명하는 것이 더 정확하다. 이벤트는 레벨이 시작되었다거나 새 프레임이 시작되었다거나 적이 죽고 플레이어가 점프하는 등 오브젝트에게 뭔가 중요한 것이 일어났다는 사실을 알릴 때 불리는 함수다. 이런 이벤트를 결정적인 순간에 부르게 되면, 이벤트는 오브젝트들에게 필요한 경우 응답할 수 있는 기회를 주게 된다. 레벨 시작 시점처럼 오브젝트가 처음 생성되었을 때 유니티는 Start 함수를 부르게 된다. 또한 Update 함수는 매 프레임 한 번씩 자동으로 불려진다. 그리하여 Start 함수는 레벨이 시작될 때, Update 함수는 초당 여러 번씩 매 프레임마다 지정된 동작을 수행할 수 있는 기회를 제공해준다. Update 함수는 게임에 움직임이나 애니메이션을 만들어낼 때 특히 유용하다. 예제 코드 1-9는 시간이 흐름에 따라 오브젝트를 회전시키는 예제다.

```
01 using UnityEngine;
02 using System.Collections;
03
04 public class MyScriptFile : MonoBehaviour
05 {
06     // 여기에서 초기화한다
07     void Start ()
08     {
09     }
10
11     // Update는 매 프레임마다 한 번씩 호출된다
12     void Update ()
13     {
14         // 프레임마다 오브젝트를 Y축 중심으로 2도씩 회전시킨다
15         transform.Rotate(new Vector3(0.0f, 2.0f, 0.0f));
16     }
17 }
```

매 프레임마다 한 번씩 코드 예제 1-9의 15번 줄이 호출된다. 이 코드는 y축을 중심으로 오브젝트를 2도씩 회전시킨다. 이 코드는 프레임 레이트^{frame rate}에 의존적인데, 다시 말해 높은 프레임 레이트가 나오는 기기에서는 오브젝트가 더 빨리 회전하게 된다는 의미다. 프레임 레이트에 의존하지 않도록 하여 모든 기기에서 동일하게 실행하는 방법이 있다. 다음 장에서 이런 내용을 살펴볼 것이다. 유니티 에디터의 게임(Game) 탭에서 직접 게임의 프레임 레이트를 쉽게 확인할 수 있다. 게임 탭을 선택하고 툴바의 우상단 구석에 위치한 Stats 버튼을 선택한다. 이렇

게 하면 Stats 패널이 표시되어 게임의 성능에 관련된 전반적인 통계를 개략적으로 보여준다. 이 패널에서 오브젝트의 Update가 얼마나 자주 호출되었는지, 그리고 게임의 일반적인 성능을 표시하는 FPS(초당 프레임 수)가 얼마인지 볼 수 있다. 일반적으로 FPS가 15보다 낮다면 중대한 성능 문제의 징후다. FPS가 30 혹은 그 이상이 되도록 노력하길 바란다. 다음 그림을 참고해 Stats 패널에 접근한다.

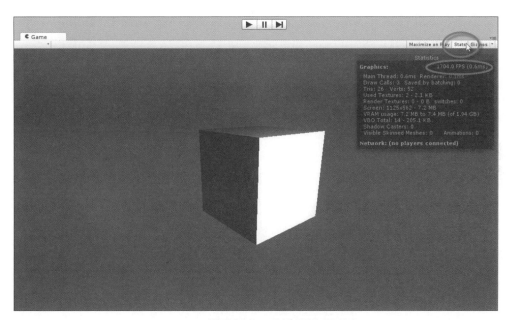

게임 탭에서 Stats 패널에 접근해 FPS 보기

 모두를 나열하기에는 이벤트 종류가 너무나도 많다. 하지만 유니티의 Start와 Update 등의 몇몇 공통 이벤트들은 MonoBehaviour 클래스에서 찾아볼 수 있다. MonoBehaviour에 대한 더 자세한 내용은 다음 웹사이트를 참고한다.

http://docs.unity3d.com/kr/ScriptReference/MonoBehaviour.html

클래스와 개체지향 프로그래밍

클래스^{class}는 수많은 관련 변수와 함수를 붙여주는 아말감[3] 같은 역할을 하며, 자신 안에 모든 내용을 한데 모은 단위라 할 수 있다. (판타지 RPG 같은) 게임을 예로 들어보면, 이 게임은 마법사, 오크, 나무, 집, 플레이어, 퀘스트, 인벤토리 아이템, 무기, 마법, 출입구, 다리, 방어막, 포털, 호위병 등등으로 채워져 있다. 이러한 개체 중 많은 것들이 현실 세계의 것과 유사하다. 하지만 이러한 것들은 결정적으로 각각 독립적인 개체다. 마법사는 방어막과 다르고, 호위병은 나무와 동떨어져 있다. 따라서 이런 것들은 각각의 맞춤 형식을 가진 하나의 개체로서 생각해볼 수 있다. 오크를 예로 들어 이 개체의 속성과 행동 방식을 살펴보자. 오크는 위치와 회전 값, 크기를 가지고 있으며 이것들은 각각 변수에 대응하는 것들이다.

오크는 도끼를 사용하는 근거리 공격, 석궁을 사용하는 원거리 공격 등과 같이 다른 종류의 공격 형태를 가질 수 있다. 이런 공격은 함수를 통해 이루어진다. 이런 식으로 변수와 함수의 집합이 의미 있는 관계로 합쳐지게 된다. 이렇게 묶는 것을 캡슐화^{encapsulation}라고 한다. 이 예제에서 오크를 클래스로 캡슐화한다. 이 예제의 클래스는 일반적이고 추상적인 오크의 템플릿을 기술한다. 반면 개체는 게임의 레벨상에서 Orc 클래스를 각각 실질적으로 인스턴스화한 것이다. 유니티에서는 스크립트 파일에 클래스를 정의한다. 클래스를 레벨상에 인스턴스화하려면 클래스를 게임오브젝트에 추가하면 된다. 앞에서 봤겠지만 클래스는 게임오브젝트의 컴포넌트로서 추가된다. 컴포넌트는 개체이며 여러 개의 컴포넌트가 함께 게임오브젝트를 구성할 수 있다. 예제 코드 1-10의 Orc 클래스의 개략적인 모습을 참고해보자.

```
01 using UnityEngine;
02 using System.Collections;
03
04 public class Orc : MonoBehaviour
05 {
```

---

3 치과 재료 – 옮긴이

```csharp
06     // 오크의 트랜스폼 컴포넌트(위치, 회전, 크기)에 대한 참조변수다
07     private Transform ThisTransform = null;
08
09     // 오크 상태의 열거형
10     public enum OrcStates {NEUTRAL, ATTACK_MELEE, ATTACK_RANGE};
11
12     // 오크의 현재 상태
13     public OrcStates CurrentState = OrcStates.NEUTRAL;
14
15     // 오크의 초당 이동 속도 (m/s)
16     public float OrcSpeed = 10.0f;
17
18     // 오크가 플레이어에게 호의적인지
19     public bool isFriendly = false;
20
21     //-------------------------------------------------
22     // 여기에서 초기화한다
23     void Start ()
24     {
25         // 오크의 트랜스폼을 얻는다
26         ThisTransform = transform;
27     }
28     //-------------------------------------------------
29     // Update는 매 프레임마다 한 번씩 호출된다
30     void Update ()
31     {
32     }
33     //-------------------------------------------------
34     // 오크의 상태별 동작들
35     public void AttackMelee()
36     {
37         // 여기에서 근접 공격을 한다
38     }
39     //-------------------------------------------------
40     public void AttackRange()
41     {
42         // 여기에서 원거리 공격을 한다
```

```
43     }
44     //-------------------------------------------------
45 }
```

다음은 예제 코드 1-10에 대한 설명이다.

- 4번 줄: class 키워드를 사용해 Orc라는 이름의 클래스를 정의했다. 이 클래스는 MonoBehaviour에서 파생한 것이다. 이번 장의 다음 내용에서 상속과 파생 클래스에 대해 더 다룬다.
- 9-19번 줄: 각각의 변수와 열거형을 Orc 클래스에 추가했다. 이 변수들은 서로 다른 형식이지만 모두 오크의 개념에 연관되어 있다.
- 35-45번 줄: 오크는 AttackMelee, AttackRange 두 가지 메소드를 가진다.

 C# 클래스에 대한 더 자세한 내용은 다음 웹사이트를 참고한다.
http://msdn.microsoft.com/ko-kr/library/x9afc042.aspx

클래스와 상속

게임에서 Orc 클래스를 오크 개체로 만드는 시나리오를 상상해보자. 개체로 만든 후, 두 가지 업그레이드 형태를 만들기로 한다. 하나는 더 좋은 갑옷과 무기를 갖춘 오크 대장이고, 다른 하나는 이름 그대로 마법을 시전하는 오크 마법사다. 둘은 추가되는 기능 외에도 보통의 오크가 할 수 있는 모든 행동을 할 수 있다. 그런 것들을 구현하기 위해 공통 코드를 복사해서 붙이는 방법으로 Orc, OrcWarlord, OrcMage 세 개의 클래스를 따로 만든다.

오크 대장과 오크 마법사가 보통의 오크와 수많은 공통점을 가짐으로써, 많은 양의 코드가 이것을 구현하기 위해 불필요하게 복사되어 붙여지는 것이 문제다. 게다가 한 클래스의 복사한 코드에서 버그를 발견하게 되면, 다른 클래스에도 이 버그를 고치기 위해 수정된 코드를 다시 복사해 붙여야 한다. 이렇게 하는 건 지루할 뿐 아니라 시간이 낭비되고 버그를 만들어내며 불필요한 혼란을 초래하기 때문에 기술적으로도 위험하다. 이렇게 하는 대신 개체지향object-oriented programming4 적 개념인 상속을 이용할 수 있다. 상속은 다른 클래스의 기능성을 암시적으로 포함/흡수해 완전히 새로운 클래스를 만드는 개념으로, 기존의 원본 클래스 자체에는 영향을 주지 않으면서 새로운 클래스에서 원본을 확장할 수 있게끔 한다. 원본 클래스(Orc 클래스와 같은)를 보통 수퍼 클래스, 기본 클래스, 혹은 원형 클래스라고 부른다. 또한 원형 클래스를 확장해 새로 만드는 클래스(오크 대장, 오크 마법사와 같은)를 서브 클래스, 혹은 파생 클래스라고 부른다.

 C#의 상속에 대한 더 자세한 내용은 다음 웹사이트를 참고한다.
http://msdn.microsoft.com/ko-kr/library/ms173149%28v=vs.80%29.aspx

기본적으로 새로 만드는 모든 유니티 스크립트 파일에는 MonoBehaviour에서 파생하는 새로운 클래스가 만들어진다. 새로 만들어지는 모든 스크립트는 MonoBehaviour의 모든 기능성을 포함하고 코드를 추가함에 따라 여기에 더 많은 기능을 가지게 된다는 것을 의미한다. 예제 코드 1-11을 통해 이 점을 증명해보자.

```
01 using UnityEngine;
02 using System.Collections;
03
04 public class NewScript : MonoBehaviour
05 {
06 //--------------------------------------------------
07     // 여기에서 초기화한다
08     void Start ()
09     {
```

---

4 'object-oriented'의 번역에 대한 다양한 견해가 있다. 옮긴이는 마이크로소프트와 애플 등 업계 대표주자들의 기술 문서와 영문 위키피디아 페이지 등에서 설명하는 것처럼 인스턴스의 의미로 object를 번역하는 것이 옳다고 보고 '객체지향' 대신 '개체지향'으로 표기했다. 마이크로소프트에서 수작업으로 번역한 다음의 문서에서 개체지향 프로그래밍의 상세한 개념과, object를 개체로 번역하는 근거들을 찾아볼 수 있다. - 옮긴이
http://msdn.microsoft.com/ko-kr/library/dd460654.aspx

```
10      name = "NewObject";
11    }
12
13    // Update는 매 프레임마다 한 번씩 호출된다
14    void Update ()
15    {
16    }
17 }
```

다음은 예제 코드 1-11에 대한 설명이다.

- 4번 줄: NewScript 클래스는 MonoBehaviour에서 파생되었다. 유효한 이름이기만 하면 MonoBehaviour 대신 얼마든지 다른 이름으로 파생 클래스의 이름을 정할 수 있다.

- 10번 줄: Start 이벤트 안에서 name 변수에 문자열 값을 할당했다. 하지만 name이라는 변수는 NewScript 소스 파일 중 어느 곳에서도 명시적으로 선언한 적이 없다는 점에 주목하자. NewScript가 4번 줄에서 선언한 원형 클래스 없이 완전히 새로운 클래스였다면 10번 줄의 코드는 잘못된 것이다. 하지만 NewScript는 MonoBehaviour에서 파생된 것이므로, 자동으로 MonoBehaviour의 모든 변수를 상속해 NewScript에서 접근하고 편집할 수 있게 되었다.

 언제 상속할 것인가

적절한 곳에만 상속을 사용하지 않으면 클래스가 비대하고 무겁고 혼란스러워질 것이다. 다른 클래스와 많은 공통적인 기능성을 공유하는 클래스를 만들 때에 연관 지어 만들 필요가 있고, 이때 상속을 이용하면 좋다. 원형 클래스의 특정 함수들을 대체할 때에도 상속을 이용하는데, 이 내용을 다음 절에서 살펴본다.

클래스와 다형성

C#에서의 다형성을 설명하기 위해 예제 코드 1-12를 살펴보자. 이 예제가 곧바로 다형성을 보여주는 것은 아니지만, 곧 보게 될 다형성이 유용하게 이용되는 시나리오의 시작점이다. RPG 게임에서 NPC^{non-player character}(플레이어의 캐릭터가 아닌 캐릭터)의 뼈대가 되는 클래스를 정의했다. 이 클래스는 의도적으로 복잡한 기능들을 제외하고 캐릭터의 시작 값을 기록하는 기본적인 변수들만을 제공한다. 플레이어가 NPC와 대화할 때 실행될 SayGreeting 함수가 클래스에 포함된다는 것이 중요한 부분이다. 이 함수는 다음과 같이 콘솔 창에 일반적인 인사 메시지를 출력한다.

```
01 using UnityEngine;
02 using System.Collections;
03 //------------------------------------------
04 public class MyCharacter
05 {
06     public string CharName = "";
07     public int Health = 100;
08     public int Strength = 100;
09     public float Speed = 10.0f;
10     public bool isAwake = true;
11
12     // 플레이어가 대화에 진입할 때 인사말을 출력하는 함수
13     public virtual void SayGreeting()
14     {
15         Debug.Log ("Hello, my friend");
16     }
17 }
```

MyCharacter 클래스가 실제로 게임에서 동작한다고 상상해보면, 여기에서 다양성과 신뢰성에 연관된 첫 번째 문제가 발생한다. 특히 모든 캐릭터가 MyCharacter로부터 상속되어 SayGreeting이 불릴 때 남자, 여자, 오크 할 것 없이 모두 똑같은 인사말을 전달하게 될 것이다. 즉, "Hello, my friend"라고 모두 똑같은 말을 하게 된다. 이런 식으론 그럴듯하지도 않고 호감이 가지

도 않는다. public 문자열 변수를 하나 더 추가해서 출력되는 메시지를 특화하는 것이 가장 세련된 방법일지도 모르겠다. 허지만 알기 쉽게 다형성을 설명하기 위해 다른 방법을 이용해보자. MyCharacter에서 파생해 각각의 NPC 종류마다 고유한 인사말을 건네도록 하나씩 클래스를 추가한다. MyCharacter 클래스에서 SayGreeting 함수가 virtual 키워드를 이용해 선언(13번 줄)되었기 때문에 이것이 가능해진다. 이렇게 하면 파생된 클래스에서 MyCharacter 클래스의 SayGreeting 함수의 동작을 대체하는 것이 가능해진다. 다시 말해, 파생된 클래스의 SayGreeting 함수가 기본 클래스의 원형 함수의 동작을 교체한다는 것을 의미한다. 이러한 방법을 이용해 예제 코드 1-13과 같은 코드를 만들 수 있다.

```
01 using UnityEngine;
02 using System.Collections;
03 //------------------------------------------
04 public class MyCharacter
05 {
06     public string CharName = "";
07     public int Health = 100;
08     public int Strength = 100;
09     public float Speed = 10.0f;
10     public bool isAwake = true;
11
12     // 플레이어가 대화에 진입할 때 인사말을 출력하는 함수
13     public virtual void SayGreeting()
14     {
15         Debug.Log ("Hello, my friend");
16     }
17 }
18 //------------------------------------------
19 public class ManCharacter: MyCharacter
20 {
21     public override void SayGreeting()
22     {
23         Debug.Log ("Hello, I'm a man");
24     }
```

```
25 }
26 //-------------------------------------------
27 public class WomanCharacter: MyCharacter
28 {
29    public override void SayGreeting()
30    {
31        Debug.Log ("Hello, I'm a woman");
32    }
33 }
34 //-------------------------------------------
35 public class OrcCharacter: MyCharacter
36 {
37    public override void SayGreeting()
38    {
39        Debug.Log ("Hello, I'm an Orc");
40    }
41 }
42 //-------------------------------------------
```

이 코드에서 좀 개선된 점이 있는데, 각 NPC 종류별로 ManCharacter, WomanCharacter, OrcCharacter 이름으로 다른 클래스들을 만든 것이다. 각 클래스의 SayGreeting 함수는 다른 종류의 인사말을 출력한다. 그리고 각각의 NPC는 기본 클래스인 MyCharacter를 공유해 이 클래스에서 모든 공통 기능들을 상속받는다. 하지만 클래스의 종류가 나뉨에 따른 기술적인 문제가 생겼다. 서로 다른 종류의 NPC들이 많이 모인 곳에 선술집을 만들어 모두 맥주잔을 기울이는 모습을 상상해보자. 플레이어가 술집에 들어가면 모든 NPC들이 자신만의 인사말을 건네야 한다. 모든 NPC를 담는 하나의 배열을 만들어 순회하면서 NPC들의 SayGreeting 함수를 호출하기만 하면 이 기능을 구현할 수 있을 것으로 보인다. 하지만 아직은 불가능해 보인다. 하나의 배열에 담기는 모든 항목은 MyCharacter[]나 OrcCharacter[]와 같이 동일한 데이터 형식을 가져야 하기 때문이다. 하나의 배열에 여러 형식을 섞어서 담을 순 없다. 물론 각각의 NPC 형식에 맞게 복수의 배열을 선언하면 되겠지만, 이런 방법은 거추장스럽고 한 번 배열 코드를 만든 후에 NPC 형식을 더 추가할 때 껄끄러운 느낌이 있다. 이 문제를 해결하기 위해서는 구체적이고 전문적인 해결책이 필요하다. 다형성이 우리를 구해줄 타이밍이다. 다음의 예제 코드 1-14는 Tavern 클래스를 별개의 스크립트 파일에 새로 선언한 것이다.

```
01 using UnityEngine;
02 using System.Collections;
03
04 public class Tavern : MonoBehaviour
05 {
06     // 술집에 있는 NPC들의 배열
07     public MyCharacter[] Characters = null;
08     //------------------------------------------------------
09     // 여기에서 초기화한다
10     void Start () {
11
12         // 새로운 배열 - 술집에 다섯 NPC가 있다
13         Characters = new MyCharacter[5];
14
15         // MyCharacter 형식의 배열에 다른 형식을 가진 캐릭터를 추가한다
16         Characters[0] = new ManCharacter();
17         Characters[1] = new WomanCharacter();
18         Characters[2] = new OrcCharacter();
19         Characters[3] = new ManCharacter();
20         Characters[4] = new WomanCharacter();
21
22         // 술집에 들어가는 기능을 실행한다
23         EnterTavern();
24     }
25     //------------------------------------------------------
26     // 플레이어가 술집에 들어갔을 때 불리는 함수
27     public void EnterTavern()
28     {
29         // 모두가 인사를 건넨다
30         foreach(MyCharacter C in Characters)
31         {
32             // 파생 클래스의 SayGreeting 함수를 호출한다
33             // 다형성을 이용하면 기본 클래스의 함수 호출로 파생 클래스의 함수 접근이 가능해진다
```

```
34          C.SayGreeting();
35      }
36  }
37  //--------------------------------------------------------
38 }
```

다음은 예제 코드 1-14에 대한 설명이다.

- 7번 줄: 형식에 상관없이 술집에 있는 모든 NPC를 담기 위해 하나의 MyCharacter 형식의 배열(Characters 배열)을 선언했다.

- 16-20번 줄: Characters 배열이 다른 형식으로 된 복수의 NPC들로 채워졌다. NPC들은 서로 다른 형식을 가지지만, 각각의 NPC들이 같은 기본 클래스에서 파생되었기 때문에 이렇게 하는 것이 가능하다.

- 27번 줄: 레벨이 시작되는 시점에 EnterTavern 함수가 호출된다.

- 34번 줄: foreach 반복문이 Character 배열 안의 모든 NPC를 순회하며 SayGreeting 함수를 호출한다. 다음 그림과 같은 결과를 볼 수 있다. 각각의 NPC가 기본 클래스에 선언된 일반적인 메시지 대신 고유의 메시지를 출력한다. 다형성을 이용해 파생 클래스에 대체된 메소드가 실행되도록 할 수 있다.

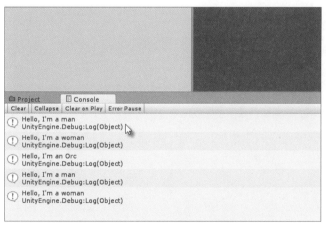

다형성은 같은 핏줄을 가진 데이터 형식 간의 역투명성을 형성한다.

C#의 다형성에 대한 더 자세한 내용은 다음 웹사이트를 참고한다.

http://msdn.microsoft.com/ko-kr/library/ms173152.aspx

C# 프로퍼티

MyClass.x = 10;처럼 클래스 변수에 값을 할당할 때 알아야 할 중요한 내용이 있다. 첫 번째로, 변수의 값이 항상 올바르도록 강제해, 할당된 값을 확실히 하길 일반적으로 바랄 것이다. 정수를 최솟값과 최댓값 사이로 고정한다거나 정해진 조합만을 허용하는 문자열 변수를 만드는 것이 대표적인 경우다. 두 번째로, 변수의 값이 변경되었을 때를 감지해 이 값에 영향을 받는 다른 함수나 동작을 실행하길 원할 수도 있다. C#의 프로퍼티^{property}(속성)는 이러한 것들을 모두 가능하게 한다. 예제 코드 1-15는 정수 값의 범위를 1에서 10 사이로 제한하고, 값이 변경되는 시점에 콘솔로 메시지를 출력한다.

```
01 using UnityEngine;
02 using System.Collections;
03 //------------------------------------------------------
04 // 오브젝트에 컴포넌트로 붙일 수 있는 예제 클래스
05 public class Database : MonoBehaviour
06 {
07     //--------------------------------------------------
08     // private 변수인 iMyNumber를 위해 만든 public 프로퍼티
09     // iMyNumber 변수에 접근하는 public 프로퍼티다
10     public int MyNumber
11     {
12         // 값을 가져올 때 호출된다
13         get
14         {
15             return iMyNumber; // iMyNumber를 출력한다
16         }
17
```

```
18      // 값을 설정할 때 호출된다
19      set
20      {
21          // 범위가 1-10 사이일 때 값을 변경하고, 아닌 경우는 무시한다
22          if(value >= 1 && value <= 10)
23          {
24              // private 변수를 업데이트한다
25              iMyNumber = value;
26
27              // 이벤트를 호출한다
28              NumberChanged();
29          }
30      }
31  }
32  //--------------------------------------------------------
33  // 1-10 사이의 숫자를 담기 위한 내부 변수
34  private int iMyNumber = 0;
35  //--------------------------------------------------------
36  // 초기화에 사용한다
37  void Start ()
38  {
39      // MyNumber 값 설정
40      MyNumber = 11; // 값이 10보다 크므로 실패한다
41
42      // MyNumber 값 설정
43      MyNumber = 7; // 값이 1-10 사이이므로 성공한다
44  }
45  //--------------------------------------------------------
46  // iMyNumber가 변경될 때 불리는 이벤트
47  void NumberChanged()
48  {
49      Debug.Log("Variable iMyNumber changed to : " + iMyNumber.ToString());
50  }
51  //--------------------------------------------------------
52 }
53 //----------------------------------------------------------
```

다음은 예제 코드 1-15에 대한 설명이다.

- 10번 줄: public 정수 프로퍼티를 선언했다. 이 프로퍼티는 독립직인 변수가 아니고 34번 줄에 선언한 private 변수 iMyNumber를 위한 래퍼wrapper5이자 접근자accessor6다.

- 13번 줄: MyNumber가 사용되거나 참조되었을 때, 내부의 get 함수가 호출된다.

- 19번 줄: MyNumber에 값을 할당하게 되면, 내부의 set 함수가 호출된다. 25번 줄: set 함수는 할당될 값을 의미하는 value라는 이름의 암시적인 파라미터를 제공한다.

- 28번 줄: iMyNumber 변수에 값이 할당될 때 NumberChanged 이벤트가 호출된다.

 프로퍼티와 유니티

프로퍼티는 변수로의 값 할당을 검증하고 제어하기에 유용한 도구다. 유니티에서 프로퍼티를 사용할 때는 오브젝트 인스펙터에 다소 문제가 있다. 구체적으로 말하자면 C# 프로퍼티가 오브젝트 인스펙터에서 보이지 않는다. 따라서 에디터에서 프로퍼티의 값을 얻거나 설정할 수 없다. 하지만 개발자 커뮤니티에서 만든 스크립트 및 해결책을 이용하면 이런 C# 프로퍼티 노출과 같은 기본 동작을 변경할 수 있다. 이런 스크립트 및 해결책은 다음 웹사이트를 참고하자.

http://wiki.unity3d.com/index.php?title=Expose_properties_in_inspector

---

C# 프로퍼티에 대한 더 자세한 내용은 다음 웹사이트를 참고한다.

http://msdn.microsoft.com/ko-kr/library/x9fsa0sw.aspx

---

5 어떠한 데이터나 개체에 대해 직접적인 참조가 아니라 정해진 인터페이스를 통한 제한된 참조를 제공하는 구현을 보통 래퍼(wrapper)라고 부른다. – 옮긴이

6 직접 접근할 수 없게 제한된 데이터에 접근할 수 있도록 정해진 권한을 주는 인터페이스를 접근자(accessor)라고 부른다. – 옮긴이

주석 남기기

주석을 남기는 것은 코드에 사람이 읽기 쉬운 메시지를 집어넣는 일로서, 순수하게 주석을 달고, 설명하고, 독자에게 뭔가 명확하게 전달하기 위한 목적을 위한 일이다. C#에서 한 줄짜리 주석은 // 기호로 시작하며, 여러 줄의 주석은 /*로 시작해 */로 끝낸다. 이 책의 모든 코드 예세에 주석이 사용된다. 주석을 남기는 것은 무척 중요하다. 아직 주석을 남기는 습관이 배어있지 않다면 습관화할 것을 권한다. 주석을 남기는 습관은 같은 팀(다른 사람과 함께 일한다면)의 다른 개발자들뿐만 아니라 독자 스스로에게도 득이 된다. 몇 주 혹은 몇 달이 지난 후 다시 돌아왔을 때 무엇을 하는 코드인지 주석을 통해 상기시킬 수 있을 뿐만 아니라, 코드를 작성하는 시점에도 코드에 대해 명확하게 이해하도록 도움을 준다. 물론 이런 이점들은 관련 없는 긴 에세이를 쓰는 대신 얼마나 명확하고 의미 있는 주석을 작성하는가에 따라 달라질 수 있다. 하지만 모노디벨롭은 함수와 인자들을 명확하게 설명할 수 있도록 코드 자동완성과 통합된 XML 기반의 주석을 제공한다. 이런 주석이 팀으로 일할 때 특히 일의 능률을 향상시켜줄 것이다. 어떻게 주석을 사용하는지 살펴보자. 다음 그림처럼 어떤 함수든 하나의 함수를 작성한다.

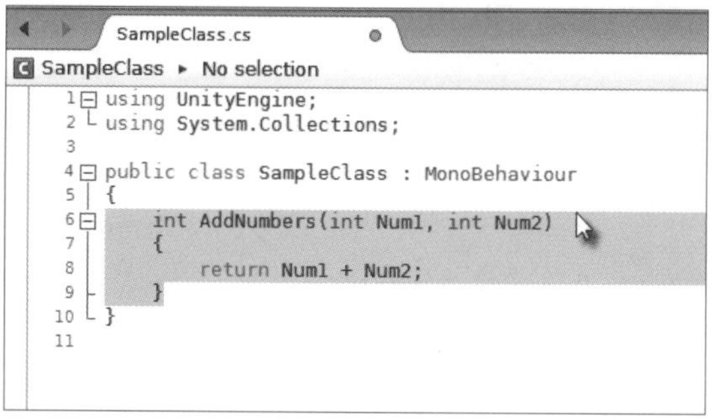

함수(AddNumbers)를 모노디벨롭에서 작성한다(주석 남기기 전 단계).

이어서 다음 그림처럼 함수 이름 위에 세 개의 슬래시 문자를 넣는다.

```
      SampleClass.cs
 C SampleClass ▸ No selection
  1 ⊟ using UnityEngine;
  2 └ using System.Collections;
  3
  4 ⊟ public class SampleClass : MonoBehaviour
  5  {
  6        ///
  7 ⊟      int AddNumbers(int Num1, int Num2)
  8        {
  9            return Num1 + Num2;
 10        }
 11 └ }
 12
```

XML 주석을 작성하기 위해 함수 이름 위에 ///를 입력하기

여기까지 하면 모노디벨롭이 템플릿 XML 주석을 자동으로 삽입하고 적당한 설
명을 채워 넣어 주석을 완성할 수 있게 해준다. 이 기능은 다음 그림처럼 함수를
일반적으로 설명하는 summary(요약) 섹션과 함수의 각 인지마다 param(파라미터)
항목을 만들어준다.

```
      SampleClass.cs
 C SampleClass ▸ No selection
  1 ⊟ using UnityEngine;
  2 └ using System.Collections;
  3
  4 ⊟ public class SampleClass : MonoBehaviour
  5  {
  6 ⊟      /// <summary>
  7        /// Adds the numbers.
  8        /// </summary>
  9        /// <returns>The numbers.</returns>
 10        /// <param name="Num1">Num1.</param>
 11 └      /// <param name="Num2">Num2.</param>
 12 ⊟      int AddNumbers(int Num1, int Num2)
 13        {
 14            return Num1 + Num2;
 15        }
 16 └ }
 17
```

함수 제목 위에 ///를 입력하면 XML 주석이 자동으로 생성된다.

다음으로 함수에 대한 주석을 XML 템플릿에 채워 넣는다. 다음 그림처럼 각각의
파라미터에도 적절한 주석을 달자.

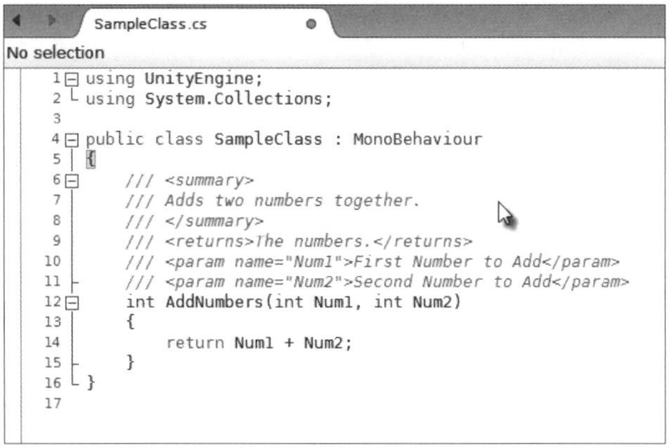

```
    SampleClass.cs                    ●
No selection
  1 ┌ using UnityEngine;
  2 └ using System.Collections;
  3
  4 ┌ public class SampleClass : MonoBehaviour
  5 │ {
  6 ┌     /// <summary>
  7 │     /// Adds two numbers together.
  8 │     /// </summary>
  9 │     /// <returns>The numbers.</returns>
 10 │     /// <param name="Num1">First Number to Add</param>
 11 ┤     /// <param name="Num2">Second Number to Add</param>
 12 ┌     int AddNumbers(int Num1, int Num2)
 13 │     {
 14 │         return Num1 + Num2;
 15 │     }
 16 └ }
 17
```

XML 주석을 이용해 함수 주석 달기

이제 코드 어디에서든 AddNumber 함수를 부를 때, 다음 그림처럼 코드 자동완성 팝업에 함수 요약 설명과 파라미터 주석이 코드 내용에 반응해 표시된다.

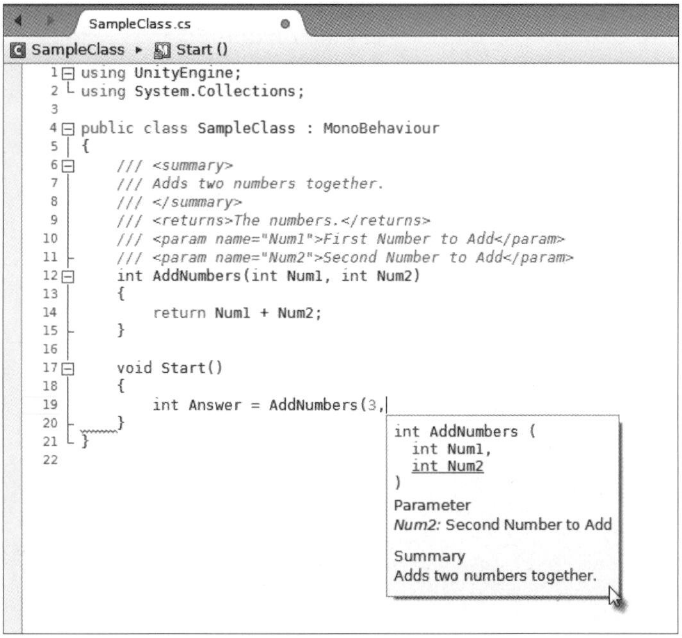

```
    SampleClass.cs                    ●
 SampleClass ▸  Start ()
  1 ┌ using UnityEngine;
  2 └ using System.Collections;
  3
  4 ┌ public class SampleClass : MonoBehaviour
  5 │ {
  6 ┌     /// <summary>
  7 │     /// Adds two numbers together.
  8 │     /// </summary>
  9 │     /// <returns>The numbers.</returns>
 10 │     /// <param name="Num1">First Number to Add</param>
 11 ┤     /// <param name="Num2">Second Number to Add</param>
 12 ┌     int AddNumbers(int Num1, int Num2)
 13 │     {
 14 │         return Num1 + Num2;
 15 │     }
 16 │
 17 ┌     void Start()
 18 │     {
 19 │         int Answer = AddNumbers(3,
 20 │     }
 21 └ }
 22
                              ┌──────────────────────────┐
                              │ int AddNumbers (          │
                              │   int Num1,               │
                              │   int Num2                │
                              │ )                         │
                              │ Parameter                 │
                              │ Num2: Second Number to Add│
                              │                           │
                              │ Summary                   │
                              │ Adds two numbers together.│
                              └──────────────────────────┘
```

함수를 호출하는 코드를 작성할 때 주석이 보인다.

변수 표시

유니티의 멋진 기능 중 하나는 바로 유니티 에디터의 오브젝트 인스펙터 안에 클래스의 public 변수들이 노출되어 실행 중에 값을 편집하고 볼 수 있도록 하는 기능이다. 이 기능은 디버깅할 때 특히 편리하다. 하지만 오브젝트 인스펙터는 기본적으로 private 변수를 노출하지 않는다. private 변수는 보통 인스펙터에 숨겨진 상태다. private 변수를 public으로 변경하지 않고도 디버깅하거나 최소한 변수 값을 살펴보길 원하는 경우가 많은데, 이럴 때 인스펙터에서 숨겨지게 되면 그다지 좋지 않다. 이 문제를 쉽게 극복할 수 있는 방법으로 크게 두 가지가 있다.

클래스 안의 모든 public과 private 변수를 다 보길 원할 때 첫 번째 해결책이 유용할 것이다. 오브젝트 인스펙터에서 Debug 모드를 켤 수 있다. 다음 그림처럼 인스펙터 창의 우상단 구석의 컨텍스트 메뉴 아이콘을 클릭한다. Debug를 선택하면 클래스의 모든 public 및 private 변수가 보일 것이다.

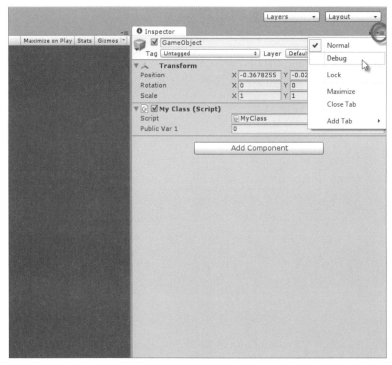

오브젝트 인스펙터에서 Debug 모드를 활성화하면 클래스 안의 모든 변수를 보여준다.

특정 private 변수를 표시하길 원할 때 두 번째 해결책이 유용한데, 명시적으로 지정한 원하는 변수를 오브젝트 인스펙터에 표시한다. Normal이나 Debug 모드 모두에서 보이게 된다. 이렇게 하려면 private 변수를 선언할 때 [SerializeField] 특성^{attribute}(애트리뷰트)을 함께 선언한다. 예제에 보이는 C# 특성에 대해서는 책의 후반부에서 다루기로 한다.

```
01 using UnityEngine;
02 using System.Collections;
03
04 public class MyClass : MonoBehaviour
05 {
06     // 항상 표시된다
07      public int PublicVar1;
08
09     // 항상 표시된다
10     [SerializeField]
11     private int PrivateVar1;
12
13     // 디버그 모드에서만 표시된다
14     private int PrivateVar2;
15
16     // 디버그 모드에서만 표시된다
17     private int PrivateVar3;
18 }
```

 [HideInInspector] 특성으로 전역변수를 인스펙터에서 감출 수도 있다.

? 연산자

C#에서 보편적으로 널리 사용되는 if-else문을 여러 줄로 나누지 않고 단순하게 축약하는 표기법이 있다. 이 축약형을 ? 연산자라 부른다. 이 조건문의 기본적인 형태는 다음과 같다.

```
// 만약 조건이 true면 expression_1, 아니면 expression_2를 수행한다
(condition) ? expression_1 : expression_2;
```

? 연산자의 실제 사용 예를 살펴보자.

```
// Y 위치가 100 유닛을 초과하면 오브젝트를 숨겨야 한다
bool ShouldHideObject = (transform.position.y > 100) ? true : false;

// 오브젝트 표시 여부를 업데이트한다
gameObject.SetActive(!ShouldHideObject);
```

 ? 연산자는 조건문을 축약할 수 있어 유용하지만, 길고 더 복잡한 조건문을 만들어 코드를 읽기 어렵게 할 수도 있다.

SendMessage와 BroadcastMessage

유니티 API에 포함된 MonoBehaviour 클래스는 대부분의 새로 작성하는 클래스의 기본 클래스로서 SendMessage와 BroadcastMessage 메소드를 제공한다. 이 함수들을 사용해 오브젝트에 붙은 모든 컴포넌트의 함수를 이름으로 실행할 수 있다. 일반적으로는 클래스에 접근하기 위해 인스턴스를 가리키는 참조변수가 필요하고, 이것을 통해 클래스의 함수를 호출하고 변수에 접근할 수 있게 된다. 하지만 SendMessage와 BroadcastMessage 함수는 실행할 함수의 이름을 문자열의 값으로 지정해 실행할 수 있게 해준다. 곧 알게 되겠지만 이 방법은 무척 편리하면서도 코드를 효율적으로 단순하고 짧게 만들어준다. 예제 코드 1-16을 참고하자.

```
01 using UnityEngine;
02 using System.Collections;
03
04 public class MyClass : MonoBehaviour
05 {
06     void Start()
07     {
08         // 이 오브젝트에 붙어있는 모든 컴포넌트/스크립트에서 MyFunction 함수를 부른다
09         SendMessage("MyFunction", SendMessageOptions.DontRequireReceiver);
10     }
11
12     // SendMessage가 호출될 때 실행된다
13     void MyFunction()
14     {
15         Debug.Log("hello");
16     }
17 }
```

다음은 예제 코드 1-16에 대한 설명이다.

- 9번 줄: `MyFuction` 함수를 부르기 위해 `SendMessage`를 호출했다. 이 클래스 안의 `MyFunction` 함수뿐 아니라 게임오브젝트에 붙어있는 다른 모든 컴포넌트 또한 `MyFunction`이란 이름의 멤버 함수를 가지고 있다면 함께 불리게 된다.
- 9번 줄: `SendMessageOptions.DontRequireReceiver` 파라미터는 컴포넌트에 `MyFunction` 함수가 존재하지 않는 경우의 동작을 정의한다. 예제에서는 유니티가 해당 함수가 없는 컴포넌트를 무시하고 다음으로 이동해 발견된 `MyFunction` 함수를 호출하도록 한다.

 함수와 멤버 함수는 이 함수가 클래스에 속해 있을 때 같은 의미를 지닌 용어로 사용했다. 클래스에 속한 함수는 곧 멤버 함수를 칭하는 설명이다.

`SendMessage`가 하나의 게임오브젝트에 붙어있는 모든 컴포넌트에 걸쳐 지정된 함수를 부르는 것을 봤다. `BroadcastMessage`는 `SendMessage`의 동작과 합쳐져

서 게임오브젝트의 모든 컴포넌트마다 지정된 함수를 부르고, 씬 계층상의 모든 자식 오브젝트와 그 자식 오브젝트에게까지 재귀적으로 이 과정을 반복한다.

SendMessage와 BroadcastMessage에 대한 더 자세한 내용은 다음 웹사이트들을 참고한다.

http://docs.unity3d.com/kr/ScriptReference/GameObject.SendMessage.html

http://docs.unity3d.com/kr/ScriptReference/Component.html

 리플렉션

SendMessage와 BroadcastMessage는 오브젝트 간 그리고 컴포넌트 간 통신을 수월하게 만드는 효과적인 방법이다. 필요할 때 컴포넌트가 다른 컴포넌트에게 전달해 동작을 동기화하고 기능을 재활용할 수 있도록 한다. 그런데 SendMessage와 BroadcastMessage는 모두 내부적으로 C#의 리플렉션(reflection)이라는 기능에 의존한다. 문자열을 이용해 함수를 부르면, 애플리케이션은 실행 중에 스스로를 살펴보고 실행할 코드를 찾는다. 이런 과정은 일반적인 방법으로 함수를 실행할 때보다 무거운 연산을 필요로 한다. 그렇기 때문에 SendMessage와 BroadcastMessage의 사용을 최소화하도록 한다. 특히 Update 이벤트나 다른 프레임 기반의 호출 안에서는 현저한 성능 저하를 일으킬 수 있다. 그렇다고 해서 사용하지 말라는 이야기는 아니다. 드물게 간헐적인 빈도로 사용하는 경우엔 실질적으로 눈에 띄는 저하가 생기지 않는다. 하지만 이 책의 뒷부분에서는 델리게이트와 인터페이스를 이용한 더 빠른 기술을 사용하는 대안을 살펴볼 예정이다.

이 책을 더 보기 전에 C#에 대한 더 자세한 정보와 사용법이 필요하다면 다음 자료들을 추천한다.

- 『C#으로 하는 유니티 게임 개발』(테리 노턴 저/이유찬 역, 에이콘출판)
- 'Intro to C# Programming and Scripting for Games in Unity', 앨런 쏜 (3DMotive 동영상 강좌 - https://www.udemy.com/3dmotive-intro-to-c-programming-and-scripting-for-games-in-unity/)
- 『Pro Unity Game Development with C#』(앨런 쏜, 에이프레스)

다음은 온라인으로 볼 수 있는 자료다.

- https://msdn.microsoft.com/ko-kr/library/aa288436(v=vs.71)
- http://www.csharp-station.com/tutorial.aspx
- http://docs.unity3d.com/kr/ScriptReference/

요약

1장에서는 게임 개발에 보편적으로 널리 쓰이는 언어의 기능을 탐험하며 유니티의 C#에 대한 전반적인 내용을 살펴봤다. 이후에 나올 장에서 더 깊이 있는 방식으로 이러한 주제들을 다룰 예정이지만, 이번 장에서 다룬 것들은 이후의 장에서 다루는 코드를 이해하고 작성하는 데 중요한 내용이라는 점을 잊지 말자.

2
디버깅

디버깅^{debugging}은 코드에서 버그(오류나 실수)를 찾고 확인해서 고치는 과정이며 여러 가지 방법이 있다. 효과적으로 스크립트를 작성하려면 유니티에서의 디버깅을 위한 일반적인 작업 방식과 도구에 대해 알아둘 필요가 있다. 더 자세히 알아보기 전에 먼저 디버깅의 일반적인 한계와 불가능한 것에 대해 알아두어야 한다. 디버깅은 모든 버그를 제거하고 에러 없는 애플리케이션을 보장하는 마법의 치료약이 아니다. 컴퓨터 과학자인 에츠허르 데이크스트라^{Edsger W. Dijkstra}는 "프로그램 테스트를 통해 버그의 존재를 증명할 수는 있지만, 버그가 없음을 증명할 수는 없다."라고 말했다. 테스트를 진행할 때 중요한 점은 하나 혹은 그 이상의 오류를 만나게 될 수 있다는 점이다. 디버깅을 통해 오류를 확인하고 테스트해 고친다. 광범위하고 신중한 테스트를 하더라도 모든 경우 혹은 시나리오를 검증한다는 것은 불가능하다. 모든 조건과 모든 하드웨어와의 조합은 실로 무한하기 때문이다. 따라서 모든 버그를 완전히 확실하게 찾아내는 것은 불가능하다. 심지어출시일에도 테스트에서 찾아내지 못한 버그가 게임에 남아있을 수 있다. 물론 실제로 전혀 버그가 남아있지 않을 가능성도 있지만 확신할 수는 없다. 따라서 디버깅은 애플리케이션의 오류를 완전 박멸하는 수단이 아니다. 대신 좀 더 평범한 것을 목표로 삼는다. 게임을 여러 가지 일반적이면서 적절한 환경하에 두고, 이때

마주치는 여러 오류를 시간과 예산이 허락하는 한 가능하면 많이 찾아서 바로잡을 수 있도록 체계적으로 테스트하는 것이 목표다. 어쨌거나, 디버깅은 스크립트를 작성할 때 중요한 부분이고, 디버깅 없이 오류를 추적하고 고치는 방법은 없다. 간단한 방법부터 복잡한 방법까지 다양한 디버깅 기법에 대해 2장에서 광범위하게 다룰 것이다.

컴파일 오류와 콘솔

디버깅은 보통 실행 중에 오류를 잡아내는 기법을 말한다. 다시 말해, 게임이 실행 중일 때 오류를 발견해 고치는 것을 의미한다. 당연하게도 이런 디버깅에 대한 정의는 코드가 이미 컴파일되어 유효한 상태일 때를 전제로 하는 것이다. 올바른 코드를 C#으로 작성해 프로그램 로직이 만들어내는 결과에 따른 실행 중의 오류를 찾아내기만을 원한다는 것이 암묵적인 가정이다. 따라서 문법이 아닌 로직에 초점이 있다고 할 수 있다. 하지만 2장에서는 코드 컴파일과 올바른 코드를 작성하는 방법, 콘솔을 이용해 유효성 오류를 만드는 코드를 찾아서 고치는 방법에 대해 간략하게 설명한다. 콘솔 창에 대한 개괄적인 설명과 디버깅에 대한 깊이 있는 사고의 기반을 만드는 일 둘 다 중요하다. 다음 예제 코드 2-1(ErrorScript.cs)을 살펴보자.

```
01 using UnityEngine;
02 using System.Collections;
03
04 public class ErrorScript : MonoBehaviour
05 {
06     int MyNumber = 5;
07
08     // 여기에서 초기화한다
09     void Start () {
10
11         mynumber = 7;
12     }
```

```
13
14      // Update는 매 프레임마다 한 번씩 호출된다
15      void Update () {
16          mynumber = 10;
17      }
18  }
```

앞의 예제 코드 2-1을 컴파일하려면 모노디벨롭에서 스크립트를 저장(Ctrl + S)하고 유니티 에디터 창을 다시 활성화한다. 이때 컴파일이 자동으로 수행된다. 만약 자동으로 되지 않는다면, Project 패널에서 스크립트에 우클릭하고 메뉴에서 Reimport를 선택한다. 예제 코드 2-1에서 두 개의 에러가 발생되어 콘솔(Console) 창에 보이게 된다. 아직 콘솔 창이 열리지 않은 상태라면 애플리케이션의 Window > Console 메뉴를 선택해 열 수 있다. 콘솔 창은 몹시 중요하므로 화면 어딘가에 거의 항상 띄워놓아야 할 것이다. 콘솔 창은 유니티 엔진이 개발자와 소통하는 공간이다. 이와 같이, 코드에 컴파일 에러가 발생하면 유니티는 콘솔에 이 에러들이 무엇인지 알 수 있게 나열해준다.

예제 코드 2-1은 다음 그림에서처럼 두 개의 컴파일 에러를 만들어낸다. 11번과 16번 줄의 mynumber 변수가 존재하지 않기 때문에 발생하는 에러다(MyNumber는 존재하지만 대소문자를 구별하므로 서로 다르다). 이러한 컴파일 시점의 에러는 코드를 무효로 만들기 때문에 치명적이다. 코드를 컴파일할 수 없게 되고 오류를 수정하기 전까지 게임을 실행할 수 없다는 얘기다.

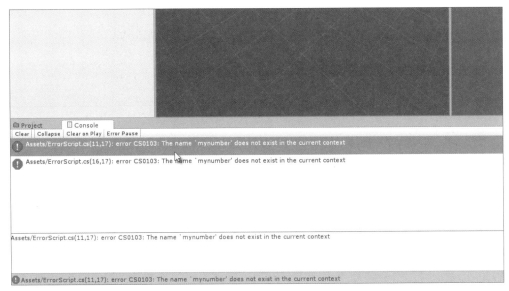

콘솔 창에서 컴파일 에러 보기

컴파일 에러가 기대한 대로 콘솔 창에 보이지 않는다면 오류 필터가 활성화되도록 해야 한다. 콘솔 창 우상단 구석의 오류 필터 아이콘(빨간색 느낌표 마크)을 클릭하면 된다. 콘솔 창은 세 가지 필터를 제공하는데, 다음의 그림처럼 주석(A), 경고(B), 오류(C) 필터를 제공해 특정 메시지를 감추거나 보이게 할 수 있다. 이 토글 버튼들을 이용해 각 메시지 형식의 콘솔 창 노출을 제어한다. 주석에는 프로그래머가 명시적으로 코드에서 Debug.Log 함수를 사용해(Print 함수를 사용해도 된다.) 콘솔 창에 출력하길 원하는 메시지가 표시된다. 곧 관련 예제를 살펴본다. 경고에는 코드에서 발견된 잠재적인 문제나 낭비에 대한 내용이 표시된다. 이것들은 문법적으로는 올바르고 무시하더라도 잘 컴파일되지만 그냥 둘 경우 문제를 일으킬 수 있고, 예상 밖의 결과나 자원의 낭비를 초래하기도 한다. 예제 코드 2-1처럼 컴파일 시점에 발생하는 에러는 컴파일 유효성에 영향을 끼칠 수 있다.

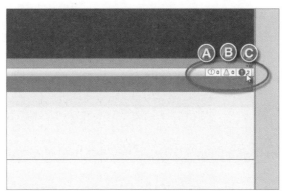

콘솔 창의 필터 활성화/비활성화

콘솔에 하나 이상의 오류가 채워질 때, 보통 컴파일러가 검출한 순서대로 위에서 아래로 나열된다. 오류를 순서대로 잡아내는 게 좋다고 알려져 있는데, 앞의 오류가 나중의 오류를 만들어낼 수 있기 때문이다. 오류를 해결하기 위해 콘솔 창에서 오류 항목을 더블클릭하면 모노디벨롭이 자동으로 열리고 코드에서 오류가 있는 줄이나 처음으로 오류가 검출된 위치를 강조해준다. 가리키는 줄의 코드를 수정하는 것이 항상 오류를 해결하는 방법은 아니지만, 어쨌거나 모노디벨롭이 오류가 처음 검출된 줄로 안내함을 알아두는 것은 중요하다. 문제의 종류에 따라 강조된 줄 대신 다른 줄을 고쳐야 할 수도 있다. 예제 코드 2-1에서 발생한 최상단 오류(첫 번째 오류)를 더블클릭하면, 모노디벨롭이 열리고 11번 줄이 강조될 것이다. 이 오류를 두 가지 방법으로 고칠 수 있다. 11번 줄에서 mynumber를 MyNumber로 고치거나 6번 줄의 변수의 이름을 MyNumber에서 mynumber로 변경한다. 이제 예제 코드 2-2를 살펴보자.

```
01 using UnityEngine;
02 using System.Collections;
03
04 public class ErrorScript : MonoBehaviour
05 {
06    int MyNumber = 5;
07
08    // 여기에서 초기화한다
```

```
09    void Start () {
10
11        MyNumber = 7;
12    }
13
14    // Update는 매 프레임마다 한 번씩 호출된다
15    void Update () {
16        MyNumber = 10;
17    }
18 }
```

예제 코드 2-2에서 예제 코드 2-1의 오류들을 고쳤다. 하지만 다음 그림에서와
같이 대신 경고가 남는다. 이 경고는 변수 MyNumber가 사용되지 않았다는 것을
가리킨다. 11번과 16번 줄에서 이 변수에 값을 할당했지만 이것이 절대 애플리케
이션의 최종 결과를 만들어내진 않는다. 이 경고는 무시할 수 있고, 코드는 유효
한 상태며 유지된다. 경고는 주로 컴파일러가 코드에 대해 만들어내는 권고라고
봐야 한다. 이 경고들을 어떻게 처리할지는 결국 독자의 선택이지만, 가능하면 오
류와 경고 모두를 제거하려고 시도하길 권한다.

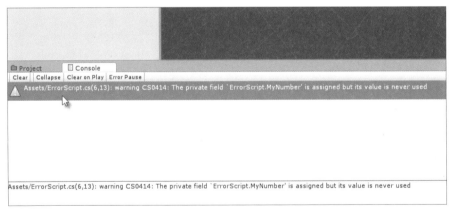

오류와 경고를 모두 제거하자.

Debug.Log를 이용한 디버깅: 개발자 지정 메시지

아마 유니티에서의 가장 고전적이고 잘 알려진 디버깅 기법은 콘솔에 프로그램 흐름과 오브젝트 속성을 보여주기 위해 진단 메시지를 출력하는 Debug.Log 함수를 이용하는 방법일 것이다. 이 기법은 모노디벨롭뿐만 아니라 사실상 모든 통합 개발 환경IDE에서 사용할 수 있는 만능의 매력적인 기법이다. 또한 벡터vector와 컬러 오브젝트를 포함한 모든 유니티 오브젝트에는 ToString 함수가 있어 내부 멤버(X, Y, Z와 같은)를 사람이 읽을 수 있는 형태의 문자열로 출력할 수 있다. 문자열의 형태로 출력해 디버깅 목적으로 손쉽게 콘솔에 출력할 수도 있다. 예를 들기 위해 다음의 예제 코드 2-3을 살펴보자. 이 예제 코드는 중요한 디버깅 순서 하나를 시연하는데, 바로 오브젝트의 인스턴스화 시점에 상태 메시지를 출력하는 것이다. 이 스크립트가 씬 오브젝트에 붙여졌을 때 콘솔에 그 오브젝트의 월드상 좌표를 설명과 함께 출력한다.

```
01 using UnityEngine;
02 using System.Collections;
03
04 public class CubeScript : MonoBehaviour
05 {
06    // 여기에서 초기화한다
07    void Start () {
08        Debug.Log ("Object created in scene at position: "
09            + transform.position.ToString());
10    }
11 }
```

다음 그림은 이 코드가 육면체 게임오브젝트에 붙여졌을 때 콘솔에 출력하는 내용을 보여준다. Debug.Log가 출력한 메시지가 콘솔 메시지 목록으로 출력되었다. 이 메시지를 마우스로 선택하면 콘솔 창은 출력 함수와 연관된 스크립트 파일과 줄 번호를 가리킨다.

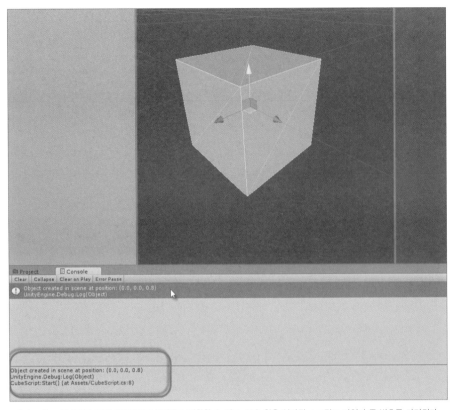

Debug.Log 메시지를 통해 오브젝트를 문자열로 변환할 수 있고, 콘솔 창은 연관된 스크립트 파일과 줄 번호를 가리킨다.

디버깅 기법으로서 Debug.Log의 한계는 바로 코드 간결성과 프로그램 복잡성에 있다. 먼저, Debug.Log 함수를 사용하려면 소스 파일에 명시적으로 코드를 추가해야 한다. 디버깅을 마치고 나서 Debug.Log 절을 수동으로 제거해야 한다. 그러지 않고 그대로 두면 자원을 낭비하기도 하고 혼란을 초래하기도 하는데, 특히 Debug.Log 절을 여러 군데 추가해 두었다면 더욱 그렇다. 다음으로, Debug.Log가 특정 문제를 목표로 하거나 시간에 따른 특정 변수들을 관찰할 때 유용하지만 전혀 모르는 위치에 존재하는 오류를 추적하기 위해 코드의 고차원적인 양상과 실행되는 모습을 살피기에는 무척 부족한 점이 많다. 이런 단점이 있지만 Debug.Log를 완전히 사용하지 말라고 조언할 수는 없는 노릇이다. 적합한 경우에만 사용을 고려하는 것이 좋다. Debug.Log는 의심되는 주요 오브젝트를 추적해 오류

86

나 문제를 찾을 수 있을 때, 또는 OnStart와 같은 곳에서 이벤트가 일어나는 경우 오브젝트의 변수가 어떻게 변하거나 업데이트되는지 살펴보려 할 때 가장 적합하다.

Debug.Log 절 지우기

게임을 빌드해 배포할 시기가 되었을 때, 간결함을 유지하기 위해 Debug.Log 절을 모두 지우거나 주석 처리하는 것을 잊지 말자.

ToString 메소드 재정의

앞의 예제 코드 2-3은 Debug.Log 디버깅과 ToString을 함께 사용할 때 편리한 점을 보여준다. ToString은 오브젝트를 사람이 읽을 수 있는 문자열로 변환해 콘솔에 출력할 수 있도록 해준다. C#의 모든 클래스는 기본적으로 ToString 메소드를 상속한다. 즉 상속과 다형성을 이용할 수 있어 독자가 만드는 클래스의 ToString 메소드를 필요에 따라 더 가독성 좋고 정확하게 클래스 멤버를 디버깅 문자열로 표시할 수 있도록 재정의^{override}해 사용자화할 수 있다는 이야기다. ToString을 재정의하는 다음 예제 코드 2-4를 살펴보자. 만드는 모든 클래스의 ToString을 재정의하는 것을 습관화하면 디버깅하기가 좀 더 수월해진다.

```
01 using UnityEngine;
02 using System.Collections;
03 //----------------------------------------------
04 // 예제 적 오우거 클래스
05 public class EnemyOgre : MonoBehaviour
06 {
07     //----------------------------------------------
08     // 오우거의 공격 형태
09     public enum AttackType {PUNCH, MAGIC, SWORD, SPEAR};
10
11     // 현재 사용되는 공격 형태
```

```
12      public AttackType CurrentAttack = AttackType.PUNCH;
13
14      // 생명
15      public int Health = 100;
16
17      // 회복 지연시간 (공격 후)
18      public float RecoveryTime = 1.0f;
19
20      // 오우거의 이동 속도 - m/s
21      public float Speed = 1.0f;
22
23      // 오우거의 이름
24      public string OgreName = "Harry";
25      //-------------------------------------------
26      // ToString 메소드 재정의
27      public override string ToString ()
28      {
29          // 클래스를 설명하는 문자열을 반환한다
30          return string.Format ("***Class EnemyOgre*** OgreName: {0} | "
31              + "Health: {1} | Speed: {2} | "
32              + "CurrentAttack: {3} | RecoveryTime: {4}",
33              OgreName, Health, Speed, CurrentAttack, RecoveryTime);
34      }
35      //-------------------------------------------
36      void Start()
37      {
38          // 오브젝트를 문자열로 변환하는 테스트 코드. 테스트 후 삭제해도 된다
39          Debug.Log (ToString());
40      }
41      //-------------------------------------------
42 }
43 //-------------------------------------------
```

콘솔 창에 출력되는 위 코드의 결과는 다음 그림과 같다.

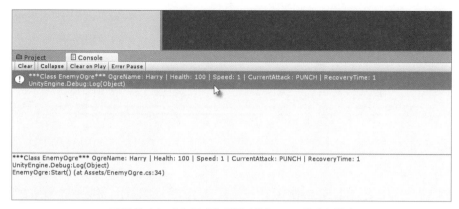

```
Project    Console
Clear | Collapse | Clear on Play | Error Pause
  ***Class EnemyOgre*** OgreName: Harry | Health: 100 | Speed: 1 | CurrentAttack: PUNCH | RecoveryTime: 1
  UnityEngine.Debug:Log(Object)




***Class EnemyOgre*** OgreName: Harry | Health: 100 | Speed: 1 | CurrentAttack: PUNCH | RecoveryTime: 1
UnityEngine.Debug:Log(Object)
EnemyOgre:Start() (at Assets/EnemyOgre.cs:34)
```

클래스의 디버그 메시지를 사용자화하기 위해 ToString을 재정의한다.

 String.Format

예제 코드 2-3에서 완성된 문자열을 만들기 위해 String.Format을 이용한다. 이 함수는 문자와 서로 다른 형식의 값을 포함하는 긴 문자열을 한 줄로 만들 때 유용하다. 문자열 파라미터 안에 {0}, {1}, {2}와 같은 식별기호를 삽입해서 Format 함수가 뒷부분에 전달받은 파라미터들로 대체하게끔 한다. 즉 String.Format을 이용해 함수에서 받은 파라미터를 문자열로 변환한 후 식별기호 위치에 집어넣을 수 있다. 그리하여, 문자열 {0}은 OgreName.ToString()으로 대치되는 식이다. String.Format에 대한 더 자세한 정보는 다음 웹사이트의 온라인 문서를 참고한다.

http://msdn.microsoft.com/ko-kr/library/system.string.format(v=vs.110).aspx

특정 플래그^{flag}를 활성화하면 디버그 전용 코드를 실행할 수 있도록 디버그와 릴리스^{release}(배포) 코드 단락을 분리할 수 있다. 게임을 디버깅할 때를 예로 들면 흔히 릴리스 코드와 디버그 코드 두 버전을 개발하게 될 것이다. 코드에서 버그를 찾고 해결하는 일반적인 경우를 상상해보자. 독자는 변수의 값과 클래스의 상태를 출력하도록 Debug.Log 절을 코드에 삽입한다. 한동안 코드를 고치고 난 후에 문제가 수정된 것으로 보여서 이전에 삽입했던 디버그 코드를 삭제하고 테스트를 이어나간다. 그런데 이후에 같은 문제나 비슷한 문제가 다시 일어난 것을 알게 되었다. 이런 식이면 넣었던 디버그 코드가 다시 유용하게 사용될 수 있을 텐

데, 그대로 둘 걸 하는 생각이 든다. 그래서 다음부터는 이 디버그 코드를 완전히 지우는 대신 주석으로 처리하리라 다짐한다. 디버그 코드가 다시 필요해지면 주석 처리한 부분을 다시 해제한다. 하지만 물론 코드를 주석으로 처리했다가 다시 해제하는 건 따분한 일이다. 특히 줄 수가 많고 여러 파일의 여러 부분에 흩어져 있다면 더욱 그렇다. 그런데 이 문제와 같은 경우 임의의 전역 선언^{global define}을 통해 해결할 수 있다. 기본적으로 전역 선언은 코드를 조건별로 컴파일하거나 특정 단락을 제외하는 것을 활성화 혹은 비활성화할 수 있도록 해주는 특별한 전처리기^{preprocessor} 플래그다. 이 플래그를 true로 설정하면 유니티는 자동으로 한 버전의 코드를 컴파일하고, false로 설정하면 유니티는 또 다른 버전을 컴파일한다. 이렇게 하면 하나는 디버그, 또 하나는 릴리스와 같이 두 개 혹은 다양한 버전의 코드를 하나의 소스 파일로 관리할 수 있다. 유니티에서 사용한 예제를 보자. 다음 예제 코드 2-5를 살펴보자.

```
01 using UnityEngine;
02 using System.Collections;
03
04 public class EnemyOgre : MonoBehaviour
05 {
06     // 초기화에 사용한다
07     void Start()
08     {
09         #if SHOW_DEBUG_MESSAGES
10         // SHOW_DEBUG_MESSAGES 선언이 활성화되었을 때만 실행된다
11         Debug.Log ("Pos: " + transform.position.ToString());
12         #endif
13
14         // #endif 바깥에 위치하므로 그냥 실행된다
15         Debug.Log ("Start function called");
16     }
17 }
```

9-12번 줄에 전처리기 지시자인 #if와 #endif 조건 지시자 전처리기를 사용하는 핵심 기능이 들어있다. 이 조건 절은 일반적인 if문과 다르게 실행 시점이

아닌 컴파일 시점에 수행된다. 컴파일 시점에 유니티는 SHOW_DEBUG_MESSAGES
가 기술되어 있는지 혹은 활성화되어 있는지를 판단한다. 만약 그런 경우라면
10-11번 줄이 컴파일되고, 그렇지 않은 경우에는 주석과 같은 식으로 처리해서
이 줄들은 무시될 것이다. 이 기능을 사용하면 프로젝트 전역에서 SHOW_DEBUG_
MESSAGES가 선언되었는지에 따라 #if와 #endif 사이 단락의 디버그 코드를 분
리해 활성화하거나 비활성화할 수 있게 된다. 어떻게 선언하는지를 아직 모르는
상태다. 전역 선언을 하려면 애플리케이션 메뉴의 Edit > Project Settings > Player를
선택한다. 그런 다음 Scripting Define Symbols 필드에 다음 그림과 같이 변경하려
는 선언의 이름을 입력한 후 마지막으로 Enter 키를 꼭 입력한다.

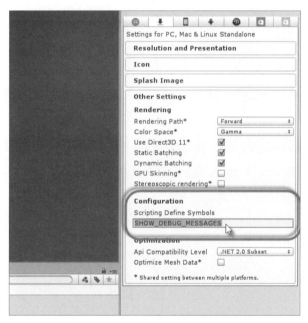

조건 컴파일을 가능케 하는 전역 선언을 유니티에 추가한다.

시각적 디버깅

추상적인 디버깅이나 데이터를 문자로 표시하는(Debug.Log처럼) 디버깅은 일반적으로 적당한 방법이지만 항상 바람직하지는 않다. 때때론, 1,000개의 글자보다 그림 하나가 낫다. 예를 들면 적과 다른 캐릭터들에게 플레이어나 다른 오브젝트가 범위 내로 들어올 때 볼 수 있게 해주는 가시선 기능을 코딩할 때, 뷰포트viewport 내의 어느 위치에 실제로 가시선이 위치하는지 그래픽으로 생생하게 표현할 수 있다. 이런 기능의 선은, 말 그대로 선으로 그리거나 와이어프레임wireframe 형태의 육면체로 그리게 된다. 비슷한 경우로, 궤적을 따르는 오브젝트가 있다면 이 궤적을 오브젝트를 표시하는 뷰포트에 컬러 선으로 그리면 좋을 것이다. 이렇게 하는 목적은 최종 게임에서 보일 시각적 도구를 만들려는 것이 아니라, 어떻게 게임이 작동하는지 더 좋은 아이디어를 얻기 위해 단순히 디버깅 과정을 편하게 하기 위함이다. 유니티는 이미 충돌체의 와이어프레임 바운딩 박스bounding box 나 카메라의 프러스텀frumstum 같은 많은 기즈모gizmo(장치)를 자동으로 제공하고 있다. 이번 장에서 기즈모들에 대해 자세히 탐험해보자.

앞에서 이야기했듯이 충돌체, 트리거 볼륨, 탐색 메시NavMesh 에이전트, 카메라, 라이트와 같은 많은 유니티 오브젝트들을 선택하면 각자의 시각적 도구 및 기즈모들을 갖추고 있다. 이것들을 끄거나 크기를 0으로 만들지 않는 이상 씬Scene 뷰포트에서 보이게끔 기본값이 설정되어 있다. 유니티에 내장된 오브젝트를 추가했는데 씬 뷰포트에서 기즈모가 보이지 않는다면 씬 툴바에서 Gizmo 버튼을 누르면 나오는 기즈모 패널을 확인한다. 보길 원하는 모든 기즈모를 선택하고 다음 그림처럼 슬라이드바를 이용해 원하는 크기로 기즈모의 크기를 조절한다.

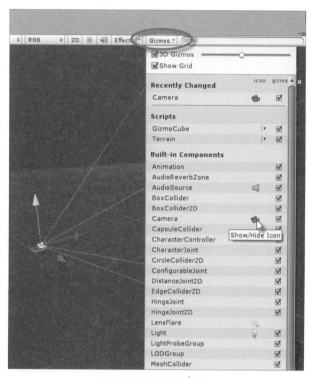

씬 뷰에서 기즈모 활성화하기

 게임 탭 안의 기즈모

게임(Game) 탭에선 기본적으로 기즈모가 보이지 않는다. 하지만 게임 탭 툴바 우상단 구석의 Gizmo 버튼을 이용해 보이도록 할 수 있다. 앞에서 본 그림의 씬 탭에서 Gizmo 메뉴와 같은 식으로 동작한다.

다음의 예제 코드 2-6을 살펴보자. 이 예제 클래스를 오브젝트에 붙이면 유니티의 기즈모 클래스를 통해 임의의 기즈모를 그리게 된다. 기즈모 그리기에 대한 더 자세한 내용은 http://docs.unity3d.com/kr/ScriptReference/Gizmos.html를 참고하자. 이 예제 클래스는 오브젝트의 공격 범위를 표시하기 위해 오브젝트 위에 오브젝트를 둘러싸는 지정된 반경의 와이어프레임 구를 그린다. 덧붙여서 이 클래스는 오브젝트가 향하는 방향을 시각적으로 표시하기 위해 오브젝트의 앞쪽 방향을 나타내는 가시선 벡터를 그린다. MonoBehaviour의 OnDrawGizmos 이벤트 안에서 DrawGizmos 변수의 상태가 true일 때 이런 기즈모들이 그려지게 된다.

```
01 using UnityEngine;
02 using System.Collections;
03
04 public class GizmoCube : MonoBehaviour
05 {
06     // 디버깅 정보 표출 여부
07     public bool DrawGizmos = true;
08
09     // 기즈모를 그리도록 호출한다. 이 이벤트를 이용하면 항상 그리게 된다
10     // 선택된 오브젝트에만 기즈모를 그리도록 하려면 OnDrawGizmosSelected를 이용한다
11     void OnDrawGizmos()
12     {
13         if(!DrawGizmos) return;
14
15         // 기즈모의 색상 설정
16         Gizmos.color = Color.blue;
17
18         // 전면 벡터를 그려 오브젝트가 향하는 방향을 보여준다
19         Gizmos.DrawRay(transform.position,
20             transform.forward.normalized *  4.0f);
21
22         // 기즈모의 색상 설정
23         // 육면체의 반경을 보여준다
24         // 이 육면체가 적이라면 이 반경 안에서 플레이어를 감지하게 된다
25         Gizmos.color = Color.red;
26         Gizmos.DrawWireSphere(transform.position, 4.0f);
27
28         // 색상을 흰색으로 되돌린다
29         Gizmos.color = Color.white;
30     }
31 }
```

디버깅에 도움을 주는 기즈모를 어떻게 그려내는지 다음 그림에서 확인할 수 있다.

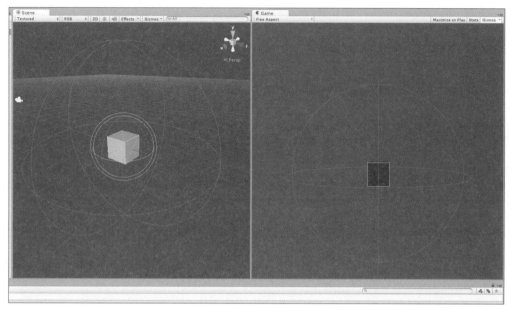

기즈모 그리기

오류 기록

테스터가 한 사무실에 함께 모여 있든, 전 세계에 흩어져 있든 간에 게임을 테스터에게 배포하기 위해 컴파일 및 빌드를 하는 시점엔 게임 플레이 중 오류와 예외가 일어났는지, 그리고 언제 일어났는지를 기록할 방법이 필요하게 된다. 한 가지 방법은 로그(기록) 파일을 이용하는 것이다. 로그 파일은 게임의 실행시점에 컴퓨터에 사람이 읽을 수 있는 형태로 생성하는 텍스트 파일로서 발생하는 모든 오류에 대한 자세한 내용을 기록한다. 너무 자세한 내용을 기록하는 경우 파일을 혼잡하게 만들고, 너무 적게 기록하는 경우엔 쓸모없는 파일을 만들 수 있으므로 기록하는 정보의 양을 신중하게 정해야 하는 고민거리가 있다. 하지만 한 가지 확실한 장점은, 테스터가 로그 파일을 보내 개발자의 오류 추적을 도와 개발자가 새로운 버그를 만들어내지 않고 코드상의 오류를 빠르게 콕 집어내서 효과적으로 고칠 수 있게 한다는 점이다! 유니티에서 기록을 구현하는 방법은 여러 가지가 있다. 그중 한 가지 방법은 내장된 Application 클래스를 이용함으로써 델리게이트를 통해 예외 통지를 받는 방법이다. 다음 예제 코드 2-7을 살펴보자.

```
01 //-----------------------------------------------
02 using UnityEngine;
03 using System.Collections;
04 using System.IO;
05 //-----------------------------------------------
06 public class ExceptionLogger : MonoBehaviour
07 {
08     // StreamWriter 오브젝트의 내부 참조변수
09     private System.IO.StreamWriter SW;
10
11     // 로그를 남길 파일 이름
12     public string LogFileName = "log.txt";
13
14     //-----------------------------------------------
15     // 초기화에 사용한다
16     void Start ()
17     {
18         // 오브젝트가 파괴되지 않고 유지되도록 한다
19         DontDestroyOnLoad(gameObject);
20
21         // 문자열 기록 오브젝트를 생성한다
22         SW = new System.IO.StreamWriter(Application.persistentDataPath
23             + "/" + LogFileName);
24
25         Debug.Log(Application.persistentDataPath + "/" + LogFileName);
26     }
27     //-----------------------------------------------
28     // 예외를 받아 기록할 수 있도록 등록한다
29     void OnEnable()
30     {
31         Application.RegisterLogCallback(HandleLog);
```

```
32      }
33      //-----------------------------------------------
34      // 예외 수신 등록을 해제한다
35      void OnDisable()
36      {
37          Application.RegisterLogCallback(null);
38      }
39      //-----------------------------------------------
40      // 예외를 텍스트 파일로 기록한다
41      void HandleLog(string logString, string stackTrace, LogType type)
42      {
43          // 예외나 오류인 경우 파일로 기록한다
44          if(type == LogType.Exception || type == LogType.Error)
45          {
46              SW.WriteLine("Logged at: " + System.DateTime.Now.ToString()
47                  + " - Log Desc: " + logString
48                  + " - Trace: " + stackTrace
49                  + " - Type: " + type.ToString());
50          }
51      }
52      //-----------------------------------------------
53      // 오브젝트가 파괴될 때 호출된다
54      void OnDestroy()
55      {
56          // 파일을 닫는다
57          SW.Close();
58      }
59      //-----------------------------------------------
60  }
61  //-----------------------------------------------
```

다음은 예제 코드 2-7에 대한 설명이다.

- 22번 줄: 컴퓨터상에서 파일에 디버그 문자열을 쓸 수 있도록 새로 StreamWriter 오브젝트를 생성했다. 이 파일은 항상 기록이 가능한 시스템 위치인 Application.persistentDataPath 위치에 만들어진다.

- 31번 줄: `Application.RegisterLogCallBack` 메소드는 `HandleLog` 함수에 대한 참조를 인자로 불려진다. 델리게이트를 이용하는 방법이다. 간단히 말해서, 로그 파일에 자세한 내용을 쓸 수 있도록 하는 `HandleLog` 함수에 대한 참조가 건네지면 오류나 예외가 발생했을 때 이 함수를 호출하게 된다.

- 46번 줄: 오류가 발생했을 때 텍스트 데이터를 로그 파일에 출력하기 위해 `StreamWriter`의 메소드인 `WriteLine`을 부른다. 에러 정보는 유니티를 통해 `HandleLog` 함수의 파라미터 `logString`, `stackTrace`, `LogType`로 전달된다. `StreamWriter` 클래스는 마이크로소프트 닷넷[Microsoft .NET] 프레임워크를 오픈 소스로 구현한 모노[Mono] 프레임워크의 일부분이다. `StreamWriter`에 대한 더 자세한 내용은 다음 웹사이트를 참고한다.

http://msdn.microsoft.com/ko-kr/library/system.io.streamwriter(v=vs.110).aspx

 오류 기록 기능을 테스트하는 가장 빠른 방법 중 하나는 0을 분모로 하여 나눠보는 것이다. 콘솔 창에 로그 파일의 경로를 출력하기 위해 코드 어딘가에 Debug.Log(Application.persistentDataPath);를 넣는 것을 잊지 말자. 이렇게 하면 윈도우 탐색기나 맥의 파인더에서 시스템상의 로그 파일 위치를 쉽게 찾을 수 있다. 참고로, persistentDataPath 변수를 절대 경로 대신 사용한 이유는 운영체제마다 경로가 달라질 수 있기 때문이다.

다음 그림은 텍스트 기반의 로그 파일에 어떻게 오류가 출력되는지를 보여준다.

텍스트 기반 로그 파일에 오류를 출력해 디버깅 및 버그 수정을 수월하게 할 수 있다.

C#의 델리게이트란 무엇일까? 변수를 하나 만들고 여기에 일반적인 값 대신 함수에 대한 참조를 할당한다고 생각해보자. 이렇게 하고 나면 나중에 이 변수를 불러서 함수처럼 함수의 참조를 호출할 수 있게 된다. 이후에 새로운 함수나 기존의 다른 함수에 대한 참조를 변수에 다시 할당할 수도 있다. 이것이 델리게이트가 기본적으로 작동하는 방식이다. C++에 친숙한 독자라면 델리게이트는 실질적으로 함수 포인터에 대응하는 것으로 생각하면 된다. 이와 같이 델리게이트는 함수를 참조해 부르기 위한 특별한 형식이다. 델리게이트는 확장 가능한 콜백 callback 시스템이나 이벤트 통보를 만들기에 이상적이다. 예를 들면, 델리게이트 형식의 리스트나 배열을 만들게 되면, 서로 다른 형식을 가진 수많은 클래스가 이 리스트에 추가됨으로써 콜백을 받도록 등록할 수 있다. C# 델리게이트에 대한 자세한 내용은 웹사이트 http://msdn.microsoft.com/ko-kr/library/ms173171.aspx를 참고한다. 다음 예제 코드 2-8은 유니티에서 C# 델리게이트를 사용하는 예제다.

```
01 using UnityEngine;
02 using System.Collections;
03 //---------------------------------------------------
04 public class DelegateUsage : MonoBehaviour
05 {
06    // 델리게이트의 형식을 선언한다 - 파라미터, 반환 형식
07    public delegate void EventHandler(int Param1, int Param2);
08    //---------------------------------------------------
09    // 해당 델리게이트 형식의 함수 참조를 담는 배열을 선언한다 - 최대 이벤트 10개
10    public EventHandler[] EH = new EventHandler[10];
11    //---------------------------------------------------
12    /// <summary>
13    /// Awake는 Start 전에 호출된다. HandleMyEvent를 델리게이트 리스트에 추가한다
14    /// </summary>
15    void Awake()
16    {
17       // HandleMyEvent를 델리게이트 목록에 추가한다
18       EH[0] = HandleMyEvent;
19    }
```

```
20    //---------------------------------------------------
21    /// <summary>
22    /// 모든 델리게이트 리스트를 순회하며 모든 이벤트를 호출한다
23    /// </summary>
24    void Start()
25    {
26        // 리스트 안의 모든 델리게이트를 순회한다
27        foreach(EventHandler e in EH)
28        {
29            // null이 아니면 이벤트를 호출한다
30            if(e!=null)
31                e(0,0); // 여기서 실제로 이벤트를 호출한다
32        }
33    }
34    //---------------------------------------------------
35    /// <summary>
36    /// 예제 델리게이트 이벤트. EventHandler 델리게이트 형식을 통해 참조할 수 있다
37    /// </summary>
38    /// <param name="Param1">Example param</param>
39    /// <param name="Param2">Example param</param>
40    void HandleMyEvent (int Param1, int Param2)
41    {
42        Debug.Log ("Event Called");
43    }
44    //---------------------------------------------------
45 }
```

에디터 디버깅

종종 유니티가 에디터에 내장된 디버깅 도구가 없다는 불평을 듣곤 하는데, 절대 그렇지 않다. 유니티에서 게임을 실행할 때, 게임이 실행되는 동안 동시에 씬을 수정할 수 있다. 오브젝트 인스펙터를 통해 private과 public 변수들을 모두 살펴보거나 편집할 수 있다. 이런 기능을 통해 실행 중에 게임에 대한 완전하고 생생한 모습을 볼 수 있어 광범위한 잠재적 오류를 살펴보고 발견할 수 있도록 지

원한다. 이러한 디버깅 형태를 과소평가하면 안 된다. 에디터 내의 디버깅 정보를 최대한 얻으려면, 다음 그림처럼 오브젝트 인스펙터의 우상단 구석의 컨텍스트 메뉴 아이콘을 클릭하고 메뉴에서 Debug를 선택해 디버그 모드를 활성화한다.

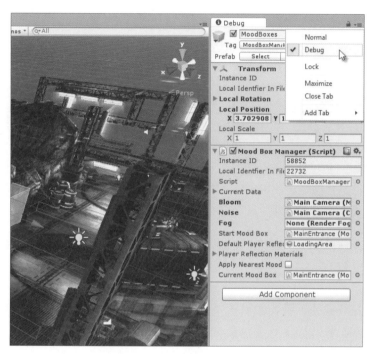

오브젝트 인스펙터에서 디버그 모드 접근하기

다음으로, 실행 중에 씬 뷰와 게임 뷰를 Stats 패널을 포함해서 동시에 볼 수 있도록 뷰포트를 적절히 설정했는지 확인하자. 그러기 위해 게임 탭의 툴바에서 Maximize on Play 버튼이 활성화되어 있다면 비활성화시킨다. 그런 다음 인터페이스의 씬과 게임 탭을 나란히 배치하거나, 둘 이상의 다중 모니터를 갖추고 있다면 하나씩 위치시킨다. 예산이 허용한다면 다중 모니터를 강력히 추천하지만, 시간을 좀 들여서 각각의 창을 필요에 따라 배치하고 크기를 조절하면 단일 모니터로도 부족함이 없다. 추가로 다음 그림처럼 콘솔 창이 보이도록, 실수로 애셋을 선택하고 이동하지 못하도록 Project 패널을 감추길 보통 원할 것이다. 유니티의 GUI 배치를 사용자화할 수 있다는 것을 알아두자. 더 자세한 내용은 다음 웹사이트를 참고한다.

http://docs.unity3d.com/kr/Manual/CustomizingYourWorkspace.html

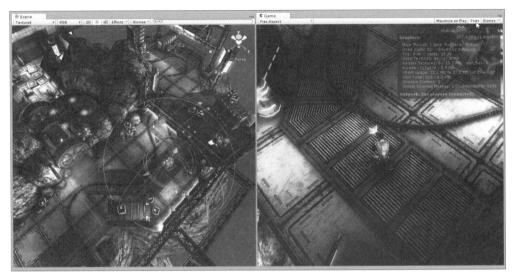

단일 모니터 환경의 에디터에서 게임 디버깅하기

에디터 내 디버깅을 위한 준비를 마쳤다면, 툴바의 재생(실행) 버튼을 클릭한 후 일시 정지를 클릭해 게임을 멈추고 오브젝트 인스펙터에서 특정 오브젝트와 이 오브젝트의 값을 검사할 수 있다. 트랜스폼(위치, 회전, 스케일) 도구를 통해 게임 내의 플레이어나 적의 위치를 재조정할 수 있어 새로운 값을 넣어보고, 어떤 것 이 작동하는지와 어떤 것이 작동하지 않는지를 살펴볼 수 있다. 그런데 가장 중 요한 것은, 게임 모드에서 실행 중일 때의 오브젝트 인스펙터나 드랜스폼 도구를 통한 모든 변경사항은 임시로 반영된 것이고 실행이 끝난 후엔 이전 값으로 되돌 려진다는 점이다. 그렇기 때문에 영구적으로 설정을 수정하려면 편집 상태가 되 어 있어야 한다. 물론 다음 그림처럼 컴포넌트의 컨텍스트 메뉴를 통해 언제나 실행 및 편집 상태 간에 값을 복사해 붙여 넣는 것이 가능하다. 단축키 Ctrl + P를 통해 실행 상태와 편집 상태를 전환할 수 있다. 또한 단축키 Ctrl + Shift + P를 통 해 일시 정지와 해제를 전환할 수 있다. 유니티의 모든 단축키는 다음 웹사이트 를 참고한다. http://docs.unity3d.com/kr/Manual/UnityHotkeys.html

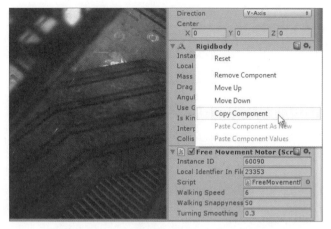

컴포넌트의 컨텍스트 메뉴를 통한 컴포넌트 값의 복사 및 붙여 넣기

프로파일러

디버깅과 최적화에 각각 사용되는 부가 도구로 프로파일러^{profiler} 창이 있는데, 유니티 프로 버전일 경우에만 다음 그림처럼 애플리케이션 메뉴의 Window > Profiler를 클릭해서 사용할 수 있다. 간단히 설명하면, 프로파일러는 CPU와 그래픽카드 등의 시스템 하드웨어 컴포넌트에 걸쳐 어떻게 시간과 작업 부하가 분포되는지 탑다운 식의 통계 화면을 보여준다. 예를 들어, 프로파일러를 이용하면 물리 연산이나 오디오 기능 등 다른 카테고리와 비교해 씬에서의 카메라 렌더링에 얼마나 많은 시간이 소요되었는지 알아낼 수 있다. 프로파일러를 통해 성능을 측정하고 수치를 비교해서 어느 곳의 성능을 향상할 수 있는지 평가해낼 수 있다. 프로파일러는 코드상에 특정 버그가 존재하는지 알려주는 도구는 아니다. 하지만 게임을 실행하는 동안 랙^{lag}이나 먹통^{freeze}이 되는 등 성능 문제를 겪을 때, 프로파일러가 어디에서 최적화가 가능한지 안내해줄 수 있다. 따라서 프로파일러는 성능이 게임의 이슈일 때 켜야 할 도구로서, 어디에서 구현을 개선하기 시작해야 하는지에 대한 일목요연한 분석이 필요할 때 알맞은 도구다.

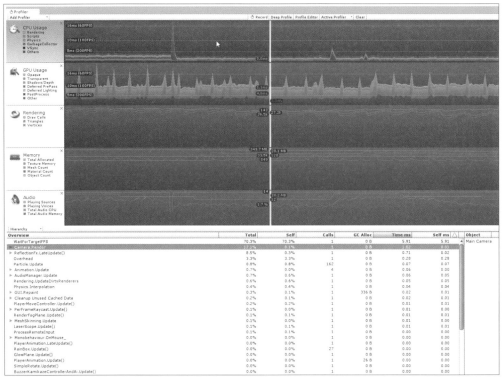

보통 성능 이슈를 진단할 때 프로파일러를 이용한다.

프로파일러 창이 열린 상태에서 게임을 실행하면, 최근 프레임에 대한 통계를 보여주는 그래프가 나타난다. 프로파일러는 일반적으로 게임의 시작부터 모든 프레임에 대한 정보를 모두 기록하지 않고 정해진 메모리에 담을 수 있는 만큼의 최근 프레임들에 대해서만 실용적으로 기록을 유지한다. 프로파일 창의 상단에 토글 가능한 Deep Profile 옵션이 있는데, 이 옵션은 이론적으론 게임에 대한 좀 더 자세한 정보를 제공하지만 이 모드를 가급적 선택하지 않는 것을 권장한다. 이 옵션을 켜면 무거운 애셋이나 무거운 코드를 구동하는 게임을 실행할 때 유니티 에디터에 성능 문제를 일으킬 수 있어 에디터까지 함께 먹통이 될 수도 있다. 대신 프로파일러를 기본 모드에서만 사용하기를 권한다. 이 모드를 이용할 때 대부분의 경우 CPU Usage 영역의 VSync 그래프를 비활성화해서 다음 그림에 보이는 Rendering과 Scripts 같은 다른 성능 통계를 더 잘 살펴보길 원할 것이다. 이렇게 하려면 그래프의 범례 영역에서 **VSync** 아이콘을 클릭하면 된다.

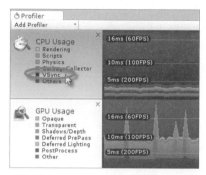

프로파일러 창의 CPU Usage에서 VSync 표시를 비활성화하기

그래프의 가로 축은 프레임을 나타내는데, 메모리 버퍼에 가장 최근 추가한 프레임들이 나타난다. 이 축에는 게임이 실행되는 동안 계속해서 새로운 데이터들로 채워진다. 세로 축은 시간 혹은 연산 비용을 나타낸다. 높은 값은 더 많은 부하와 낮은 프레임 시간을 표현한다. 실행 모드가 진행되는 동안 그래프가 데이터로 채워진 후 게임의 상태를 분석하기 위해 게임을 일시 정지시킬 수 있다. 그래프에서 프레임들을 선택하면 해당 프레임이 진행되는 동안의 게임 성능에 대해 더 자세한 정보를 볼 수 있다. 이렇게 프로파일러 창 상단에서 프레임을 선택하면, 선택된 프레임에서 실행된 코드와 관련된 함수 데이터가 창 하단 절반을 차지하고 있는 Hierarchy(계층) 패널에 나타나게 된다. 그래프를 볼 때, 다음 그림에 보이는 것과 같은 급격한 증가(정점이나 꼭지점) 지점을 찾는 것이 좋은 연습이 된다. 이런 지점은 급격하고 무거운 동작을 표시하는 것이다. 때때로, 이런 경우는 씬 전환이나 화면 로딩과 같이 하드웨어 동작에 기인하거나, 성능 문제와 무관하게 적법한 이유로 인해 일회성으로 발생하는 것일 수 있다.

하지만 이런 것들이 일상적으로 일어난다면 역시 문제가 될 소지가 있다. 따라서 성능 문제를 진단할 때는 꼭지점을 살피는 것이 조사를 시작하기 위한 좋은 출발점이 된다.

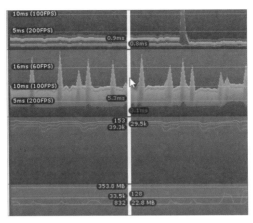

프로파일러 그래프에서 프레임 선택하기

계층 뷰에는 선택된 프레임에서 실행되는 코드의 모든 주요 함수와 이벤트가 나열되어 있다. 각각의 함수에는 다음 그림에서 보는 것처럼 Total, Self, Time ms와 같이 각각의 중요한 속성들이 있다.

Memory ■ Total Allocated ■ Texture Memory		
Hierarchy		
Overview	Total	Self
WaitForTargetFPS	49.1%	49.1%
▼ Camera.Render	22.2%	0.2%
▶ Camera.ImageEffects	12.3%	0.0%
▶ Culling	3.9%	0.1%
▶ Drawing	3.6%	0.0%
▶ UpdateDepthTexture	2.0%	1.9%
Camera.GUILayer	0.0%	0.0%
RenderTexture.SetActive	0.0%	0.0%
▶ ReflectionFx.LateUpdate()	10.5%	0.1%
Overhead	4.0%	4.0%
Physics.Simulate	1.9%	1.9%
▶ GUI.Repaint	1.3%	0.2%
▶ RainBox.Update()	1.1%	1.1%
Particle.Update	1.0%	1.0%
▶ PlayerMoveController.Update()	1.0%	0.2%
▶ RenderFogPlane.Update()	1.0%	0.7%
▶ LaserScope.Update()	0.8%	0.5%
▶ AudioManager.Update	0.7%	0.6%
Rendering.UpdateDirtyRenderers	0.7%	0.7%
▶ Animation.Update	0.6%	0.0%
▶ FreeMovementMotor.FixedUpdate()	0.5%	0.3%
▶ KamikazeMovementMotor.FixedUpdate()	0.4%	0.2%
▶ Monobehaviour.OnMouse_	0.3%	0.0%
▶ PerFrameRaycast.Update()	0.3%	0.0%
▶ PlayerAnimation.LateUpdate()	0.2%	0.1%
AudioManager.FixedUpdate	0.2%	0.2%
▶ MeshSkinning.Update	0.1%	0.0%
▶ PlayerAnimation.FixedUpdate()	0.1%	0.1%
▶ SimpleRotate.Update()	0.1%	0.0%
▶ GlowPlane.Update()	0.1%	0.1%
▶ MoodBoxManager.Update()	0.1%	0.0%
▶ PlayerAnimation.Update()	0.1%	0.0%
Physics.Interpolation	0.1%	0.1%

선택된 프레임 사이의 함수 실행 검사하기

중요한 속성에 대해 더 자세히 논의해보자.

- Total과 Time ms: Total 칼럼은 함수에 의해 소비된 프레임 시간의 비율을 표시한다. 예를 들어 49.1%의 값은 선택된 프레임에 소요된 시간 중 49.1%가 하위 함수(함수 내에서 호출된 함수)를 포함해서 해당 함수에 의해 사용되었다는 것을 의미한다. Time ms 칼럼은 해당 프레임의 절대 소요 시간으로서 밀리세컨드 단위로 표기된다. 이 두 값들은 각각의 프레임에서 함수를 호출하는 비용이 얼마나 비싼지와 총 소요 비용이 얼마나 되는지 상대적/절대적인 측정치를 표시한다.
- Self와 Self ms: Total과 Total ms 칼럼은 선택된 프레임의 함수 수행 비용을 측정하지만 함수 안에서 불려진 다른 함수에서 소요된 총시간을 포함한다. Self와 Self ms는 다른 함수가 완료될 때까지 기다리느라 추가되는 시간을 제하고, 함수 내에서 소요되는 총시간만을 나타낸다. 이 값들은 성능 문제를 일으키는 특정한 함수를 콕 집어내기 위해 통상적으로 가장 중요한 것들이다.

유니티 프로파일러에 대한 더 자세한 내용은 다음 웹사이트를 참고한다.

http://docs.unity3d.com/kr/Manual/ProfilerWindow.html

모노디벨롭을 이용한 디버깅

앞에서는 코드상의 중요한 시점에서 프로그램이 어떻게 실행되는지 알려주는 메시지를 출력하는 디버깅용 Debug.Log 메소드를 살펴봤다. 이 메소드는 편리하지만 중대한 결점을 안고 있다. 우선, Debug.Log를 남발해서 큰 프로그램을 만들게 되면 스팸처럼 과하게 많은 메시지를 콘솔에 출력하게 된다. 이렇게 되면 필요한 메시지와 그렇지 않은 메시지를 구별하는 것이 어려워진다. 두 번째로, 프로그램의 흐름을 관찰하고 오류를 찾기 위해 단순히 Debug.Log를 코드에 넣는 것은 일반적으로 나쁜 습관이다. 이상적으로는 코드를 변경하지 않고 디버깅이 가능해야 한다. 다른 디버깅 방법을 찾아볼 설득력 있는 이유를 바로 여기서 찾을 수 있다. 모노디벨롭을 사용하는 것이 그 방법 중 하나다. 특히, 유니티 최근 버전에서는 실행 중인 유니티 프로세스에 모노디벨롭 자체를 네이티브로 붙일 수 있다. 모노디벨롭을 유니티 프로세스에 붙이는 동안 중단점breakpoint이나 추적trace과 같이 다른 종류의 소프트웨어를 개발할 때 만날 수 있는 다양한 공통 디버깅 도구를 사용할 수 있다. 현재로서는 모노디벨롭과 유니티 간의 연결에 다소 버그가 있을 수 있다. 하지만 정상적으로 동작할 때엔 단순히 Debug.Log 절을 쓰는 것을 뛰어넘는 풍요롭고 유용한 디버깅 경험을 제공한다.

모노디벨롭으로 디버깅하기 위해 중단점에 대해 알아보자. 코드를 디버깅하는 과정에서 프로그램이 특정 줄에 도달했을 때 프로그램 흐름을 살펴보길 원할 수 있다. 중단점을 이용해 모노디벨롭에서, 소스 파일에 한 줄 혹은 그 이상의 줄을 표기한 후 유니티에서 프로그램을 실행하면 첫 번째 중단점에서 실행이 중단된다. 중단되었을 때, 코드와 변수의 상태를 검사해 값을 수정할 수 있는 기회를 얻을 수 있다. 또한 단계적으로 계속 실행이 가능한데, 이렇게 하면 다음 줄로 실행을 지속하며 일반적인 프로그램 로직을 한 줄씩 따라갈 수 있다. 각 줄을 지나는 동안 코드를 확인할 기회가 주어진다. 예를 살펴보자. 다음 예제 코드 2-9는 간단한 스크립트 파일이다. 이 스크립트를 오브젝트에 붙이면 이 스크립트는 씬의 모든 오브젝트의 목록을 받고, 레벨이 시작될 때 Start 함수가 실행되면 이 오브젝트들의 위치를 월드의 원점$((0, 0, 0))$으로 설정한다.

```
01 using UnityEngine;
02 using System.Collections;
03
04 public class DebugTest : MonoBehaviour
05 {
06     // 초기화에 사용한다
07     void Start ()
08     {
09         // 씬의 모든 게임오브젝트를 찾는다
10         Transform[] Objs = Object.FindObjectsOfType<Transform>();
11
12         // 모든 오브젝트를 순회한다
13         for(int i=0; i<Objs.Length; i++)
```

```
14          {
15              // 오브젝트의 위치를 월드의 원점으로 지정한다
16              Objs[i].position = Vector3.zero;
17          }
18      }
19 }
```

모노디벨롭에서 16번 줄에 중단점을 설정하자. 이 줄에 도달하면 프로그램의 실행이 멈추게 된다. 중단점을 설정하려면 마우스 커서를 해당 줄에 위치시키고, 줄왼편의 회색 빈 공간에 우클릭해 New Breakpoint를 선택한다. 아니면 다음 그림처럼 모노디벨롭 애플리케이션 메뉴에서 Run ＞ New Breakpoint를 선택하거나 단축키인 F9 키를 누른다(아니면 줄 번호에 왼쪽 클릭도 가능하다).

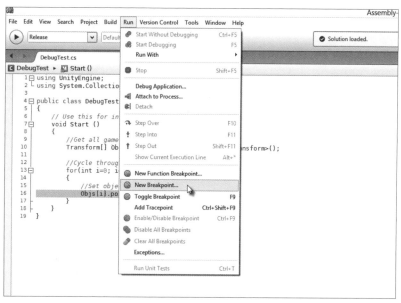

모노디벨롭에서 새 중단점 만들기

중단점이 설정된 줄이 빨간색으로 강조된다. 게임이 실행 중일 때 유니티에서 이 중단점이 올바르게 작동하게 하려면 모노디벨롭을 실행 중인 유니티 프로세스에 붙여야 한다. 이를 위해 유니티 에디터를 모노디벨롭과 같이 실행하고, 다음 그림처럼 모노디벨롭의 애플리케이션 메뉴에서 Run ＞ Attach to Process를 선택한다.

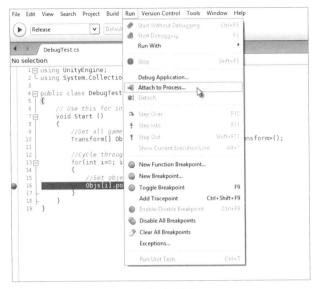

프로세스에 붙이기

Attach to Process 창이 뜨면 모노디벨롭을 붙일 수 있는 Process Name 항목 중
Unity Editor가 표시된다. 창 좌하단의 Debugger 드롭다운 리스트를 Unity Debugger
로 지정되도록 한다. Unity Editor 항목을 선택하고 다음 그림처럼 Attach 버튼을 클
릭한다.

Attach to Process 창에서 Unity Editor를 선택한다.

모노디벨롭이 유니티 프로세스에 붙게 되면, 다음 그림처럼 모노디벨롭 인터페이스의 하단에 Watch 창과 Immediate 창을 포함해서 두 개의 패널이 자동으로 도킹된다. 다음 절에서 다루겠지만, 유니티 에디터에서 게임을 실행할 때 이 창들을 통해 추가적인 디버깅 정보와 화면을 볼 수 있다.

모노디벨롭을 유니티 프로세스에 붙일 때 도킹되는 두 패널

다음으로, 유니티 에디터로 돌아가서 씬의 오브젝트에 붙여진 DebugTest.cs 스크립트 파일을 예제 코드 2-9와 같이 만들자(이 씬에는 육면체나 원기둥과 같은 다른 오브젝트도 포함되어 있다). 그런 후, 유니티 툴바의 재생 버튼을 이용해서 다음 그림처럼 게임을 실행한다.

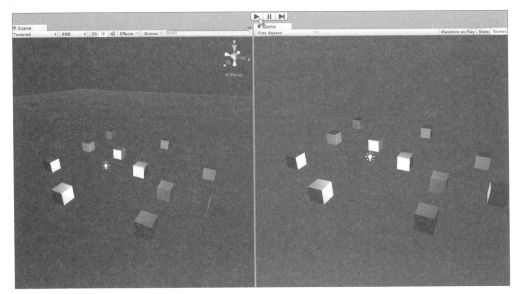

유니티 에디터에서 실행함으로써 모노디벨롭을 이용한 디버깅 준비하기

모노디벨롭을 붙인 유니티의 툴바에서 재생 버튼을 누르면 중단점에 다다랐을 때 유니티의 실행이 멈추게 된다(중단 모드). 포커스는 모노디벨롭 창으로 옮겨져 다음 그림처럼 소스 파일 내에서 현재 실행 위치를 가리키는 중단점이 위치한 줄 이 노란 색으로 강조된다. 중단 모드에서는 유니티 에디터를 사용할 수 없으며, 뷰포트 전환이나 에디터 안에서 디버깅할 때 썼던 오브젝트 인스펙터에서의 설 정 편집도 불가능하다. 모노디벨롭은 실행을 재개할 때까지 사용자의 입력만을 기다리는 상태가 된다. 이어지는 절에서 중단 모드일 때 사용할 수 있는 몇몇 유 용한 디버깅 도구에 대해 다룰 예정이다.

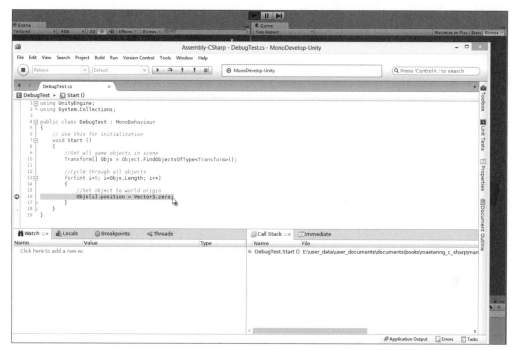

모노디벨롭에서 중단 모드로 들어가기

Watch 창

Watch 창을 통해 현재 중단점의 단계에서 메모리상 유효한 지역 및 전역변수의
값을 볼 수 있다. 중단 모드일 때 변수를 간편하게 살펴보는 방법 중 하나는 코드
편집기에서 변수의 위에 마우스 커서를 올려두는 것이다. 이렇게 마우스를 잠깐
올려두면 팝업 창이 자동으로 나타난다. 이 창에서 다음 그림처럼 변수를 샅샅이
조사할 수 있다. 클래스의 멤버들을 확장하거나 축소해 클래스의 모든 변수 상태
를 살펴볼 수 있다.

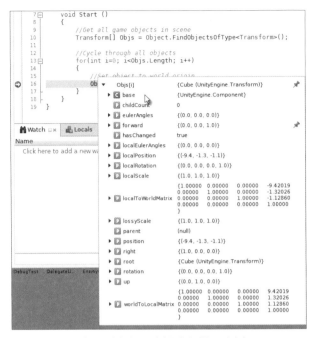

```
      7    void Start ()
      8    {
      9        //Get all game objects in scene
     10        Transform[] Objs = Object.FindObjectsOfType<Transform>();
     11
     12        //Cycle through all objects
     13        for(int i=0; i<Objs.Length; i++)
     14        {
     15            //Set object to world origin
     16            Ob
     17        }
     18    }
     19 }
```

Watch □×	Locals

Name

Click here to add a new wa

Objs[i]	{Cube (UnityEngine.Transform)}
base	{UnityEngine.Component}
childCount	0
eulerAngles	{(0.0, 0.0, 0.0)}
forward	{(0.0, 0.0, 1.0)}
hasChanged	true
localEulerAngles	{(0.0, 0.0, 0.0)}
localPosition	{(-9.4, -1.3, -1.1)}
localRotation	{(0.0, 0.0, 0.0, 1.0)}
localScale	{(1.0, 1.0, 1.0)}
localToWorldMatrix	{1.00000 0.00000 0.00000 -9.42019 0.00000 1.00000 0.00000 -1.32026 0.00000 0.00000 1.00000 -1.12860 0.00000 0.00000 0.00000 1.00000 }
lossyScale	{(1.0, 1.0, 1.0)}
parent	(null)
position	{(-9.4, -1.3, -1.1)}
right	{(1.0, 0.0, 0.0)}
root	{Cube (UnityEngine.Transform)}
rotation	{(0.0, 0.0, 0.0, 1.0)}
up	{(0.0, 1.0, 0.0)}
worldToLocalMatrix	{1.00000 0.00000 0.00000 9.42019 0.00000 1.00000 0.00000 1.32026 0.00000 0.00000 1.00000 1.12860 0.00000 0.00000 0.00000 1.00000 }

DebugTest   DelegateU...   Enemy

중단 모드에서 마우스 커서를 올려 변수 조사하기

마우스를 올리는 방법으로 유효한 오브젝트의 사실상 모든 변수를 조사할 수 있다. 하지만 보통은 좀 더 영구적인 방법으로 변수나 변수 그룹을 조사해 목록 하나에서 변수의 값들을 함께 살펴보길 원할 것이다. 그러기 위해 모노디벨롭 인터페이스 좌하단에 도킹된 Watch 창을 이용하면 된다. 이 창에 조사식을 새로 추가하려면 다음 그림처럼 리스트에서 우클릭하고 메뉴에서 Add watch를 선택한다.

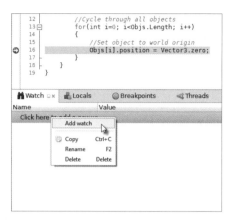

Watch 창에 조사식 추가하기

새로 조사식을 추가할 때, 유효한 식이나 변수 이름은 어떤 것이든 Name 필드에
넣을 수 있다. 그리고 다음 그림처럼 결과가 Value 칼럼에 표시된다. Watch 창에
보이는 값들은 실행 중인 현재 줄에서만 유효한 것으로서 프로그램이 진행됨에
따라 변할 수 있다. name, tag, transform.position 등 현재 위치에서 유효한 어
떤 변수든 추가할 수 있다는 것을 알아두자.

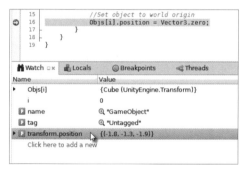

Watch 창에 조사식 추가하기

Watch 창을 통해 현재 활성화된 클래스나 코드 라인에 관련된 유효한 변수 및 표
현식을 모두 살펴볼 수 있다. 다시 말해, 전역변수의 값이나 다른 클래스 또는 오
브젝트에 연관된 모든 변수의 값을 이 창에서 볼 수 있다. 그런데 현재 실행되는
단계의 코드 영역에 존재하는 변수(지역변수)만을 보고 싶을 때는 Watch 창 대신
Locals 창을 이용하면 편리하다. 이 창에는 자동으로 모든 지역변수가 등록되어

보이게 되므로 변수를 직접 추가할 필요가 없다. Watch 창 바로 옆의 탭을 선택하면 Locals 창을 볼 수 있도록 기본 설정이 되어 있다.

Locals 창에서 지역변수만을 확인하기

모노디벨롭 인터페이스에서 Watch 창이나 Locals 창 등 디버그와 관련된 창이 아무것도 보이지 않는다면 모노디벨롭 애플리케이션 메뉴에서 View ➤Debug Windows를 수동으로 선택해 켜거나 끌 수 있다.

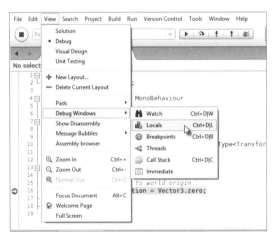

Debug Windows 메뉴에서 Locals 창 선택하기

Watch와 Local 창의 멋진 점 중 하나는 변수의 읽고 쓰기 접근이 가능하다는 것이다. 즉 단순히 변수의 값만 보도록 제한하지 않고, 변수에 값을 쓰는 것도 가능해 모노디벨롭에서 값을 변경할 수 있다는 의미다. 이렇게 하려면 Watch나 Locals 창에서 Value 필드를 더블클릭하고 변수에 새로운 값을 입력하면 된다.

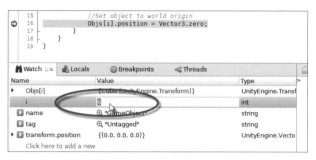

```
15              //Set object to world origin
16              Objs[i].position = Vector3.zero;
17          }
18      }
19  }
```

Name	Value	Type
▸ Objs[i]	{cube (UnityEngine.Transform)}	UnityEngine.Transf
i	5	int
🄿 name	🔍 "GameObject"	string
🄿 tag	🔍 "Untagged"	string
▸ 🄿 transform.position	{(0.0, 0.0, 0.0)}	UnityEngine.Vecto
Click here to add a new		

Watch 창에서 값 편집하기

계속하기와 단계별 실행

중단점에 도달해 코드를 검사할 때, 중단 모드에서 빠져나와 프로그램 실행이 계속되도록 하여 프로그램 제어권을 유니티로 되돌려주길 원할 것이다. 이렇게 하면 다음 중단점에 도달할 때까지 일반적인 상태로 실행을 계속하게 된다. 이 방법을 통해 일반적인 상태로 실행을 재개시켜 새로운 중단점이 발생하기 전까지 다시 멈추지 않게 된다. 모노디벨롭에서 F5 키를 누르거나 모노디벨롭 툴바에서 재생 버튼을 눌러 실행을 계속할 수 있다. 아니면 다음 그림과 같이 모노디벨롭 애플리케이션 메뉴에서 Run ➤ Continue Debugging을 선택해도 된다.

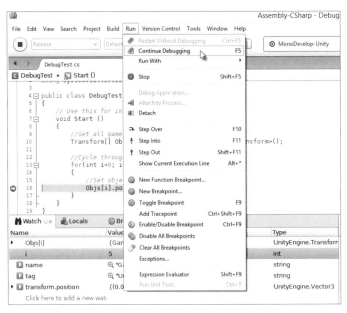

Continue Debugging을 선택해서 중단 모드 빠져나가기

여러 이유가 있겠지만 어쨌든 이 방법으로 실행을 계속하길 원하지 않을 수도 있다. 대신, 코드상에서 줄 단위로 실행해 각 줄의 실행 결과를 확인하며 변수의 값이 어떻게 변하고 표현식에 의해 변수의 값이 어떻게 변하는지 프로그램의 흐름을 검증할 수 있게 한다. 이런 단계별 실행 모드를 통해 프로그램의 흐름을 관찰할 수 있다. 단계별 실행을 이용한 디버깅에는 크게 세 가지 종류가 있는데, Step Over, Step Into, Step Out이 있다. Step Over를 선택하면 다음 줄에 새 중단점이 있는 것처럼 디버거로 하여금 코드의 다음 줄로 이동해 다시 멈춘 후 검사하기를 기다린다. 다음 줄에서 외부 함수를 호출하는 경우, 디버거는 일반적인 방식으로 함수를 부른 후 함수 안의 내용을 단계적으로 실행하지는 않고 다음 줄로 넘어간다. 이 방법에서 함수는 건너뛰어진다. 외부 함수의 내용은 모두 실행되지만, 연속 모드로 계속 진행되기 때문에 이 함수가 호출된 다음 줄에 그다음 단계(중단점)가 설정된다. F10 키를 누르거나, 애플리케이션 메뉴의 Run ➤ Step Over를 선택하거나, 다음 그림처럼 모노디벨롭 툴바에서 Step Over 버튼을 눌러 이 기능을 실행한다.

118

```
  File  Edit  View  Search  Project  Build  Run  Version Control  Tools  Window  Help

  (■)   Release        ∨   Default            ∨     ▶  ⌐ ↓  ↑ ⬆
                                                              Step Over

  ◀ ▶    DebugTest.cs              ✕

  C DebugTest  ▶  ⑨ Start ()
      3      doing oyoucmsoolloocions,
      4 ⊟  public class DebugTest : MonoBehaviour
      5  {
      6        // Use this for initialization
      7 ⊟      void Start ()
      8        {
      9            //Get all game objects in scene
     10            Transform[] Objs = Object.FindObjectsOfType<Transfo
     11
     12            //Cycle through all objects
```

Step Over는 외부 함수 안을 단계적으로 실행하지 않고 코드의 다음 줄로 바로 이동한다.

외부 함수가 호출될 때, Step Into(F11) 명령을 이용해서 이 함수 안쪽을 디버깅할 수 있다. 이 방법을 이용하면 함수 안쪽의 첫 번째 줄에 중단점을 설정해 단계별로 디버깅을 계속할 수 있게 해준다. 여러 함수가 함께 동작하는 모습을 살펴볼 때 유용한 기능이다. 들어간 함수에서 빠져나와 연속 모드로 계속 진행하기 원할 때에는 언제든지 Step Out(Shift + F11) 명령을 이용하면 함수 바깥의 다음 줄에서 실행이 재개된다.

호출 스택

좀 더 복잡한 프로그램들은 보통 수많은 함수와 함수 호출로 엮여 있다. 실행되는 중에 어떤 함수 안에서 다른 함수를 부를 수 있고, 이 함수는 다시 또 다른 함수를 부르는 식으로 복잡하게 줄줄이 얽힐 수 있다. 함수 안에 중단점을 설정해 두어도 함수가 런타임runtime에 어떻게 처음 불리게 되었는지 알기가 불가능해진다. 특정 줄까지 프로그램이 실행되었는지는 중단점을 통해 알 수 있지만, 어떻게 거기까지 도달했는지를 알려주진 않는다. 쉽게 추측할 수 있을 때도 있지만 반복문이나 조건문, 그리고 중첩된 반복문과 조건문을 통해 함수가 불리는 경우처럼 훨씬 어려운 경우도 있다. 예제 코드 2-9를 수정해서 만든 예제 코드 2-10을 살펴보자. 이 클래스는 다른 함수를 부르는 몇몇 함수를 포함하고 있다.

```
01 using UnityEngine;
02 using System.Collections;
03
04 public class DebugTest : MonoBehaviour
05 {
06     // 초기화에 사용한다
07     void Start ()
08     {
09         // 씬의 모든 게임오브젝트를 찾는다
10         Transform[] Objs = Object.FindObjectsOfType<Transform>();
11
12         // 모든 오브젝트를 순회한다
13         for(int i=0; i<Objs.Length; i++)
14         {
15             // 오브젝트의 위치를 월드의 원점으로 지정한다
16             Objs[i].position = Vector3.zero;
17         }
18
19         // 01번 함수로 들어간다
20         Func01();
21     }
22     //-----------------------------------
23     // 02번 함수를 호출한다
24     void Func01()
25     {
26         Func02();
27     }
28     //-----------------------------------
29     // 03번 함수를 호출한다
30     void Func02()
31     {
32         Func03();
33     }
34     //-----------------------------------
35     // 메시지를 출력하는 함수
36     void Func03()
37     {
```

```
38        Debug.Log ("Entered Function 3");
39    }
40    //-------------------------------------
41 }
```

중단점을 예제 코드 2-10의 38번 줄에 설정하면 여기까지 도달했을 때 실행이
멈추게 된다. 이 예제를 살펴보면 Start 함수에 의해 Func01이 호출되고, Func01
이 Func02를 호출하고, 다시 Func02가 Func03을 호출하는 것을 볼 수 있다. 그런
데 이런 경로로만 호출된다는 법이 있을까? 예를 들어, 프로젝트 어딘가에 위치
한 다른 클래스가 Func03을 직접 부를 수도 있다. 그렇다면 디버깅 중에 이러한
단계를 거쳐 이 함수까지 도달했다는 것을 어떻게 확인할 수 있을까? 지금까지
살펴본 도구들로는 불가능하다. 하지만 Call Stack 창을 이용하면 가능하다. 이 창
은 모노디벨롭 인터페이스의 우하단 구석에 기본적으로 위치하는데, 현재 단계
에서 동작 중인 함수에 도달하기까지 최초의 호출로부터 전체 함수 호출을 나열
해 보여준다. 현재 동작 중인 함수로부터 최초로 호출한 함수에 이르기까지 함수
이름의 자취가 이 창에 남는다. Call Stack 창에는 최근에 실행된 함수가 최상단에
위치하고 이전에 실행된 함수가 그 밑에 역순으로 나열되어 최하단에는 최초로
호출된 함수가 표시된다. 다음 그림처럼 함수에 접근해서 각 범위 안의 변수들을
살펴볼 수 있다.

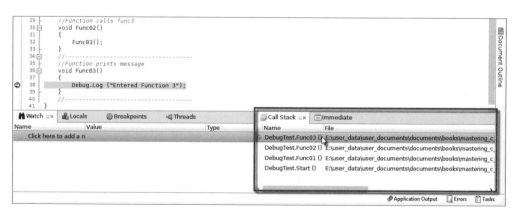

호출 스택을 이용해 프로그램이 실행되는 중에 어떻게 함수가 초기화되었는지 추적하기

Immediate 창

게임을 만들 때, Immediate 창은 콘솔 창처럼 동작한다. 〈언리얼〉, 〈하프 라이프〉, 〈콜 오브 듀티〉 같은 다수의 1인칭 슈팅 게임에서 이런 것을 찾아볼 수 있다. Immediate 창은 기본값으로 모노디벨롭 인터페이스의 우하단 구석에 위치한다. 중단 모드일 때 이 창이 활성화된다. 이 창을 이용하면 현재 단계에서 소스 코드 내용 중 일부분을 포함하는 표현식을 입력하거나 계산식을 입력해 즉시 결과를 확인할 수 있다. 현재 유효한 변수들의 값을 가져오거나 설정해 부가적인 결과를 확인할 수 있다. 2+2나 10*5와 같이 올바른 표현식은 어떤 것이든 쓸 수 있다. 다음 그림처럼 Immediate 창에서 표현식의 다음 줄에 출력된다.

Immediate 창에서 수식의 결과 구하기

덧셈이나 뺄셈 같은 기본적인 산술 연산자를 사용하는 별개의 분리된 계산식만 쓸 수 있는 것은 아니다. 유효한 변수를 포함한 전체 표현식을 쓸 수도 있다.

```
Call Stack     Immediate  x
> i+5 * Objs[i].position.x
1.942265
>
```

Immediate 창에 고급 표현식 쓰기

정리하면, Immediate 창은 코드를 테스트하고 다른 시나리오를 작성해 결과를 확인할 때 무척 유용하다.

조건 중단점

중단점은 디버깅에 있어 중요한 요소로서 애플리케이션이 중단되어 디버깅 상태로 진입하는 시작점이 된다. 대부분의 경우에 중단점을 설정하는 것만으로 디버깅을 시작하기에 충분할 것이다! 하지만 기본 설정으로 중단점을 사용하기엔 성가신 경우가 종종 있다. 예를 들면 반복문 내에 중단점이 있는 경우다. 때로는 반복문의 처음부터 매번 확인하는 대신, 지정된 횟수의 반복을 초과했을 때 중단점이 적용되어 멈추길 원할 수도 있다. 기본적으로 반복문 안의 중단점은 매 반복마다 실행을 멈추게 되고, 반복문이 길게 반복되는 경우 이런 식으로 멈추는 동작 때문에 성가시게 된다. 이 문제를 해결하기 위해 중단점이 활성화되는 상태를 지정해 이 상태가 참일 때만 중단점을 설정할 수 있다. 중단점의 조건을 지정하려면 중단점 위에서 우클릭한 후 다음 그림처럼 메뉴에서 Breakpoint Properties를 선택한다.

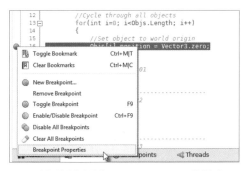

조건을 설정하기 위해 Breakpoint Properties 선택하기

Breakpoint properties를 선택하면 중단점의 조건을 지정할 수 있는 Breakpoint Properties 창이 뜬다. Condition 항목에서 Break when condition is true 옵션을 고르고 Condition expression 필드에 중단점을 결정하는 조건을 지정한다. 반복문 조건을 지정하기 위해 표현식으로 i>5를 넣으면 반복문에서 5를 초과하는 경우에 중단점이 발생한다. 물론 여기서 변수 i는 각각의 해당하는 변수 이름으로 대치되어야 한다.

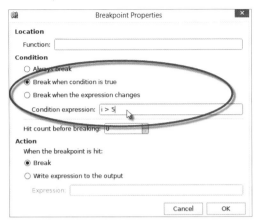

중단점에 조건 설정하기

추적점

추적점은 앞에서 봤던 Debug.Log를 이용해 디버깅하는 코드를 수정하도록 만드는 방법에 비해 깔끔한 대안이다. 추적점은 중단점처럼 동작해 소스 파일의 각 줄에 표시된다. 추적점은 코드를 변경하지 않으며 중단점과는 달리 디버거에 의해 발생될 때 프로그램 실행을 중지시키지 않는 대신에 지정된 명령을 자동으로 수행한다. 보통 디버그 내용을 유니티의 콘솔이 아닌 모노디벨롭의 Application Output 창에 출력한다. 예제 코드 2-10의 16번 줄에 추적점을 설정하기 위해 마우스 커서를 16번 줄에 올려두고, 다음 그림처럼 애플리케이션 메뉴에서 Run > Add Tracepoint를 선택하거나 단축키 Ctrl + Shift + F9를 누른다.

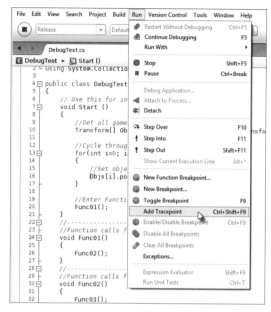

모노디벨롭에서 선택된 줄에 추적점 추가하기

Add Tracepoint 옵션을 선택하면 모노디벨롭에 Add Tracepoint 창이 뜬다. Trace Text 필드에 입력한 문자열이 런타임 중 추적점이 발생했을 때 Application Output 창에 출력된다. 또한 중괄호를 이용해 감싼 표현식을 문자열에 포함해서 결과를 함께 출력할 수 있다. 이 방법으로 다음 그림처럼 "Loop counter is {i}"와 같은 식으로 변수의 값을 디버그 문자열에 출력할 수 있다.

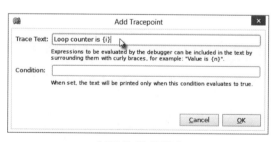

추적점 문자열 설정하기

OK를 클릭하면 선택된 줄에 추적점이 추가된다. 모노디벨롭 내에서 해당 줄은 중단점의 원형 대신 마름모꼴 모양이 앞에 붙어 표시된다.

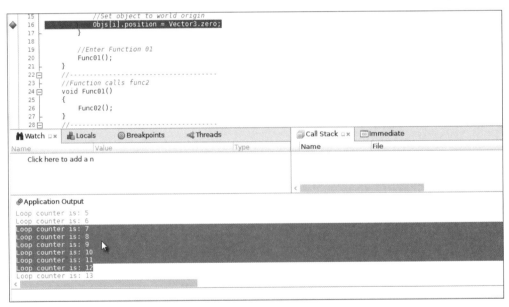

```
 8    {
 9        //Get all game objects in scene
10        Transform[] Objs = Object.FindObjectsOfType<Trans
11
12        //Cycle through all objects
13        for(int i=0; i<Objs.Length; i++)
14        {
15            //Set object to world origin
16            Objs[i].position = Vector3.zero;
17        }
18
19        //Enter Function 01
20        Func01();
21    }
```

추적점 삽입하기

코드 편집기에서 선택한 줄에 추적점을 설정한 후 모노디벨롭을 붙인 애플리케
이션을 유니티에서 바로 실행하면 여느 때처럼 게임이 실행된다. 추적점이 발생
하게 되면 중단점과는 다르게 애플리케이션은 멈추거나 중단 모드로 들어가지
않는 대신 모노디벨롭의 Application Output 창에 자동으로 상태문을 출력한다. 이
창은 기본적으로 모노디벨롭 인터페이스의 하단에 도킹되어 있다.

```
15            //Set object to world origin
16            Objs[i].position = Vector3.zero;
17        }
18
19        //Enter Function 01
20        Func01();
21    }
22    //-----------------------------------------
23    //Function calls func2
24    void Func01()
25    {
26        Func02();
27    }
28    //-----------------------------------------
```

Watch ☐×	Locals	Breakpoints	Threads	Call Stack ☐×	Immediate
Name	Value		Type	Name	File
Click here to add a n					

Application Output
```
Loop counter is: 5
Loop counter is: 6
Loop counter is: 7
Loop counter is: 8
Loop counter is: 9
Loop counter is: 10
Loop counter is: 11
Loop counter is: 12
Loop counter is: 13
```

추적점은 모노디벨롭의 Application Output 창에 Debug.Log처럼 상태문을 출력할 수 있다.

추적점은 유니티 안에서 Debug.Log를 써서 코드를 수정하는 대신 쓸 수 있는 유
용하고 효과적인 대안이다. 아쉽게도 유니티의 콘솔에 바로 출력하진 못한다. 대
신 모노디벨롭의 Application Output 창 안에 표시된다. 하지만 이 점을 알아두면

추적점은 버그를 찾고 제거하는 강력하고 유용한 도구임이 명백하다.

요약

2장에서 게임의 오류를 찾고 제거하는 디버깅의 과정을 다루었다. 유니티에는 디버깅을 위한 여러 방법이 제공된다. 구체적으로 아마도 가장 간단한 방법일 Debug.Log를 포함한 방법을 설명했다. 이 방법은 코드의 중요한 줄에 Debug.Log를 삽입해서 유니티의 콘솔에 진단 메시지를 출력하는 것이다. 다음으로 사용자 선언을 살펴봤다. 선언을 통해 코드를 릴리스와 디버그 버전으로 구획하고 지정된 플래그가 활성화될 때 디버그용 코드를 실행할 수 있다. 다음으로 오류를 기록하는 방법을 살펴봤다. 2장에서는 델리게이트를 이용해 어떻게 유니티의 Application 클래스와 통합된 오류 기록 클래스를 만드는지 다루었다. 또한 프로 버전 전용 기능인 프로파일러를 살펴봤는데, 프로파일러를 통해 어떤 처리가 시간에 따라 시스템 리소스를 점유하는지에 대해 고수준의 통계적 통찰을 얻게 된다. 덧붙여, 에디터 내에서의 디버깅과 오브젝트의 동작에 영향을 주는 씬 안의 요소에 대해 명확하게 시각적으로 통찰을 제공하는 시각적 디버깅에 대해서도 알아봤다. 마지막으로 코드를 수정할 필요가 없는 모노디벨롭 디버깅을 살펴봤다. 중단점, 추적점, 단계별 실행, Watch 창을 포함한 내용을 다루었다. 3장에서는 게임오브젝트를 다루는 방법을 살펴본다.

3

싱글턴과 정적 멤버,
게임오브젝트와 월드

유니티의 모든 레벨이나 게임 월드는 씬 형태로 표시되며, 씬은 x, y, z축으로 이루어진 데카르트 3D 좌표계[1]에 위치한 게임오브젝트들의 집합이다. 씬의 크기 단위는 유니티의 단위로 표시되며, 이 단위는 (실용적인 목적에 부합하도록) 미터에 대응한다. 유니티 스크립트를 능수능란하게 다루려면 씬과 오브젝트, 오브젝트 간의 통신이 어떻게 일어나는지에 대한 구조를 이해하는 것이 중요하다. 즉, 씬 안의 개별적으로 독립된 오브젝트들이 어떻게 서로 간에 통신함으로써 기대하는 대로 동작하는지를 아는 것이 중요하다. 따라서 3장에선 씬에서 오브젝트를 최적의 방법으로 검색, 참조, 접근할 수 있게 하는 유니티 내장 메소드[method]들을 다룬다. 또한 씬 간을 넘나드는 오브젝트를 만들고 이것이 옮겨질 때에도 데이터를 유지하도록 만들어주는 정적 멤버와 싱글턴[singleton] 등의 개념에 대해서도 설명한다. 물론 3장에서 이 메소드들만을 개별적으로 다루는 것은 아니고 성능과 효율을 염두에 두고 현실적인 상황에서의 활용을 살펴볼 것이다.

---

1 우리가 흔히 알고 있는 직교 좌표계를 고안한 수학자 데카르트의 이름을 따서 데카르트 좌표계라고도 부른다. – 옮긴이

게임오브젝트

게임오브젝트^{GameObject}는 기본적인 단위나 씬 안의 개체 등 여러 가지 의미를 가진다. 게임오브젝트는 일상에서의 모든 '것'에 대응하는 개념이다. 특정한 동작의 종류나 게임 안에 필요한 것의 종류가 무엇인지와 관계없이 이것들을 구현하기 위해서는 게임오브젝트가 필요하다. 게임오브젝트가 꼭 게이머에게 보일 필요는 없다. 보이기도 하고 종종 보이지 않기도 한다. 사운드, 충돌체, 매니저 클래스와 같은 것들이 보이지 않는 게임오브젝트의 예다. 반면에 보이는 게임오브젝트의 예로는 메시, 애니메이션 메시, 스프라이트 등이 있다. 보이는 경우든 아닌 경우든 씬 안에서 관련된 컴포넌트들의 집합으로서 게임오브젝트는 인스턴스화된다. 컴포넌트는 기본적으로 MonoBehaviour에서 파생한 클래스로서 씬 안의 게임오브젝트에 붙어 동작을 변화시킬 수 있다. 모든 게임오브젝트는 공통적으로 적어도 하나의 컴포넌트를 가지고 있는데, 바로 트랜스폼^{Transform} 컴포넌트(GUI 오브젝트의 경우에는 RectTransform)이며 이 컴포넌트를 제거할 수는 없다. 이 컴포넌트는 오브젝트의 위치, 회전, 스케일 값을 가지고 있다. 예를 들어, 다음 그림처럼 애플리케이션 메뉴의 **GameObject > Create Empty**를 선택해 씬에 빈 게임오브젝트를 생성하면 단지 트랜스폼 컴포넌트만을 가지는 새 게임오브젝트가 만들어지게 된다. 따라서 빈 게임오브젝트는 엄밀하게 말해 빈 상태는 아니지만 게임오브젝트로서는 비었다고 말할 수 있다. 씬에서의 물리적인 게임오브젝트 위치를 유지하기 위해 트랜스폼 컴포넌트는 필수이기 때문이다.

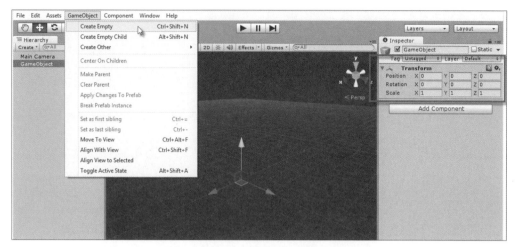

모든 게임오브젝트는 트랜스폼 컴포넌트를 가진다.

물론, 게임오브젝트는 여러 컴포넌트를 포함할 수 있으며 이 컴포넌트들 간의 상
호작용을 통한 동작을 얻어낼 수 있다. Component 메뉴를 통해 기존에 만들어진
컴포넌트를 오브젝트에 추가하거나 작성한 스크립트를 오브젝트에 드래그앤드
롭해 사용자 컴포넌트를 추가할 수도 있다.

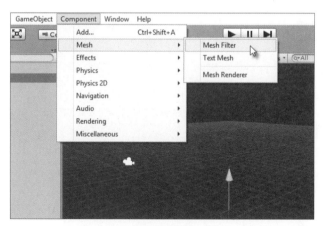

컴포넌트를 게임오브젝트에 붙일 수 있다.

따라서 게임오브젝트는 컴포넌트로 이루어져 있다고 할 수 있다. 좀 더 거시적으
로 보자면 씬은 하나의 월드 공간 안에 위치하는 게임오브젝트의 집합으로 이루

어져 있다. 그리고 오브젝트들은 씬 계층에 정의된 대로 서로 다른 오브젝트와 중요한 관계를 맺고 있다. 오브젝트는 다른 오브젝트와 서로 부모-자식 관계가 될 수 있다. 이 관계는 오브젝트를 어떻게 이동하고 변환할 것인지에 대한 중요한 의미를 내포하고 있다. 요컨대 오브젝트의 트랜스폼 컴포넌트 값은 아래로 전파되어 모든 자식의 트랜스폼에 추가된다. 이런 방식으로 자식인 게임오브젝트는 항상 부모에 상대적인 위치와 변환을 가지게 된다. 부모의 위치는 자식 위치의 원점이 된다. 하지만 오브젝트에 부모가 없다면 월드 원점인 (0, 0, 0)에서부터 시작된다. 다음 그림은 Hierarchy(계층) 패널의 모습이다.

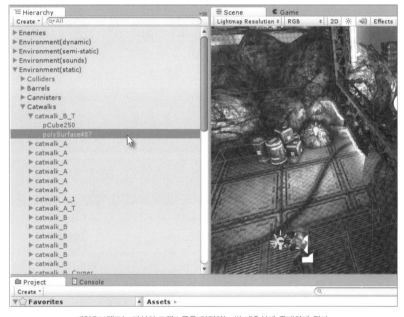

게임오브젝트는 자신의 트랜스폼을 결정하는 씬 계층상에 존재하게 된다.

컴포넌트 상호작용

게임오브젝트를 해부함으로써 게임오브젝트가 컴포넌트의 집합으로 이루어져 있다는 사실 한 가지를 알게 되었다. 컴포넌트들이 어떻게 서로 간에 통신할 수 있는지에 대한 논리적인 의문점이 아직 남아있다. 각 컴포넌트는 다른 컴포넌트와 자주 상호작용해야 하지만 다른 컴포넌트와는 분리된 스크립트 파일에 각각의 구현이 담겨 있다. 구체적으로 말해, 같은 게임오브젝트상의 다른 컴포넌트의 변수에 접근하거나 함수를 호출할 일이 잦고, 이런 일을 매 프레임마다 해야 할 수도 있다. 이번 장에선 이러한 컴포넌트 간 통신에 대해 알아본다.

다른 컴포넌트의 함수를 호출하는 한 가지 방법은 1장에서 다루었던 것처럼 SendMessage와 BroadcastMessage를 이용하는 것이다. 이 함수들은 함수의 형식에 대해 전혀 알지 못한다. 구체적으로 설명하자면 같은 오브젝트에 붙은 모든 컴포넌트의 메소드 함수들을 스크립트의 어느 곳에서나 함수의 형식에는 무관하게 이름으로 부를 수 있도록 하는 함수들이다. 이 함수들은 컴포넌트 형식에 대해 전혀 신경 쓰지 않는다. 이런 점이 SendMessage와 BroadcastMessage를 사용하기 편하게 해준다. 하지만 여기엔 이중의 문제가 있다. 첫 번째로, 모 아니면 도인 문제가 있는데, 모든 컴포넌트의 함수를 이름으로 호출하거나 어떤 함수도 부르지 못할 수 있다. 메시지가 모두에게 전달되기 때문에 어느 컴포넌트로 전달될지를 선택할 수 없다. 두 번째로, SendMessage와 BroadcastMessage 두 메소드는 내부적으로 리플렉션reflection[2]에 의존하기 때문에 Update나 OnGUI와 같은 이벤트 안에서 호출되는 경우처럼 자주 사용되는 경우 성능 문제를 야기할 수 있다. 그러니 현실적으로 사용 가능한 대안을 지금부터 찾아보자.

GetComponent

데이터 형식을 알고 있는 특정한 컴포넌트 하나에 직접 접근할 때 다음의 예제 코드 3-1처럼 GetComponent를 사용해보자. 이 함수는 게임오브젝트에 붙여진

---

2 리플렉션에 대한 설명은 https://msdn.microsoft.com/ko-kr/library/ms173183.aspx를 참고하자. - 옮긴이

컴포넌트 중 일치하는 첫 번째 컴포넌트에 접근하도록 해준다. 이것을 참조해 일반적인 나른 오브섹트처럼 public 변수를 읽고 쓰는 것이 가능하고 public 메소드 또한 부를 수 있다.

```
01 using UnityEngine;
02 using System.Collections;
03 //-------------------------------------------------
04 public class MyCustomComponent : MonoBehaviour
05 {
06     // 오브젝트의 트랜스폼에 대한 참조
07     private Transform ThisTransform = null;
08     //-------------------------------------------------
09     // 초기화에 사용한다
10     void Start ()
11     {
12         // 트랜스폼에 대한 참조를 캐싱한다
13         ThisTransform = GetComponent<Transform>();
14     }
15     //-------------------------------------------------
16     // Update는 매 프레임마다 한 번씩 호출된다
17     void Update ()
18     {
19         // 위치 업데이트
20         if(ThisTransform != null)
21         {
22             ThisTransform.localPosition
23                 += Time.deltaTime * 10.0f * ThisTransform.forward;
24         }
25     }
26     //-------------------------------------------------
27 }
28 //-------------------------------------------------
```

다음은 예제 코드 3-1에 대한 설명이다.

- 7번, 13번 줄: `ThisTransform` 변수를 `private`으로 선언했다. 이 변수는 게임오브젝트에 붙어있는 트랜스폼 컴포넌트에 대한 참조 할당을 위한 것으로, `Start` 이벤트 안에서 `GetComponent` 함수를 이용해 참조 값을 할당한다. 트랜스폼 컴포넌트에 접근할 때 앞에서 했던 방식으로 `tramsform` 프로퍼티를 이용해 `ThisTransform = transform;`처럼 사용할 수도 있다.

- 20번 줄: `ThisTransform` 변수를 이용해 게임오브젝트의 `localPosition`을 직접 설정했다. 거듭 설명하지만, 트랜스폼 컴포넌트 접근을 `transform.localPosition`과 같은 식으로 해도 된다. 하지만 `transform` 멤버는 일반적인 변수가 아닌 C# 프로퍼티 형식으로 되어 있어서 내부적으로 함수를 호출하게 된다. 프로퍼티에 대한 내용은 1장을 살펴보자. 이런 이유로 `Start`나 `Awake` 이벤트에서 `GetComponent`를 이용해 클래스의 `private` 변수에 컴포넌트의 참조를 얻어두는 것이 `Update`와 같은 함수 안에서 지속적으로 호출될 때 이용할 수 있는 가장 효율적인 방법 중 하나다.

 localPosition과 position의 차이

트랜스폼 컴포넌트는 position과 localPosition 두 가지 위치 멤버를 노출한다. 두 가지 멤버에 값을 설정하면 전혀 다른 방법으로 오브젝트의 위치를 변경한다. position 멤버는 오브젝트의 위치를 항상 월드의 원점을 기준으로 월드 공간상에 선언하는 것이다. 스크립트에서 이 변수를 설정하면 오브젝트를 선택할 때 오브젝트 인스펙터의 트랜스폼 컴포넌트에서 보이는 숫자와 일치하지 않을 수 있다. 오브젝트가 다른 오브젝트의 자식인 경우 오브젝트는 월드의 원점 기준으로 위치가 설정되지 않는다. 오브젝트를 지정한 월드 공간에 위치시키기 위해 유니티가 오브젝트의 로컬(local, 지역) 좌표를 조정하기 때문이다. 반면, localPosition 멤버는 오브젝트 인스펙터의 트랜스폼 컴포넌트에서 보이는 position 값과 정확히 일치한다. 특히, localPosition이 지정하는 오브젝트의 위치는 부모의 위치, 혹은 부모가 없는 경우 월드의 원점을 기준으로 한다. 부모가 없는 경우엔 position과 localPosition 멤버의 값이 동일해진다.

GetComponent 함수에 대한 자세한 내용은 다음 웹사이트를 참고한다.

http://docs.unity3d.com/kr/ScriptReference/GameObject.GetComponent.html

모노디벨롭의 Help ❯ Unity API Reference 메뉴를 통해서도 유니티 문서를 찾아볼 수 있다.

여러 개의 컴포넌트에 접근

때로는 전체 컴포넌트의 리스트나 특정 형식의 컴포넌트 리스트처럼 복수의 컴포넌트를 담은 리스트가 필요할 수 있다. 이때는 GetComponents 함수를 사용하면 된다.[3] 다음 예제 코드 3-2를 보자. GetComponent 함수를 사용할 때처럼 Update와 같이 빈번하게 불리는 이벤트 대신 Start나 Awake와 같은 일회성 이벤트에서 GetComponents를 호출한다.

```
01 using UnityEngine;
02 using System.Collections;
03 //-------------------------------------------------
04 public class MyCustomComponent : MonoBehaviour
05 {
06     // 모든 컴포넌트에 대한 참조를 담는 배열
07     private Component[] AllComponents = null;
08     //-------------------------------------------------
09     // 초기화에 사용한다
10     void Start ()
11     {
12         // 현재 오브젝트에 붙은 모든 컴포넌트의 리스트를 얻는다
13         AllComponents = GetComponents<Component>();
14
15         // 각 항목을 순회하며 콘솔에 나열한다
16         foreach(Component C in AllComponents)
17         {
18             // 콘솔에 출력
19             Debug.Log (C.ToString());
20         }
21     }
22 }
23 //-------------------------------------------------
```

---

3 GetComponents 함수는 GetComponent 함수와 별개로, 유사해 보이지만 이름에 's'가 더 붙어있다는 점에 유의하자. – 옮긴이

컴포넌트와 메시지

GetComponent 류의 함수들은 훌륭하게 동작하며 컴포넌트 간 통신에 필요한 거의 모든 기능을 충족시킨다. 이 함수들을 적합하게 사용하면 SendMessage나 BroadcastMessage 함수에 비해 분명히 더 나은 동작을 보여준다. 게다가 모든 컴포넌트에 대해서가 아니라 주어진 게임오브젝트에서 단 하나의 컴포넌트를 부를 때와 같이 이상적인 상황이라면 더욱 그렇다. 다음 장에서 다룰 델리게이트와 인터페이스를 이용해서 일정 범위의 컴포넌트에 이렇게 동작하도록 만드는 것도 가능하다. 하지만 우선은 SendMessage를 이용한 방법을 살펴보자. 확장 가능하도록 동작을 만들 때 특히 유용하게 이 방법을 이용할 수 있다. 예를 들어, 게임에 많은 종류의 적이 있는데, 적을 더 추가할 수 있도록 가능성을 열어두면서 모두 다른 방식으로 구현할 수 있도록 하는 경우다. 이렇게 구현된 적은 서로 다르지만, 게임을 저장할 때 모든 적의 데이터를 파일에 영구적으로 저장해야 하는 공통점이 있다. 각각 특정 컴포넌트에 OnSave 함수를 처리하도록 만들 수 있다. 이렇게 해도 되지만 SendMessage로 불리는 OnSave 함수만 구현하는 쪽을 선호할 것이다. 컴포넌트에 별개로 추가한 함수를 오브젝트상의 다른 컴포넌트에서 실수로 호출해 OnSave 함수를 필요 이상으로 부르게 되는 경우를 원하진 않을 것이다. 결론만 말하면 Invoke 메소드를 이용하면 된다. 다음 예제 코드 3-3을 살펴보자.

```
01 using UnityEngine;
02 using System.Collections;
03 //----------------------------------------------------
04 public class MyCustomComponent : MonoBehaviour
05 {
06     // 함수를 호출할 오브젝트에 대한 참조
07     public MonoBehaviour Handler = null;
08
09     //------------------------------------------------
10     // 초기화에 사용한다
11     void Start ()
12     {
13         // 함수를 즉시 호출한다
14         Handler.Invoke("OnSave", 0.0f);
15     }
16 }
17 //----------------------------------------------------
```

다음은 예제 코드 3-3에 대한 설명이다.

- 7번 줄: 이 클래스에는 public 참조변수인 Handler가 있다. 오브젝트 인스펙터를 통해 Handler 슬롯에 어떤 컴포넌트든 드래그앤드롭해 넣을 수 있다. 이 필드를 이용해 메시지를 전달할 컴포넌트를 지정한다. 이 참조변수의 클래스 형식인 MonoBehaviour나 이 클래스에서 파생된 모든 클래스를 지정할 수 있다는 점을 기억하자. 이렇게 하면 오브젝트의 형식에 대해 자세히 알아야 할 필요가 없다.

- 14번 줄: MonoBehaviour의 Invoke 메소드는 일치하는 이름을 가진 함수를 실행하기 위해 호출한다. 두 번째 부동소수점 파라미터는 몇 초 후에 함수가 불릴지 시간을 초로 지정하는 것이다. 시간을 0으로 지정하면 즉시 불리게 된다.

 Invoke 함수에 대한 더 자세한 내용은 다음 웹사이트를 참고한다.
http://docs.unity3d.com/kr/ScriptReference/MonoBehaviour.Invoke.html

게임오브젝트와 월드

유니티의 또 다른 중추적인 기능으로 스크립트에서 씬 안의 오브젝트(특히 런타임에 인스턴스화된 오브젝트)를 검색하는 기능이 있다. '플레이어 오브젝트 가져오기'나 '씬 안의 모든 적 가져오기'와 같은 것들은 적이나 능력치 향상 아이템을 재생성하거나, 플레이어의 위치를 변경하거나, 오브젝트 간 충돌을 검사하는 등 여러 가지 기능을 위해 꼭 필요하다. 지정한 게임오브젝트의 참조를 얻기 위해 유니티는 게임오브젝트 클래스에 연관한 함수 세트를 제공한다. 이 함수들은 유용하지만 호출 비용이 비싸므로 가능하면 Start나 Awake와 같은 일회성 이벤트에서 부르도록 해야 한다. 이러한 게임오브젝트 검색 기능과 찾은 오브젝트에 쓸 수 있는 메소드 및 기법에 대해 알아보자.

게임오브젝트 찾기

GameObject.Find나 GameObject.FindObjectWithTag 함수를 이용해서 씬의 오브젝트를 찾을 수 있다. 후자의 함수가 성능상의 이유로 거의 대부분 선호되는 편이다. 하지만 우선은 GameObject.Find를 먼저 살펴보자. 이 함수는 정확히 씬 안에 일치하는 이름(대소문자 구별)을 가진 오브젝트 중 처음으로 발견되는 것을 찾아 반환한다. 검색하는 이름은 Hierarchy 패널에 보이는 이름과 동일해야 한다. 불행히도 이 함수를 사용하면 일치하는 오브젝트를 찾기 위해 문자열 비교를 수행하기 때문에 이 방법은 느리고 부담스럽다. 게다가 이 방법은 각 오브젝트가 서로 다른 고유한 이름을 가지고 있을 때만 유효한데, 그렇지 않은 경우도 많다. 하지만 오브젝트 이름이 적절하게만 되어 있다면 GameObject.Find는 여전히 무척 유용한 함수다.

```
// Player 이름을 가진 오브젝트 찾기
ObjPlayer = GameObject.Find("Player");
```

좀 더 효율적인 검색 방법은 태그^{tag}를 이용한 방법이다. 씬의 모든 오브젝트는 태그 멤버를 가지고 있는데 기본값으로 Untagged가 할당되어 있다. 이 멤버는 단일 오브젝트나 복수의 오브젝트에 고유한 식별자를 부여해 단일 집합으로 묶을 수 있도록 한다. 일반적으로 태그를 이용해서 오브젝트를 검색하려면 우선 오브젝트에 명시적으로 태그를 할당해야 한다. public 멤버인 GameObject.tag를 이용해 스크립트에서 태그를 할당할 수 있다. 하지만 보통은 유니티 에디터를 이용하게 될 것이다. 유니티 에디터의 오브젝트 인스펙터에서 Tag 드롭다운 리스트를 클릭해 태그를 선택하면 선택된 오브젝트에 태그를 할당할 수 있다. 그리고 Add Tag 옵션을 선택해서 새로운 사용자 정의 태그를 만들 수 있다. 흔히 사용되는 태그로는 Player, Enemy, Weapon, Bonus, Prop, Environment, Light, Sound, GameController 등이 있다. 다음 그림을 참고하자.

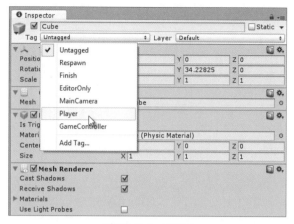

오브젝트에 태그 할당하기

씬 안에서 하나 이상의 오브젝트에 태그가 할당되면 코드에서 효율적으로 오브젝트를 검색할 수 있다. GameObject.FindGameObjectWithTag 함수는 씬에서 일치하는 태그를 가진 오브젝트를 검색해 처음 발견되는 오브젝트를 반환한다. GameObject.FindGameObjectsWithTag 함수는 발견되는 모든 오브젝트를 배열로 반환한다. 다음 예제 코드 3-4를 살펴보자. FindGameObjectsWithTag 함수에 문자열 파라미터를 넣긴 하지만, 유니티가 내부적으로 문자열을 숫자 형태로 변환해 태그 비교 속도를 향상시킨다는 것을 알아두자.

```
01 using UnityEngine;
02 using System.Collections;
03 //----------------------------------------------------
04 public class ObjectFinder : MonoBehaviour
05 {
06     // 검색할 오브젝트의 태그 이름
07     public string TagName = "Enemy";
08
09     // 일치하는 태그를 가진 검색된 오브젝트의 배열
10     public GameObject[] FoundObjects;
11
12     //------------------------------------------------
13     // 초기화에 사용한다
```

```
14    void Start ()
15    {
16        // 일치하는 태그를 가지는 오브젝트를 검색한다
17        FoundObjects = GameObject.FindGameObjectsWithTag(TagName);
18    }
19 }
20 //--------------------------------------------------------
```

 오브젝트 하나에 복수의 태그를 할당하길 원할 수도 있다. 불행히도 유니티는 이런 기능을 아직 지원하지 않고 있다. 하지만 해당 오브젝트를 부모로 하여, 자식 오브젝트들을 추가해서 원하는 태그를 각각에 할당하는 방법을 이용하면 제약을 피해갈 수 있다. 태그를 이용해서 오브젝트를 검색할 때 실제로 원하는 오브젝트는 태그로 검색된 오브젝트의 부모라는 점만 기억하자.

오브젝트 비교

GameObject의 검색 함수들은 전체 씬에서 지정한 오브젝트를 찾을 때는 유용하지만, 이미 찾아둔 두 개의 오브젝트를 비교해야 할 때도 있다. 보통 두 오브젝트의 이름이나 태그를 비교하길 원할 것이다. CompareTag 함수를 이용하면 태그를 비교할 수 있다.

```
// 현재 오브젝트와 Obj_Y 오브젝트의 태그 비교
bool bMatch = gameObject.CompareTag(Obj_Y.tag);
```

추가로, 단지 두 오브젝트가 동일한 태그를 가졌는지만을 비교하는 것이 아니라 두 오브젝트가 실제로 동일한 오브젝트인지 비교하길 원할 수도 있다. 의사결정을 위한 코딩을 할 때 이런 것이 특히 중요하게 쓰인다. 예를 들면, 적 캐릭터가 플레이어와의 전투 중에 싸워야 하는지 혹은 도망쳐야 하는지를 결정할 때, 그리고 적의 근처에 도와줄 지원군이 있는지 확인할 때 이런 방법이 유용하다. 이 방법을 구현하려면, 앞에서 본 대로 씬에서 모든 적을 태그 검색을 통해 찾으면 된다. 하지만 결과에는 이 검색을 호출한 당사자이며 어떤 동작을 해야 할지 결정

하는 적 캐릭터 본인 또한 포함되므로 결과에서 자신은 제외되어야 한다. 다음 예제 코드는 GetInstanceID를 사용하는 방법을 보여준다.

```
// 일치하는 태그를 가진 오브젝트를 찾는다
FoundObjects = GameObject.FindGameObjectsWithTag(TagName);

// 모든 오브젝트를 검색하고 자신은 제외한다
foreach(GameObject O in FoundObjects)
{
    // 두 오브젝트가 동일한 오브젝트인 경우
    if(O.GetInstanceID() == gameObject.GetInstanceID())
        continue;   // 반복문의 이번 순회를 생략한다

    // [...] 여기에서 필요한 동작을 한다
}
```

가장 가까운 오브젝트 찾기

검색 등으로 얻어진 GameObject 형식의 주어진 배열에서, 어떻게 하면 직선 거리상 가장 가까운 오브젝트를 찾아낼 수 있을까? 다음 예제 코드는 Vector3.Distance 함수를 이용해서 씬 안의 임의의 두 점 간의 최단 거리를 구해 가장 가까운 오브젝트를 찾는 방법을 보여준다.

```
// 가장 가까운 게임오브젝트를 반환한다
GameObject GetNearestGameObject(GameObject Source, GameObject[] DestObjects)
{
    // 첫 번째 오브젝트를 할당한다
    GameObject Nearest = DestObjects[0];

    // 최단 거리
    float ShortestDistance =
        Vector3.Distance(Source.transform.position,
            DestObjects[0].transform.position);

    // 모든 오브젝트를 순회한다
```

```
    foreach(GameObject Obj in DestObjects)
    {
        // 거리를 계산한다
        float Distance =
            Vector3.Distance(Source.transform.position,
                Obj.transform.position);

        // 계산한 거리가 가장 짧다면 업데이트한다
        if(Distance < ShortestDistance)
        {
            Nearest = Obj;
            ShortestDistance = Distance;
        }
    }

    // 가장 가까운 오브젝트의 참조를 반환한다
    return Nearest;
}
```

지정한 형식의 오브젝트 모두 찾기

때론 컴포넌트가 어떤 오브젝트에 붙어있는지와 관계없이 모든 적, 모든 수집 가능한 오브젝트, 모든 트랜스폼 컴포넌트, 모든 충돌체 등과 같이 씬 안에서 지정한 형식의 컴포넌트 전체의 리스트를 얻길 원할 수도 있다. 다음 예제 코드처럼 스크립트에서 이런 동작을 구현하는 것은 간단하지만 수행 비용이 비싸다. Object.FindObjectsOfType 함수를 호출하면 오브젝트가 비활성화되지 않은 이상, 씬 안에서 지정한 오브젝트의 모든 인스턴스 리스트를 얻을 수 있다. 이 함수를 호출하는 비용이 비싼 관계로, 프레임마다 일어나는 이벤트인 Update와 같은 이벤트에서는 호출되지 않도록 하자. Start나 Awake와 같이 드물게 일어나는 이벤트를 이용한다.

```
void Start()
{
    // 씬 안의 모든 충돌체의 리스트를 얻는다
```

```
      Collider[] Cols = Object.FindObjectsOfType<Collider>();
    }
```

게임오브젝트 간 경로 만들기

플레이어(Player)와 적(Enemy) 캐릭터처럼 씬에 주어진 두 게임오브젝트 간에 그리
는 가상의 선을 통해 여기에 교차하는 충돌체가 있는지 검사하는 것이 둘 사이의
경로를 만드는 흔한 방법이다. 뒤에서 다룰 AI 기능을 결정하기 위한 가시선 시스
템뿐 아니라 더 일반적으로 오브젝트 컬링culling 등에도 유용한 방법이다.

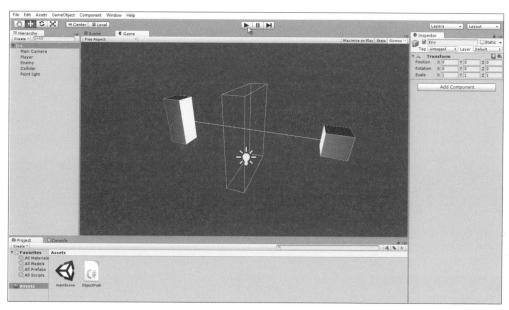

Physics.LineCast를 이용해 두 게임오브젝트 사이의 경로 검사하기

이런 동작을 구현하는 여러 방법이 있다. 그중 한 가지 방법은 다음 예제 코드
3-5처럼 Physics.LineCast 함수를 이용하는 것이다.

```
01 using UnityEngine;
02 using System.Collections;
03 // 두 오브젝트 사이에 빈 경로가 존재하는지 확인하는 예제 클래스
04 public class ObjectPath : MonoBehaviour
```

```
05 {
06      // 적 예제 오브젝트에 대한 참조
07      public GameObject Enemy = null;
08
09      // 선 검출을 제한하기 위한 레이어마스크
10      public LayerMask LM;
11      //----------------------------------------------------
12      // Update는 매 프레임마다 한 번씩 호출된다
13      void Update ()
14      {
15          // 오브젝트 사이에 빈 경로가 있는지 검사
16          if(!Physics.Linecast(transform.position, Enemy.transform.position, LM))
17          {
18              // 빈 경로가 존재한다
19              Debug.Log ("Path clear");
20          }
21      }
22      //----------------------------------------------------
23      // 뷰포트에 디버그용 선을 보여준다
24      void OnDrawGizmos()
25      {
26          Gizmos.DrawLine(transform.position, Enemy.transform.position);
27      }
28      //----------------------------------------------------
29 }
```

다음은 예제 코드 3-5에 대한 설명이다.

- 7번 줄: 이 예제 클래스를 Player나 다른 대상 오브젝트에 붙여 이 오브젝트
  와 public 멤버 변수에 다른 오브젝트를 할당하고 그 사이에 빈 경로가 있는
  지를 검사한다.

- 10번 줄: LayerMask 변수는 씬에서 어떤 레이어를 충돌 검사에 적용할지를
  가리키는 비트마스크bitmask를 지정하기 위한 것이다. 비트마스크에 대한 자세
  한 내용은 유니티 문서 http://docs.unity3d.com/kr/Manual/Layers.html을
  참고한다.

- 16번 줄: Physics.Linecast 함수를 이용해 씬의 두 오브젝트 사이에 연속된 빈 경로가 있는지를 검사한다. 두 오브젝트 자체에 BoxCollider와 같은 충돌체가 있는 경우엔 충돌 검사에 이 오브젝트들도 무시되지 않고 포함된다. 다시 말해, 오브젝트가 가진 충돌체가 LineCast 호출에 영향을 미칠 수 있다는 이야기다. 그런 관계로 LayerMask 변수를 이용해 특정 레이어를 포함하거나 제외시킨다.

오브젝트 계층에 접근

유니티의 Hierarchy 패널은 씬 안의 모든 게임오브젝트를 연결하는 부모-자식 간 관계를 그래픽적으로 표현한다. 자식 오브젝트가 부모의 트랜스폼에 포함되고, 또한 부모의 트랜스폼을 상속받기 때문에 이러한 관계는 중요하다. 하지만 에디터에서 계층 관계를 정의하고 편집하는 것만으로는 충분하지 않다. 코드 안에서 한 오브젝트를 다른 오브젝트의 부모로 지정하거나, 지정된 오브젝트의 모든 자식을 순회하며 데이터를 처리하거나 기능을 부를 일이 많다. 먼저 오브젝트의 부모를 지정하는 방법을 살펴보자. 다음의 예제 코드 3-6은 트랜스폼 컴포넌트를 통해 한 오브젝트를 다른 오브젝트의 자식으로 붙일 수 있는지를 보여준다.

```
01 using UnityEngine;
02 using System.Collections;
03 //----------------------------------------------------
04 public class Parenter : MonoBehaviour
05 {
06     // 씬의 자식 오브젝트에 대한 참조
07     private GameObject Child;
08     // 씬의 부모 오브젝트에 대한 참조
09     private GameObject Parent;
10     //------------------------------------------------
11     // 초기화에 사용한다
12     void Start ()
13     {
14         // 부모와 자식이 될 오브젝트를 찾는다
```

```
15        Child = GameObject.Find("Child");
16        Parent = GameObject.Find("Parent");
17
18        // 부모를 지정한다
19        Child.transform.parent = Parent.transform;
20    }
21    //----------------------------------------------------
22 }
23 //----------------------------------------------------
```

지금부터는 부모에 붙어있는 모든 자식을 순회하는 방법을 살펴보자. 역시나 트랜스폼 컴포넌트를 통해 다음 예제 3-7과 같이 가능하다.

```
01 using UnityEngine;
02 using System.Collections;
03 //-----------------------------------------
04 public class CycleChildren : MonoBehaviour
05 {
06    //-----------------------------------------
07    // 초기화에 사용한다
08    void Start ()
09    {
10        // 이 오브젝트의 자식을 순회한다
11        for(int i=0; i<transform.childCount; i++)
12        {
13            // 자식의 이름을 콘솔에 출력한다
14            Debug.Log (transform.GetChild(i).name);
15        }
16    }
17    //-----------------------------------------
18 }
19 //-----------------------------------------
```

월드/시간과 업데이트

유니티의 씬은 같은 3D 공간에 존재하면서 같은 시간을 공유하는 유한한 수의 게임오브젝트의 집합을 표시하는 개념이다. 애니메이션을 동기화 및 변경하기 위해 모든 게임엔 통일된 시간 개념을 정할 필요가 있다. 애니메이션이 시간에 따른 변화를 의미하기 때문이다. 유니티에서 Time 클래스를 이용해 시간을 읽고 시간의 흐름을 알아낼 수 있다. 따라서 이 클래스를 이용하는 것은 예측 가능하고 일관성 있는 움직임을 게임에 구현하기 위한 중요한 기술이다. 자세한 내용은 곧 살펴보자.

모든 게임은 FPS^{frames per second}(초당 프레임 수)로 정의하는 프레임 레이트^{frame rate}를 가진다. 이 프레임 레이트는 Game 탭의 Stats 패널에서 볼 수 있다. FPS는 1초간 유니티가 카메라에서 화면으로 새로 렌더링하는 코드를 몇 번이나 반복할 수 있는지를 말하는 것이다. 여기서 각 반복을 프레임^{frame}이라 부른다. 프레임 레이트는 시간이 흐르면서, 컴퓨터에 따라 서로 극단적으로 달라질 수 있다. 다른 프로세스가 실행 중이라든지 현재 프레임에 렌더링되어야 하는 콘텐츠의 양 등 여러 변인에 따라 컴퓨터 성능의 영향을 받는다. 시간이나 서로 다른 컴퓨터의 조건에서 다른 FPS 수치를 보이는 경우가 흔하기 때문에 특정 FPS에 의존해 구현하지 말아야 한다. 다음 그림을 참고하자.

FPS는 시간 기반의 동작이나 애니메이션을 만들 때 중요하다.

유니티의 모든 MonoBehaviour 클래스가 제공하는 세 가지 클래스 이벤트를 통해 프레임의 개념과 비슷한 방식으로 시간에 따라 지속적으로 업데이트되도록 구현할 수 있다. Update, FixedUpdate, LateUpdate가 바로 그것인데, 이미 살펴본 것들이지만 좀 더 자세히 살펴보자.

- Update: 이벤트는 씬 안의 모든 활성화된 게임오브젝트의 모든 컴포넌트에 대해 프레임당 한 번씩 Update 이벤트가 불리게 된다. 오브젝트가 MonoBehaviour.SetActive 메소드에 의해 비활성화되면 활성화되기 전까지는 Update 이벤트가 호출되지 않는다. 간단히 말해, Update 이벤트는 유니티에서 프레임의 개념을 가장 근접하게 구현하는 방법이며 시간에 따라 반복적인 동작이나 업데이트, 키보드 눌림이나 마우스 클릭을 확인하는 등의 모니터링 기능이 필요할 때 유용하다. Update 이벤트가 모든 컴포넌트에 매 프레임마다 불려지는 것이 보장되지는 않는다는 점을 알아두자. 즉, X라는 오브젝트의 Update 함수가 Y라는 오브젝트의 Update 함수가 불리기 전에 호출되는지 확인할 방법이 없다는 의미다.

- FixedUpdate: Update와 같이 이 이벤트는 프레임마다 보통 여러 번 불리게 된다. 하지만 각각의 호출은 고정된 시간 간격을 기반으로 규칙적으로 표준화되어 일어난다. FixedUpdate를 가장 널리 사용하는 경우는 유니티의 물리 기능을 사용할 때다. 시간에 따라 Rigidbody(강체) 컴포넌트의 속도나 속성을 업데이트하는 경우 Update보다는 FixedUpdate가 적합한 선택이 될 것이다.

- LateUpdate: Update와 마찬가지로 매 프레임 호출된다. 하지만 LateUpdate는 언제나 Update와 FixedUpdate가 호출된 이후에 호출된다. 현재 프레임에서 모든 오브젝트에 LateUpdate가 호출되었을 때는 이미 Update와 FixedUpdate가 호출되었다는 것을 확신할 수 있다는 의미다. 1인칭 카메라를 구현하는 경우, 현재 프레임에서 항상 오브젝트의 마지막 위치를 따라가도록 움직임을 업데이트할 때 LateUpdate의 이런 속성이 유용하게 이용된다.

Update, FixedUpdate, LateUpdate의 특징과 시간 및 FPS 개념은 시간에 따라 움직임을 구현할 때 어떻게 코딩해야 할지, 혹은 하지 말아야 할지에 관련된 중요한 의미를 갖고 있다. 다음에 다룰 두 가지 지침에 대해 알아두자.

규칙 1: 프레임은 소중한 것이다

매 초마다 많은 횟수의 프레임이 반복된다. 그러지 못하게 되면 게임이 버벅거리거나 오류가 생긴 것처럼 보일 수 있다. 매 프레임마다 씬 안의 모든 활성화된 MonoBehaviour 컴포넌트에 Update 이벤트가 호출된다. Update 이벤트 안에서 하는 일들이 매 프레임 해당 씬을 처리하는 계산 복잡도(성능)에 큰 영향을 미친다는 뜻이다. 기능이 많을수록 CPU와 GPU 모두에 더 많은 처리시간과 더 큰 부하를 일으킨다. 신중한 코딩 계획을 통해 Update 함수 안의 부하를 줄이지 않으면 많은 오브젝트와 컴포넌트를 가지는 큰 씬을 감당하기 어려워진다. Update나 프레임 기반으로 규칙적으로 호출되는 이벤트를 아껴 쓰는 것이 중요하다. 즉, 플레이어 입력이나 마우스 커서 이동을 알아내는 것처럼 꼭 필요할 때만 안에 코드를 넣어야 한다. 이벤트 주도적 프로그래밍을 고려하는 것이 Update 함수 안에 들어가는 부하를 크게 줄이는 데 도움이 될 것이다. 다음 장에서 이벤트 주도적 프로그래밍과 이벤트 시스템에 대해 다루게 된다.

규칙 2: 움직임은 시간과 비례해야 한다

프레임의 주기를 일정하게 보장할 수 없기 때문에(프레임 레이트는 매 순간마다, 컴퓨터마다 다르므로), 게이머에게 일관된 경험을 제공하기 위해 매우 주의를 기울여 움직임을 코딩하고 변경해야 한다. 시간이 흐름에 따라 씬의 육면체 오브젝트를 부드럽게 움직이는 간단한 예를 살펴보자. 다음 예제는 움직임을 만드는 (좋지 않은) 한 가지 방법이다.

```
01 using UnityEngine;
02 using System.Collections;
03
04 public class Mover : MonoBehaviour
05 {
06     // 프레임마다 움직일 육면체의 거리
```

```
07    public float AmountToMove = 1.0f;
08
09    // Update는 매 프레임마다 한 번씩 호출된다
10    void Update ()
11    {
12        // 육면체를 x축상에서 움직인다
13        transform.localPosition += new Vector3(AmountToMove,0,0);
14    }
15 }
```

이 컴포넌트가 붙어있는 오브젝트를 매 프레임 AmountToMove 변수로 움직이는
데는 이 코드가 유효하다. 문제는 이 코드가 프레임 레이트에 의존적이라는 점이
다. 시간과 컴퓨터에 따라 프레임이 일정하기 않기 때문에 유저들은 극단적으로
다른 체험을 하게 될 것이다. 다시 말해, 유저들은 각각 다른 속도로 움직이는 육
면체를 보게 될 것이다. 게임이 특정 유저에게 어떻게 실행될지를 예상하기 어려
워서 이 방법은 좋지 않다. 이 문제를 고치려면 움직임을 프레임이 아닌 시간에
비례하도록 해야 한다. 프레임은 가변적이지만 시간은 일정하기 때문이다. Time
클래스의 멤버인 deltaTime 변수를 이용하면 이런 구현이 가능해진다. 앞의 코
드를 수정한 예제 코드 3-8을 살펴보자.

```
01 using UnityEngine;
02 using System.Collections;
03
04 public class Mover : MonoBehaviour
05 {
06    // 육면체의 속력
07    public float Speed = 1.0f;
08
09    // Update는 매 프레임마다 한 번씩 호출된다
10    void Update ()
11    {
12        // 육면체를 앞쪽 방향으로 속력에 따라 움직인다
13        transform.localPosition += transform.forward * Speed * Time.deltaTime;
14    }
15 }
```

deltaTime 변수는 부동소수점 값으로서 항상 이전 Update 함수가 호출된 이후로 시간이 얼마나 지났는지를 초 단위로 표시한다. 예를 들어 0.5라는 값이라면 지난 프레임으로부터 1초의 절반만큼의 시간이 지났다는 것을 의미한다. 이런 특성으로 인해 deltaTime을 배율로 해서 곱할 수 있으므로 유용하게 이용할 수 있다. '거리 = 속력 × 시간'이므로 매 프레임마다 속력에 deltaTime을 곱함으로써 얼마나 멀리 오브젝트를 움직여야 하는지 알아낼 수 있다. 이와 같이, deltaTime을 이용하면 프레임 레이트에 독립적으로 오브젝트 움직임을 구현할 수 있다.

소멸되지 않는 오브젝트

기본적으로 유니티에선 씬의 독립된 시간과 공간 안에 모든 오브젝트가 존재한다. 서로 다른 씬은 서로 떨어진 은하계와 같다고 할 수 있다. 따라서 오브젝트는 속해 있는 씬을 벗어나서 살아남을 수 없다. 활성화된 씬이 변경될 때 오브젝트가 파괴된다는 뜻이다. 보통 씬은 다른 씬과 무척 다르고 별개의 존재이므로 일반적인 경우엔 오브젝트가 이런 방식으로 동작하기를 바랄 것이다. 하지만 그럼에도 파괴되지 않길 원하는 오브젝트가 있을 수 있다. 플레이어 캐릭터나 최고 점수를 표시하는 시스템, 게임 매니저 클래스와 같이, 바뀐 다른 씬에까지 계속 이어지는 오브젝트가 필요할 수 있다. 이런 것들은 우선순위가 높은 오브젝트로서 특정 씬에만 존재할 수 있는 제약 없이, 여러 씬을 넘나들 수 있어야 한다. DontDestroyOnLoad 함수를 이용해서 계속 유지되는 오브젝트를 쉽게 만들 수 있지만, 이렇게 하면 이 오브젝트를 계속 지켜볼 필요가 생긴다. 다음 예제 코드 3-9를 살펴보자.

```
01 using UnityEngine;
02 using System.Collections;
03 //------------------------------------------
04 // 씬이 변경되는 경우에도 이 오브젝트는 살아남는다
05 public class PersistentObj : MonoBehaviour
06 {
07     //------------------------------------------
```

```
08    // 초기화에 사용한다
09    void Start ()
10    {
11        // 이 오브젝트를 살려둔다
12        DontDestroyOnLoad(gameObject);
13    }
14 }
15 //-------------------------------------------
```

씬 사이에서 유지되는 오브젝트를 만드는 것은 중요한데, 이렇게 씬 사이를 여행하는 오브젝트는 짐을 들고 다니기 마련이다. 유지되도록 만든 오브젝트 하위의 자식 오브젝트와 메시, 텍스처, 사운드 등의 애셋이나 리소스 또한 모두 살아남게 된다. 이러한 특징이 그 자체로 문제가 되진 않지만 이런 점을 알아두는 것이 중요하다. 이런 이유로, 씬 간 유지되는 많은 오브젝트들은 자식 없는 빈 게임오브젝트처럼 동작에 필요한 기본 컴포넌트로만 구성해 가볍게 만들어진다. 씬을 전환할 때 중요한 필수 데이터만 살아남도록 하는 전략이다.

 씬 전환하기

유니티에서 활성화된 씬을 전환하려면 Application.LoadLevel 함수를 사용한다. LoadLevelAsync, LoadLevelAdditive, LoadLevelAdditiveAsync와 같은 다른 버전의 함수들도 있다. 레벨을 로딩하는 함수에 대한 자세한 내용은 다음 웹사이트를 참고한다.

http://docs.unity3d.com/kr/ScriptReference/Application.html

앞서 살펴본 것처럼, 활성화된 씬에 존재하는 오브젝트에서 `DontDestroyOnLoad` 함수가 호출되면 이후의 씬 전환 시점에 파괴되는 것을 방지한다. 여기서 오브젝트 중복에 관련된 문제가 때때로 발생한다. 구체적으로 말하면, 계속 유지되는 오브젝트가 처음 나타났던 씬을 다시 로드하거나 다시 이 씬으로 되돌아갔을 때, 또 다른 오브젝트가 중복해 만들어져 계속 유지된다. 이전 씬에서 넘어온 오브젝트가 계속 유지되면서 추가로 이번 씬에 진입하면서 만들어진 오브젝트 또한 유지되는 상태가 된다. 씬에 매번 진입할 때마다 계속 새로운 오브젝트의 복제된 인스턴스가 생겨 문제는 점점 커지게 된다. 보통 이렇게 오브젝트가 중복되는 것을 원하지는 않을 것이다. 시간 오브젝트 하나, 플레이어 하나, 게임 매니저 하나, 최고 점수 시스템 하나와 같이 보통은 오브젝트의 인스턴스를 하나씩만 유지하기를 원하는 경우가 많다. 이렇게 하려면, 바로 이어서 설명할 싱글턴 오브젝트를 만들어야 한다.

싱글턴 오브젝트와 정적 멤버

어떤 클래스들은 인스턴스화하는 방법에 있어 다른 클래스와 근본적으로 다른 점을 가지고 있다. 대부분의 클래스는 프로퍼티와 동작의 집합을 위한 원형을 선언해 게임오브젝트처럼 씬에 여러 번 인스턴스화할 수 있다. 적 클래스를 이용해 수많은 적을 인스턴스화하고, 능력치 강화 아이템의 클래스를 이용해 수많은 아이템을 인스턴스화하는 등 이런 것들이 가능하다. 하지만 게임 매니저, 최고 점수 매니저, 오디오 매니저, 저장 매니저와 같은 몇몇 클래스들은 유일한 독립체로 존재하며 여러 기능을 통합해 하나로 묶는 역할을 한다. 즉, 하나의 클래스 인스턴스만 유일하게 존재하게 되며 절대 그보다 많은 인스턴스를 만들진 않는다. 하나보다 많은 인스턴스를 가지는 것은 모순적인 부분이 발생하거나 오브젝트의 역할을 망가뜨리고 어떤 면에서는 쓸모없어질 수도 있다. 이런 종류의 오브젝트는 싱글턴singleton이라 부른다. 싱글턴은 대개 여러 씬에 걸쳐 지속적으로 유지되는 오브젝트다. 싱글턴을 싱글턴으로 만드는 기본적인 요소는 항상 메모리에 클래스의 인스턴스가 하나만 존재한다는 것뿐이다. 예제로 GameManager 클래스를 만드는 중에 싱글턴 오브젝트를 생성해보자.

거의 대부분의 게임에는 GameManager나 GameController 클래스가 있고, 이런 클래스는 거의 대부분 지속적으로 유지되는 싱글턴 오브젝트다. GameManager는 기본적으로 게임의 고급 기능을 담당한다. 게임이 정지되었는지, 승리 조건이 충족되었는지 등을 판별하고, 게임에서 무슨 일이 일어났는지 단번에 알아내는 확실한 방법을 가지고 있다. 다음 예제를 통해 게임 매니저의 기초적인 모습을 살펴보자.

```
01 using UnityEngine;
02 using System.Collections;
03 //----------------------------------------
04 // 예제 게임 매니저 클래스 - 싱글턴 오브젝트
05 public class GameManager : MonoBehaviour
06 {
07     // 최고 점수
08     public int HighScore = 0;
09
10     // 게임이 정지되었는지
11     public bool IsPaused = false;
12
13     // 플레이어의 입력이 허용되는지
14     public bool InputAllowed = true;
15     //----------------------------------------
16     // 초기화에 사용한다
17     void Start ()
18     {
19         // 게임 매니저가 지속되도록 한다
20         DontDestroyOnLoad(gameObject);
21     }
22     //----------------------------------------
23 }
24 //----------------------------------------
```

이 오브젝트는 여러 씬에 걸쳐 계속 유지되긴 하지만, 어떻게 해야 싱글턴 오브젝트가 될 수 있을까? 다음 예제 코드 3-10에 방법이 있다.

```
01 using UnityEngine;
02 using System.Collections;
03 //----------------------------------------
04 // 예제 게임 매니저 클래스 - 싱글턴 오브젝트
05 public class GameManager : MonoBehaviour
06 {
07     //----------------------------------------
08     // 싱글턴 인스턴스에 접근하기 위한 C# 프로퍼티
09     // get 접근자만 가지는 읽기 전용의 프로퍼티
```

```
10    public static GameManager Instance
11    {
12       // private 변수 instance의 참조를 반환한다
13       get
14       {
15          return instance;
16       }
17    }
18
19    //----------------------------------------
20    private static GameManager instance = null;
21    //----------------------------------------
22    // 최고 점수
23    public int HighScore = 0;
24
25    // 게임이 정지되었는지
26    public bool IsPaused = false;
27
28    // 플레이어의 입력이 허용되는지
29    public bool InputAllowed = true;
30    //----------------------------------------
31    // 초기화에 사용한다
32    void Awake ()
33    {
34       // 씬에 이미 인스턴스가 존재하는지 검사한다
35       // 존재하는 경우 이 인스턴스는 소멸시킨다
36       if(instance)
37       {
38          DestroyImmediate(gameObject);
39          return;
40       }
41
42       // 이 인스턴스를 유효한 유일 오브젝트로 만든다
43       instance = this;
44
45       // 게임 매니저가 지속되도록 한다
46       DontDestroyOnLoad(gameObject);
```

```
47     }
48     //----------------------------------------
49 }
50 //----------------------------------------
```

다음은 예제 코드 3-10에 대한 설명이다.

- 10-20번 줄: private 멤버인 instance를 매니저 클래스에 static으로 선언
  했다. 이렇게 하면 여러 개의 인스턴스가 있을 때 변수가 각각의 인스턴스에
  서 특정 값을 가지는 대신에 모든 인스턴스에 걸쳐서 공유되는 변수가 된다.
  각각의 새로운 인스턴스가 생성될 때 기존의 클래스 인스턴스가 이미 존재하
  는지를 판별하게 된다. 이 변수는 get 멤버만을 가지고 있는 읽기 전용 프로
  퍼티인 Instance를 통해 외부에서 접근할 수 있다.

- 36-43번 줄: Awake 이벤트(오브젝트 생성 시 호출된다.) 안에서 instance 변수를
  검사해 유효한 클래스의 인스턴스가 현재 씬에 존재하는지를 살펴본다. 존재
  하는 경우, 하나의 클래스 인스턴스만이 허용되고 이 인스턴스가 이미 존재하
  므로 현재의 오브젝트는 지워진다. 이런 식으로 GameManager는 여러 씬에 걸
  쳐 지속적으로 존재하면서 항상 씬에서 단 하나의 원본 인스턴스가 된다.

Awake와 Start

예제 3-10의 GameManager 클래스는 Start 대신 Awake 함수를 사용한다. Start와
Awake의 차이는 다음과 같다.

Awake는 항상 Start에 앞서 호출된다.

Awake는 항상 오브젝트 생성 시에 호출된다. Start는 게임오브젝트가 활성화되는 첫
번째 프레임에 호출된다. 만약 게임오브젝트가 비활성화된 씬에서 시작된다면 오브젝
트가 활성화되어 있더라도 Start는 호출되지 않는다. 오브젝트들은 기본값으로 활성화
되어 있어 씬이 시작될 때 Awake 이벤트 다음에 호출된다.

이전 예제에서 트랜스폼 컴포넌트를 ThisTransform 변수에 담는 것처럼, 클래스의 지
역변수에 컴포넌트의 참조를 담으려면 Start보다는 Awake를 쓰는 것이 좋다. 일반적
으로 Start 이벤트가 일어날 때엔 오브젝트에 대한 모든 지역 참조들이 이미 할당되어
유효하다고 가정된다.

게임 매니저에 전역의 정적 Instance 프로퍼티를 두면, 어느 스크립트 파일에든 지역변수나 오브젝트 참조를 만들 필요 없이 직접 접근 가능해진다는 것이 큰 장점이다. 모든 클래스가 GameManager 클래스의 모든 프로퍼티에 바로 접근해 고차원의 게임 기능을 호출할 수 있게 된다는 말이다. 예를 들어 다른 클래스에서 GameManager의 게임 점수 변수를 설정하려면 다음 예제 코드 3-11처럼 사용할 수 있다.

```
01 using UnityEngine;
02 using System.Collections;
03 //-------------------------------------------
04 public class ScoreSetter : MonoBehaviour
05 {
06     //-------------------------------------------
07     // 초기화에 사용한다
08     void Start ()
09     {
10         // GameManager에 점수를 설정한다
11         GameManager.Instance.HighScore = 100;
12     }
13     //-------------------------------------------
14 }
15 //-------------------------------------------
```

 싱글턴 오브젝트에 대한 자세한 내용은 다음 웹사이트를 참고한다.
http://unitypatterns.com/singletons/

요약

3장에선 게임오브젝트, 씬, 컴포넌트와 이것들을 씬의 곳곳에 일반적으로 사용하는 방법에 대해 다루었다. 이 내용들은 표면적으로는 간단해 보일지라도 사용법을 이해하고 오브젝트들을 관리하게끔 사용하는 것은 거의 모든 유니티 게임 개

발 프로젝트에 필요한 강력한 기술이다. 하나의 동작을 만들어내기 위해 상호작용하는 컴포넌트들의 집합인 게임오브젝트도 살펴봤다. 특히 트랜스폼 컴포넌트는 중요하다. 씬에 대해서도 살펴봤다. 씬은 게임오브젝트가 존재하는 단일 시간, 단일 공간을 가진다. 씬은 독립된 개체로서 해당 씬의 바깥에 오브젝트가 존재하지 못하는 것이 일반적이다. 나아가서, 모든 씬은 시간의 개념을 통해 변화를 만들고 애니메이션을 가능케 하는 등의 동작을 한다. 시간은 deltaTime을 통해 측정되며, 프레임 레이트에 의존적이지 않은 움직임을 구현하기 위해 이 값을 배수처럼 이용할 수 있다. 마지막으로 싱글턴 디자인 패턴을 살펴봤는데, 정적 멤버에 클래스를 선언해 실질적으로 늘 한 번에 하나의 인스턴스만 메모리에 유효하도록 한다. 4장에서는 이벤트 주도적 프로그래밍에 대해 알아본다.

4

이벤트 주도적 프로그래밍

MonoBehaviour 오브젝트의 Update 이벤트는 주기적으로 여러 프레임과 여러 씬에 걸친 코드를 실행할 수 있는 편리한 곳이다. Update 함수 안에 if나 switch문을 채워서 현재 시점에서 오브젝트에 필요한 방향으로 코드를 분기하는 방법은, 인공지능을 가진 적이나 연속된 움직임을 구현하는 것처럼 지속되는 동작을 만들 때 대체하기 어려운 방법이다. 하지만 이런 식으로 Update 이벤트를 사용해 내용을 계속 추가하면, 더 크고 복잡한 게임을 만들 때 심각한 성능 문제에 직면할 수 있다. 조금 더 자세히 들여다보면 이런 것이 왜 문제가 되는지 어렵지 않게 알 수 있다. 보통 게임은 수많은 동작으로 이루어져 있고, 모든 씬에서 한 번씩만 발생하는 여러 동작들을 Update 함수를 통해 모두 처리하기는 곤란한 면이 있다. 적 캐릭터 하나만 살펴보자면, 플레이어가 적 캐릭터의 시야에 언제 들어오고 나가는지, 체력이 언제 떨어지는지, 무기가 언제 바닥나는지, 적 캐릭터가 언제 위험한 바닥에 올라서는지, 언제 다치는지, 언제 움직이고 움직이지 않는지 등등 많은 경우를 알아낼 수 있어야 한다. 이런 동작들에 대해 우선 생각해볼 부분은, 플레이어가 입력한 결과로 이런 프로퍼티들이 변경될 때를 즉시 적 캐릭터가 알아채야 하기 때문에 이러한 동작들에 일정하게 끊임없이 주의를 기울여야 한다는 점이다. 이런 점 때문에 Update 함수가 가장 걸맞게 보일 수 있지만 더 나은 대안이 있는데, 바로 이벤트 주도적 프로그래밍이다. 게임과 애플리케이션의 이벤트에 대해 알아봄으로써 적지 않은 성능 향상을 얻을 수 있다. 4장에서는 이벤트에 대해 살펴보고 이러한 이벤트를 게임에서 어떻게 다루는지 설명한다.

이벤트

유니티에서 게임 월드는 완전히 결정론적인 시스템으로서 유한한 수의 게임오브젝트를 담는 씬은 데카르트 3D 좌표계와 시간을 가진다. 게임 로직과 코드에서 허용할 경우에만 이 공간 안에서 동작이 일어날 수 있다. 예를 들어, 플레이어가 키보드의 특정 버튼을 누르는 것 같은 특정 조건일 때 코드 어딘가에서 오브젝트를 움직이라고 전달하는 경우에만 오브젝트는 움직일 수 있다. 이런 예에서 동작이 무작위로 일어나는 것이 아니라 키보드 이벤트가 발생할 때에만 오브젝트가 움직이도록 밀접하게 연결되어 있다는 점에 주목하자. 하나의 행동은 다른 행동을 수반하는 식으로 서로의 행동들은 중요한 관계를 맺고 있다. 이러한 연결이나 결합을 이벤트라고 부르는데, 각각의 개별적인 연결은 하나의 이벤트가 된다. 이벤트는 수동적인 속성을 가지고 있는데, 키 입력이나 마우스 클릭, 오브젝트의 충돌체 영역 통과, 플레이어가 공격받는 것 등과 같은 순간을 나타내며 스스로 동작하는 것은 아니다. 어떤 이벤트라도 실제로 프로그램이 무엇을 해야 하는지 말해주진 않지만, 대신 지금 일어난 일의 종류가 무엇인지를 알려준다. 이벤트 주도적 프로그래밍은 게임 속 대부분의 사건들이 이벤트의 예라는 것을 알고서 이벤트를 일반적인 개념으로 이해하는 것으로부터 시작된다. 즉, 이벤트의 개념은 정해진 시간에 일어나는 것뿐만 아니라 특정 시간에 발생하는 특정 이벤트를 포함하는 것이다. 게임의 모든 행동들은 이벤트가 발생할 때 즉각 반응해 보이는 것이기 때문에 이러한 게임 이벤트를 이해해두면 도움이 된다. 특히 이벤트는 응답과 연결되어 있는데, 이벤트는 응답을 만들고 발생시킨다. 응답이 다시 그 이후의 응답을 일으키는 이벤트가 될 수 있다. 다시 말하면, 게임 월드는 이벤트와 응답으로 조직된 온전한 시스템이라 할 수 있다. 이런 식의 월드에서 Update 함수가 매 프레임 동작을 진행하는 방식에 의존하는 대신 이벤트를 사용하는 것이 성능을 향상시키는 데에 어떤 도움을 주는지 의문이 생긴다. 해답은 이벤트의 잦은 호출을 줄이는 방법을 찾는 것이다. 이런 방식이 허술하게 들릴 수 있지만 무척 중요하다. 예를 들어, 전투 중에 적 캐릭터가 플레이어에게 무기를 발사하는 경우를 생각해보자.

게임을 진행하는 동안, 적은 여러 프로퍼티들을 끊임없이 추적해야 한다. 첫 번째 예로, 체력이 떨어졌을 때는 구급상자를 찾아 체력을 회복할 수 있도록 적의 체력을 추적해야 한다. 두 번째 예로, 탄약이 바닥났을 때는 적으로 하여금 탄약을 더 찾아 모으고 언제 시야에 들어온 플레이어에게 발사할지 합리적으로 판단할 수 있도록 탄약의 양을 추적해야 한다. 이제 이런 시나리오를 생각해보면, 이벤트에 대응하는 행동 사이의 연결 관계를 찾아낼 수 있다. 더 깊이 들어가기 전에 Update 함수를 이용해 이런 시나리오를 어떻게 구현할 수 있는지 예제를 통해 살펴보자. 이후 이벤트를 이용해서 구현을 개선하는 방법을 살펴본다.

```
// Update는 매 프레임마다 한 번씩 호출된다
void Update()
{
    // 적의 체력을 확인한다. 죽었는가
    if(Health <= 0)
    {
        // 죽었다면 죽는 동작을 수행한다
        Die();
        return;
    }

    // 체력이 낮은 상태인지 확인한다
    if(health <= 20)
    {
        // 체력이 낮은 상태이면 구급상자를 찾는다
        RunAndFindHealthRestoure();
        return;
    }
```

```
    // 탄약의 양 확인

    // 탄약이 떨어졌는가
    if(Ammo <= 0)
    {
        // 탄약을 좀 더 찾아본다
        SearchMore();
        return;
    }

    // 체력과 탄약이 충분하다. 플레이어가 보이면 발사하자
    if(HaveLineOfSight)
    {
        FireAtPlayer();
    }
}
```

앞의 예제 코드는 많은 조건 검사들로 가득 찬 무거운 Update 함수를 보여준다. 본질적으로 Update 함수는 이벤트 처리 및 응답을 하나로 합치도록 이끌기 때문에 불필요하게 비싼 처리 과정을 만들어낸다. 이런 서로 다른 처리(체력과 탄약 검사) 사이의 이벤트 연결 관계에 대해 고민해보면 어떻게 좀 더 코드를 깔끔하게 리팩토링[1]할지 알 수 있다. 예를 들어, 탄약의 양은 무기가 발사되었거나 새로 탄약을 얻는 두 가지 경우에만 변경된다. 유사하게, 체력은 플레이어가 적을 성공적으로 공격했거나 적이 구급상자를 얻는 두 가지 경우에 한정해 변경된다. 첫 번째 경우는 감소가, 두 번째 경우는 증가가 일어난다.

이런 경우(이벤트)에만 프로퍼티가 변경되기 때문에, 이런 지점에서만 프로퍼티의 값을 검증하면 된다. 다음 예제 코드에서는 C# 프로퍼티를 포함하는 리팩토링된 적 클래스로서 훨씬 작아진 Update 함수를 볼 수 있다.

---

1 Refactoring: 소프트웨어 공학에서 결과가 달라지지 않게 코드의 형태나 구조를 수정하는 것을 일컫는다. – 옮긴이

```csharp
using UnityEngine;
using System.Collections;

public class EnemyObject : MonoBehaviour, IListener
{
    //--------------------------------------------------------
    // private 변수에 접근하기 위한 C# 접근자
    public int Health
    {
        get{return _health;}
        set
        {
            // 체력 값을 0-100 범위에 맞춘다
            _health = Mathf.Clamp(value, 0, 100);

            // 죽었는지 검사한다
            if(_health <= 0)
            {
                OnDead();
                return;
            }

            // 체력을 검사하고 필요하면 이벤트를 발생시킨다
            if(_health <= 20)
            {
                OnHealthLow();
                return;
            }
        }
    }
    //--------------------------------------------------------
    public int Ammo
    {
        get{return _ammo;}
        set
        {
            // 탄약 값을 0-50 범위에 맞춘다
```

```csharp
            _ammo = Mathf.Clamp(value,0,50);

            // 탄약이 떨어졌는지 검사한다
            if(_ammo <= 0)
            {
                // 탄약 소진 이벤트를 호출한다
                OnAmmoExpired();
                return;
            }
        }
    }
    //-------------------------------------------------------
    // 체력과 탄약 양을 기록하기 위한 내부 변수
    private int _health = 100;
    private int _ammo = 50;
    //-------------------------------------------------------
    // Update는 매 프레임마다 한 번씩 호출된다
    void Update ()
    {
    }
    //-------------------------------------------------------
    // 이 이벤트는 체력이 낮을 때 호출된다
    void OnHealthLow()
    {
        // 여기에서 이벤트 응답을 처리한다
    }
    //-------------------------------------------------------
    // 이 이벤트는 적이 죽었을 때 호출된다
    void OnDead()
    {
        // 여기에서 이벤트 응답을 처리한다
    }
    //-------------------------------------------------------
    // 탄약 소진 이벤트
    void OnAmmoExpired()
    {
        // 여기에서 이벤트 응답을 처리한다
```

```
    }
    //--------------------------------------------------------
}
```

이 적 클래스는 이벤트 주도적인 설계로 리팩토링되어 Ammo나 Health와 같은 프로퍼티가 Update 함수 안에서 검사되지 않고 값 할당만을 허용한다. 여기에 새로운 값이 할당될 때 적절한 이벤트가 발생된다. 이벤트 주도적인 설계를 함으로써 성능 최적화 및 청결한 코드 유지가 가능해진다. 첫 번째 예제의 Update 함수처럼 값을 검사하는 코드 등의 부담을 줄이고, 특정 값에 따라 반응하는 이벤트를 이용해 적절한 시점에만 이벤트가 불리게 된다.

이벤트 관리

이벤트 주도적 프로그래밍을 이용하면 작업이 훨씬 용이해지는 면이 있다. 하지만 이벤트 개념을 도입하려 할 때 맞닥뜨리게 되는 일련의 문제에 대한 해결책이 필요하다. 구체적으로, 이전 예제에서 체력과 탄약을 나타내는 C# 프로퍼티 값의 변경을 알아내서 값이 적절한 경우 이벤트(OnDead와 같은)를 발생시킨다. 적이 스스로 일어난 이벤트에 대해 전달받은 경우에는 원칙적으로 잘 동작한다. 하지만 다른 적이 죽거나 특정 수만큼 다른 적이 파괴된 경우를 알아야 한다면 어떨까? 이런 경우를 생각해보기 위해 이전 예제를 확장해 OnDead 이벤트를 현재 인스턴스만이 아니라, 이전 장에서 배웠던 SendMessage 함수를 이용해 모든 다른 적에 대해서도 호출할 수 있다. 하지만 이런 방법은 이 문제를 현실적으로 해결하는 방법이 되진 못한다. 이상적인 해답을 바로 알아보면, 이벤트가 발생했을 때 모든 오브젝트에게 모든 종류의 이벤트에 대해 선택적으로 수신하도록 하여, 오브젝트에 이벤트가 발생했을 때 오브젝트가 쉽게 알 수 있게끔 하는 것이다. 그렇다면 이제 궁금한 점은 어떻게 이런 식으로 쉽게 이벤트를 관리할 수 있는 최적화된 시스템을 코딩하는지에 대한 부분이다. 바로, EventManager 클래스를 통해 오브젝트가 특정 이벤트를 수신할 수 있도록 하려고 한다. 이 시스템은 다음의 세 가지 주요한 개념에 기반한다.

- 이벤트 리스너 `EventListener`: 자신이 발생시킨 이벤트를 포함한 어떤 이벤트가 발생하면 알기를 원하는 모든 오브젝트를 리스너^{listener}(수신자)라고 부른다. 실질적으로 대부분의 오브젝트는 하나 이상의 이벤트에 대한 리스너다. 예를 들어, 적의 경우엔 다른 적에 비해 적은 체력이나 탄약을 가진 경우에 대한 알림을 받길 원할 것이다. 이 경우 최소 두 가지 별개의 이벤트에 대한 리스너가 된다. 이런 식으로, 이벤트가 발생했을 때 오브젝트가 무언가 말할 필요가 있다면 리스너가 된다.

- 이벤트 포스터 `EventPoster`: 리스너와 반대로 오브젝트가 이벤트 발생을 알아차린 경우, 이 오브젝트는 다른 모든 리스너가 알 수 있게 이벤트에 대해 알려야 한다. 이전 예제에서 적 클래스는 프로퍼티를 이용한 `Ammo`와 `Health` 이벤트로 값을 검사하고 필요한 경우 내부 이벤트를 호출한다. 하지만 설명한 의미의 진정한 포스터^{poster}(발신자)가 되려면 오브젝트가 전역 레벨에서 이벤트를 발생시켜야 한다.

- 이벤트 매니저 `EventManager`: 마지막으로, 여러 레벨에 걸쳐 계속 유지되며 전역적으로 접근이 가능한, 가장 중요한 싱글턴 `EventManager` 오브젝트가 있다. 이 오브젝트는 리스너를 포스터에게 실질적으로 연결하는 역할을 한다. 이벤트 매니저는 포스터가 보낸 알림을 받고 적합한 모든 리스너에게 이벤트 형식으로 즉시 알림을 발생시킨다.

인터페이스를 통해 이벤트 관리

이벤트 처리 시스템의 첫째 구성 요소는 바로 특정 이벤트가 발생했을 때 알림을 받는 리스너다. 어떤 종류의 오브젝트나 클래스인지와 관계없이 특정 이벤트에 대한 알림만 받을 수 있다면 모두 리스너가 될 수 있다. 리스너는 `EventManager`에 하나 혹은 그 이상의 이벤트에 대해 스스로를 리스너로 등록해야 동작하게 된다. 그런 다음, 실제로 이벤트가 발생하게 되면 함수 호출을 통해 리스너에게 바로 알림이 오게 된다. 기술적으로 리스너가 어떤 형식의 오브젝트라도 될 수 있는 경우, `EventManager`가 리스너의 이벤트를 어떤 형식으로 불러야 하는지에 관한 형특이성 문제가 발생한다. 물론 이 문제는 앞에서 봤듯이 SendMessage 나 BroadcastMessage를 이용해 우회할 수 있다. 사실, NotificationCenter와 같이 이런 함수에 기반해 만들어진 이벤트 처리 시스템들이 인터넷상에 무료로 공개되어 있다. 하지만 이번 장에선 이런 것들을 쓰지 않고, SendMessage와 BroadcastMessage가 리플렉션을 통해 제공하는 기능을 인터페이스와 다형성을 이용해 구현할 예정이다(리플렉션에 대한 내용은 8장에서 다루게 된다). 구체적으로는 리스너 오브젝트를 파생할 때 인터페이스를 만들 것이다.

 무료로 제공되는 NotificationCenter(C# 버전)는 다음 웹사이트를 참고한다. http://wiki.unity3d.com/index.php?title=CSharpNotificationCenter

C#에서 인터페이스는 껍데기뿐인 기본 추상 클래스와 같은 것이다. 인터페이스는 클래스처럼 메소드와 함수를 하나의 템플릿과 같은 단위의 집합으로 한데 모으는 역할을 한다. 하지만 클래스와는 달리, 인터페이스는 함수의 이름, 반환 형식, 파라미터와 같은 함수 원형을 선언하는 것만 허용된다. 함수의 본문을 선언하지는 못한다. 파생된 클래스가 가지게 될 모든 전체 함수 세트만 단순하게 선언하는 것이 인터페이스의 역할이기 때문이다. 필요한 경우 파생된 클래스의 함수들은 내용을 구현할 수 있는데, 여기서 인터페이스의 역할은 각각의 파생된 클래스의 특정 형식에 대해 알 필요 없이 다형성을 통해 다른 오브젝트들로 하여금 함수를 호출할 수 있게끔 하는 것이다. 이런 점이 리스너 오브젝트를 만들 때 인터페이스가 적합한 후보가 될 수 있는 이유다. 파생되는 모든 오브젝트에 리스너 인터페이스를 선언하면, 모든 오브젝트가 이벤트 리스너가 될 수 있는 능력을 가질 수 있다.

다음 예제 코드 4-1은 리스너 인터페이스의 예시다.

```
01 using UnityEngine;
02 using System.Collections;
03 //------------------------------------------------------------
04 // 가능한 게임 이벤트를 모두 열거한다
```

```
05 // 더 많은 이벤트가 리스트에 추가된다
06 public enum EVENT_TYPE {GAME_INIT,
07                        GAME_END,
08                        AMMO_CHANGE,
09                        HEALTH_CHANGE,
10                        DEAD};
11 //-------------------------------------------------------
12 // 리스너 클래스에서 구현될 리스너 인터페이스
13 public interface IListener
14 {
15     // 이벤트가 발생할 때 리스너에서 호출할 함수
16     void OnEvent(EVENT_TYPE Event_Type, Component Sender, object Param = null);
17 }
18 //-------------------------------------------------------
```

다음은 예제 코드 4-1에 대한 설명이다.

- 6-10번 줄: 이 열거형에 발생할 수 있는 모든 게임 이벤트의 전체 목록을 선언한다. 이 예제 코드에는 GAME_INIT, GAME_END, AMMO_EMPTY, HEALTH_CHANGE, DEAD 다섯 개의 게임 이벤트만 나열하고 있다. 여러분이 직접 만드는 게임에는 아마 더 많은 이벤트가 있을 것이다. 이벤트를 기호로 나타내기 위해 꼭 열거형을 쓰지 않고 정수형을 사용할 수도 있다. 하지만 코드에서 이벤트 가독성을 높이기 위해 열거형을 사용했다.

- 13-17번 줄: C# 인터페이스를 이용해 IListener 이름으로 리스너 인터페이스를 선언했다. 하나뿐인 이벤트, 바로 OnEvent를 지원한다. 이 함수는 모든 파생 클래스에 상속되어 이벤트 매니저에 등록된 리스너에게 이벤트가 발생할 때 이벤트 매니저에 의해 불리게 된다. OnEvent는 단순한 함수의 원형일 뿐 내용을 구현하지 않았다는 점을 주목하자.

 C# 인터페이스에 대한 자세한 내용은 다음 웹사이트를 참고한다.
https://msdn.microsoft.com/ko-kr/library/ms173156.aspx

IListener 인터페이스를 사용함으로써 클래스 상속을 사용하는 모든 오브젝트를 리스너로 만들 수 있는 능력을 가지게 되었다. 즉, 어떤 오브젝트든 스스로를 리스너로 선언하면 이벤트를 수신하는 것이 가능해진다. 예를 들어, 새로운 MonoBehaviour 컴포넌트를 다음 예제 코드처럼 리스너로 변경할 수 있게 된다. 이 코드는 이전 장에서 봤던 다중 상속을 이용해 두 개의 클래스를 상속한다.

 다중 상속에 대한 자세한 내용은 다음 웹사이트를 참고한다.
http://www.dotnetfunda.com/articles/show/1185/multiple-inheritance-in-csharp

```
01 using UnityEngine;
02 using System.Collections;
03
04 public class MyCustomListener : MonoBehaviour, IListener
05 {
06     // 여기에서 초기화한다
07     void Start () {}
08     // Update는 매 프레임마다 한 번씩 호출된다
09     void Update () {}
10     //---------------------------------------------------------
11     // 이벤트 수신을 위해 OnEvent 함수를 구현한다
12     public void OnEvent(EVENT_TYPE Event_Type, Component Sender,
13         Object Param = null)
14     {
15     }
16     //---------------------------------------------------------
17 }
```

이벤트 매니저 만들기

앞에서 살펴봤듯이, 이제 어떤 오브젝트라도 리스너로 만들 수 있게 되었다. 하지만 여전히 리스너 스스로 어느 종류의 매니저 오브젝트에 등록해야 하는 점은 동일하다. 그리하여 이벤트가 실제로 발생했을 때 리스너들에게 이벤트

를 호출하는 것은 이벤트 매니저의 의무다. 이제 이벤트 매니저로 넘어가서 자세한 구현 내용을 살펴보자. 다음 예제 코드 4-2에서 이벤트 매니저의 이름은 EventManager다. 이 클래스는 지속되는 싱글턴 오브젝트로, 씬 안의 빈 게임오브젝트에 붙이고 나면 정적 인스턴스 속성을 통해 모든 오브젝트에서 직접 접근할 수 있게 된다. 이 클래스에 대한 자세한 설명 및 사용법은 이어지는 주석을 통해 살펴보자.

```
001 using UnityEngine;
002 using System.Collections;
003 using System.Collections.Generic;
004 //------------------------------------------------------------
005 // 리스너들에게 이벤트를 보내기 위한 이벤트 매니저 싱글턴
006 // IListener 구현과 함께 작동한다
007 public class EventManager : MonoBehaviour
008 {
009     #region C# 프로퍼티
010     //------------------------------------------------------------
011     // 인스턴스에 접근하기 위한 public 프로퍼티
012     public static EventManager Instance
013     {
014         get{return instance;}
015         set{}
016     }
017     #endregion
018
019     #region 변수들
020     // 이벤트 매니저 인스턴스에 대한 내부 참조 (싱글턴 디자인 패턴)
021     private static EventManager instance = null;
022
023     // 리스너 오브젝트의 배열 (모든 오브젝트가 이벤트 수신을 위해 등록되어 있다)
024     private Dictionary<EVENT_TYPE, List<IListener>> Listeners =
025         new Dictionary<EVENT_TYPE, List<IListener>>();
026     #endregion
027     //------------------------------------------------------------
028     #region 메소드
029     // 시작 시에 초기화를 위해 호출된다
```

```
030    void Awake()
031    {
032        // 인스턴스가 없는 경우 현재 인스턴스를 할당한다
033        if(instance == null)
034        {
035            instance = this;
036            DontDestroyOnLoad(gameObject); // 씬에서 빠져나갈 때 파괴되는 것을 방지한다
037        }
038        else // 인스턴스가 이미 있다면 현재 인스턴스를 파괴한다. 싱글턴 오브젝트가 되어야 한다
039            DestroyImmediate(this);
040    }
041    //------------------------------------------------------------
042    /// <summary>
043    /// 리스너 배열에 지정된 리스너 오브젝트를 추가하기 위한 함수
044    /// </summary>
045    /// <param name="Event_Type">수신할 이벤트</param>
046    /// <param name="Listener">이벤트를 수신할 오브젝트</param>
047    public void AddListener(EVENT_TYPE Event_Type, IListener Listener)
048    {
049        // 이 이벤트를 수신할 리스너의 리스트
050        List<IListener> ListenList = null;
051
052        // 이벤트 형식 키가 존재하는지 검사한다. 존재하면 이것을 리스트에 추가한다
053        if(Listeners.TryGetValue(Event_Type, out ListenList))
054        {
055            // 리스트가 존재하면 새 항목을 추가한다
056            ListenList.Add(Listener);
057            return;
058        }
059
060        // 아니면 새로운 리스트를 생성한다
061        ListenList = new List<IListener>();
062        ListenList.Add(Listener);
063        Listeners.Add(Event_Type, ListenList); // 내부의 리스너 리스트에 추가한다
064    }
065    //------------------------------------------------------------
066    /// <summary>
```

```
067      /// 이벤트를 리스너에게 전달하기 위한 함수
068      /// </summary>
069      /// <param name="Event_Type">불려질 이벤트</param>
070      /// <param name="Sender">이벤트를 부르는 오브젝트</param>
071      /// <param name="Param">선택 가능한 파라미터</param>
072      public void PostNotification(
073         EVENT_TYPE Event_Type, Component Sender,object Param = null)
074      {
075          // 모든 리스너에게 이벤트에 대해 알린다
076
077          // 이 이벤트를 수신하는 리스너들의 리스트
078          List<IListener> ListenList = null;
079
080          // 이벤트 항목이 없으면, 알릴 리스너가 없으므로 끝낸다
081          if(!Listeners.TryGetValue(Event_Type, out ListenList))
082              return;
083
084          // 항목이 존재한다. 이제 적합한 리스너에게 알려준다
085          for(int i=0; i<ListenList.Count; i++)
086          {
087              // 오브젝트가 null이 아니면 인터페이스를 통해 메시지를 보낸다
088              if(!ListenList[i].Equals(null))
089                  ListenList[i].OnEvent(Event_Type, Sender, Param);
090          }
091      }
092      //---------------------------------------------------------
093      // 이벤트 종류와 리스너 항목을 딕셔너리에서 제거한다
094      public void RemoveEvent(EVENT_TYPE Event_Type)
095      {
096          // 딕셔너리의 항목을 제거한다
097          Listeners.Remove(Event_Type);
098      }
099      //---------------------------------------------------------
100      // 딕셔너리에서 쓸모없는 항목들을 제거한다
101      public void RemoveRedundancies()
102      {
103          // 새 딕셔너리 생성
```

```
104    Dictionary<EVENT_TYPE, List<IListener>> TmpListeners =
105        new Dictionary<EVENT_TYPE, List<IListener>>();
106
107    // 모든 딕셔너리 항목을 순회한다
108    foreach(KeyValuePair<EVENT_TYPE, List<IListener>> Item in Listeners)
109    {
110        // 리스트의 모든 리스너 오브젝트를 순회하며 null 오브젝트를 제거한다
111        for(int i = Item.Value.Count-1; i>=0; i--)
112        {
113            // null이면 항목을 지운다
114            if(Item.Value[i].Equals(null))
115                Item.Value.RemoveAt(i);
116        }
117
118        // 알림을 받기 위한 항목들만 리스트에 남으면 이 항목들을 임시 딕셔너리에 담는다
119        if(Item.Value.Count > 0)
120            TmpListeners.Add (Item.Key, Item.Value);
121    }
122
123    // 새로 최적화된 딕셔너리로 교체한다
124    Listeners = TmpListeners;
125    }
126    //-----------------------------------------------------------
127    // 씬이 변경될 때 호출된다. 딕셔너리를 청소한다
128    void OnLevelWasLoaded()
129    {
130        RemoveRedundancies();
131    }
132    //-----------------------------------------------------------
133    #endregion
134 }
```

 OnLevelWasLoaded 이벤트에 대한 자세한 내용은 다음 웹사이트를 참고한다.
http://docs.unity3d.com/ScriptReference/MonoBehaviour.
OnLevelWasLoaded.html

다음은 예제 코드 4-2에 대한 설명이다.

- 3번 줄: `Dictionary` 클래스를 포함해서 추가적인 모노 클래스 접근이 가능한 `System.Collections.Generic` 네임스페이스를 추가한 점에 주목하자. 이 클래스는 `EventManager` 클래스의 처음부터 끝까지 사용된다. 모노와 모노의 클래스에 대한 자세한 설명은 6장에서 다루게 된다. 간단히 설명하면, `Dictionary` 클래스는 특별한 형식의 2D 배열로서 한 쌍의 키와 값을 기반으로 하는 값들의 데이터베이스를 저장할 수 있도록 한다. `Dictionary` 클래스에 대한 자세한 내용은 웹사이트 http://msdn.microsoft.com/ko-kr/library/xfhwa508(v=vs.110).aspx를 참고한다.

- 7번 줄: `MonoBehaviour`에서 파생한 `EventManager` 클래스를 씬의 빈 게임오브젝트에 붙여 지속되는 싱글턴 오브젝트가 되어야 한다.

- 24번 줄: `Dictionary` 클래스를 이용해 private 멤버 변수인 `Listeners`가 선언되었다. 키-값의 쌍들을 가지는 해시 테이블^{hash-table} 구조를 이용해 데이터베이스처럼 검색하는 것이 가능하다. `EventManager` 클래스의 키-값 쌍은 `EVENT_TYPE`과 `List<Component>` 같은 형식을 가진다. 즉 이벤트 형식의 리스트를 저장해(`HEALTH_CHANGE`와 같이), 이벤트가 발생할 때 이벤트를 기다리고 있는 하나 이상의 컴포넌트에 알려줘야 한다. `EventManager`는 누가 어떤 이벤트를 기다리고 있는지 계속 확인하는데, 여기서 이벤트를 기다리는 대상을 알려주는 `Listeners` 멤버가 가장 주요한 데이터 구조라 할 수 있다. 모노 프레임워크와 공통 클래스에 대한 자세한 내용은 6장에서 다룰 예정이다.

- 30-40번 줄: `Awake` 함수는 싱글턴 기능성을 책임지는 함수로서 `EventManager` 클래스를 싱글턴 오브젝트로 만들어 씬 간에 유지되도록 한다. 싱글턴에 대한 자세한 내용은 3장을 참고하자.

- 47-64번 줄: `EventManager`의 `AddListener` 메소드는 수신해야 할 이벤트마다 한 번씩 리스너 오브젝트가 불러야 하는 메소드다. 이 메소드는 두 개의 파라미터를 가지고 있는데, 이벤트가 발생했을 때 수신할 이벤트(`Event_Type`)와 리스너 오브젝트 자신에 대한 참조(`IListener`에서 파생됨)다. `AddListener` 함

수는 Listener 딕셔너리에 접근하고 새로운 키-값 쌍으로 이벤트와 리스너 사이의 연결을 저장하는 기능을 한다.

- 72-91번 줄: 이벤트가 감지되면 리스너든 아니든 모든 오브젝트에서 PostNotification 함수를 호출할 수 있다. 호출된 후, EventManager는 딕셔너리의 일치하는 항목들을 순회하며 현재 이벤트에 연결된 모든 리스너를 찾고 IListener 인터페이스의 OnEvent 메소드를 부름으로써 현재 이벤트를 알려주게 된다.

- 101-131번 줄: EventManager의 나머지 메소드들은 씬 변경이 일어날 때 Listeners 구조의 데이터 무결성을 유지하고 EventManager 클래스가 지속되게 만드는 역할을 한다. EventManager 클래스가 씬이 바뀌는 동안 지속된다고 해도 Listener 변수 안의 오브젝트들은 그렇지 않을 수 있다. 씬이 변경되면 이 오브젝트들은 파괴될 것이다. 그렇게 되면 씬 변경으로 인해 어떤 리스너들은 무효가 되어 EventManager에 무효인 항목이 남겨지게 된다. OnLevelWasLoaded 이벤트는 씬 변경이 일어날 때 유니티를 통해 자동으로 불리게 된다.

 딕셔너리

딕셔너리의 장점으로 동적 배열에 버금가는 (상대적으로) 빠른 접근 속도와 오브젝트 형식이나 첨자(subscript) 연산자를 이용할 수 있다는 점을 꼽을 수 있다. 일반적인 배열의 경우 MyArray(0), MyArray(1)처럼, 모든 항목에 숫자 및 정수 인덱스로 접근할 수 있다. 하지만 딕셔너리의 경우는 다르다. 구체적으로 예를 들면, 키-값 쌍의 키 부분을 나타내는 EVENT_TYPE 오브젝트를 이용해서 MyArray(EVENT_TYPE. HEALTH_CHANGE)와 같은 식으로 접근할 수 있다.

딕셔너리에 대한 자세한 내용은 다음 웹사이트를 참고한다.

http://msdn.microsoft.com/ko-kr/library/xfhwa508(v=vs.110).aspx

모노디벨롭에서 #region과 #endregion을 이용한 코드 접어두기

#region과 #endregion 두 전처리기를 이용하면(함께 사용해 코드 접어두기 기능을 이용하면) 코드의 가독성을 향상시키는 데 큰 도움이 되고 소스 파일을 찾는 시간을 단축시켜준다. 이 전처리기는 소스 코드의 유효성이나 실행 결과에 영향을 주지 않으면서 코드를 조직화, 구조화시킨다. #region을 코드 블록의 맨 처음에, #endregion을 끝에 표시해 사용한다. 전처리기를 이용해 영역을 표시하고 나면 코드 접어두기 기능이 활성화되어 있을 때 모노디벨롭 코드 에디터에서 코드를 접을 수 있게 된다. 코드 접어두기 기능을 이용하면 화면에서 코드를 숨겨둘 수 있는데, 다음 그림처럼 필요에 따라 접지 않은 다른 영역의 코드에 집중할 수 있게 해준다.

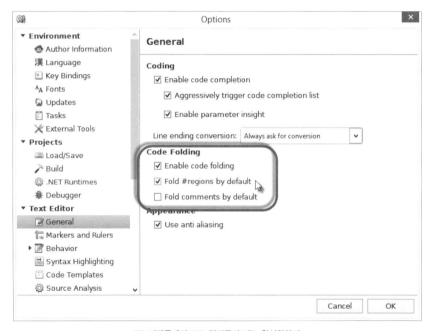

모노디벨롭에서 코드 접어두기 기능 활성화하기

모노디벨롭에서 코드 접어두기 기능을 활성화하려면, 애플리케이션 메뉴에서 Tool ▶ Option을 선택한다. 그러면 Option 창이 뜬다. 이 창에서 Text Editor 옵션의 General 탭을 선택하고 Enable code folding과 Fold #region by default를 클릭해 선택하면 된다.

이벤트 매니저 활용

이번엔 씬 하나에 리스너와 포스터가 있는 실제 환경에서 동작할 EventManager 클래스를 어떻게 넣을 수 있을지 살펴보자. 먼저, 이벤트(어떤 이벤트든 무관)를 수신하기 위해 리스너는 EventManager 싱글턴 인스턴스에 등록되어야 한다. 보통 이런 과정은 Start 함수와 같이 최초 시점에 한 번 이루어진다. Awake 함수는 사용하지 말자. 이 함수는 현재 오브젝트뿐만 아니라 다른 오브젝트를 설정할 때도 동작하는 Start 함수와는 달리, 오브젝트의 내부 초기화 과정 중 예약된 함수다. 다음 예제 코드는 유효한 EventManager 싱글턴의 참조를 얻기 위해 정적 프로퍼티인 Instance를 사용하고 있다.

```
// 시작 시점에 호출된다
void Start()
{
    // 체력 변동 이벤트를 수신하기 위해 스스로를 리스너로 등록한다
    EventManager.Instance.AddListener(EVENT_TYPE.HEALTH_CHANGE, this);
}
```

하나 이상의 리스너를 등록하고 나면 다음 예제 코드와 같이 오브젝트가 발생한 이벤트를 EventManager에 알릴 수 있게 된다.

```
public int Health
{
    get{ return _health; }
    set
    {
        // 체력 값을 0-100 사이에 맞춘다
```

```
      _health = Mathf.Clamp(value, 0, 100);

      // 알림을 보낸다 - 체력 값이 변경되었음
      EventManager.Instance.PostNotification(
          EVENTTYPE.HEALTH_CHANGE, this, _health);
   }
}
```

마지막으로, 이벤트에 대한 알림을 보내고 나면 연관된 모든 리스너가 EventManager를 통해 업데이트된다. 구체적으로 EventManager는 각 리스너의 OnEvent 함수를 호출해 다음 예제와 같이 필요에 따라 이벤트 데이터를 분석하고 응답할 기회를 리스너에게 제공한다.

```
// 이벤트가 발생할 때 호출된다
public void OnEvent(EVENT_TYPE Event_Type, Component Sender,
   object Param = null)
{
   // 이벤트 종류를 알아낸다
   switch(Event_Type)
   {
      case EVENT_TYPE.HEALTH_CHANGE:
          OnHealthChange(Sender, (int)Param);
      Break;
   }
}
```

 작동하는 EventManager 예제가 필요하다면, 4장의 예제 코드 중 4-1,2_events 폴더의 프로젝트를 참고하자.

델리게이트를 이용한 대안

인터페이스는 이벤트 처리 시스템을 구현하는 효율적이고 깔끔한 방법이지만이 방법만이 유일한 것은 아니다. C#의 델리게이트^{delegate}라는 기능을 이용할 수도 있다. 기본적으로, 함수를 생성해 이 함수의 참조를 변수 안에 저장하는 것이 가능하다. 이 변수를 통해 참조 형식의 변수로서 함수를 취급하는 것이 가능해진다. 즉, 델리게이트를 이용하면 함수의 참조를 저장했다가 나중에 이 변수를 이용해 함수를 부를 수 있게 된다. C++와 같은 다른 언어의 경우엔 함수 포인터를 통해 비슷한 동작을 구현할 수 있다. 델리게이트를 이용한 이벤트 시스템을 구현함으로써 인터페이스가 필요하지 않게 된다. 델리게이트를 이용한 대안 EventManager를 구현하는 예제 코드 4-3을 살펴보자. 인터페이스를 이용해서 구현했던 예제와 비교해 달라진 코드를 굵은 글씨체로 강조했다. 다음과 같이 델리게이트 형식에 맞추기 위해 약간 변경한 부분을 제외한 다른 모든 함수는 변경되지 않았다.

```
001 using UnityEngine;
002 using System.Collections;
003 using System.Collections.Generic;
004 //------------------------------------------------------------
005 // 가능한 게임 이벤트를 모두 열거한다
006 // 더 많은 이벤트가 리스트에 추가된다
007 public enum EVENT_TYPE {GAME_INIT,
008                         GAME_END,
009                         AMMO_CHANGE,
010                         HEALTH_CHANGE,
011                         DEAD};
012 //------------------------------------------------------------
013 // 리스너들에게 이벤트를 보내기 위한 이벤트 매니저 싱글턴
014 // IListener 구현과 함께 작동한다
015 public class EventManager : MonoBehaviour
016 {
017    #region C# 프로퍼티
018    //------------------------------------------------------------
019    // 인스턴스에 접근하기 위한 public 프로퍼티
020    public static EventManager Instance
021    {
022       get{return instance;}
023       set{}
```

```
024        }
025    #endregion
026
027    #region 변수들
028    // 이벤트 매니저 인스턴스에 대한 내부 참조 (싱글턴 디자인 패턴)
029    private static EventManager instance = null;
030
031    // 이벤트를 위한 델리게이트 형식을 선언한다
032    public delegate void OnEvent(EVENT_TYPE Event_Type,
033        Component Sender, object Param = null);
034
035    // 리스너 오브젝트의 배열 (모든 오브젝트가 이벤트 수신을 위해 등록되어 있다)
036    private Dictionary<EVENT_TYPE, List<OnEvent>> Listeners
037        = new Dictionary<EVENT_TYPE, List<OnEvent>>();
038    #endregion
039    //------------------------------------------------------------
040    #region methods
041    // 시작 시에 초기화를 위해 호출된다
042    void Awake()
043    {
044        // 인스턴스가 없는 경우 현재 인스턴스를 할당한다
045        if(instance == null)
046        {
047            instance = this;
048
049        }
050        else // 인스턴스가 이미 있다면 현재 인스턴스를 파괴한다. 싱글턴 오브젝트가 되어야 한다
051            DestroyImmediate(this);
052    }
053    //------------------------------------------------------------
054    /// <summary>
055    /// 리스너 배열에 지정된 리스너 오브젝트를 추가하기 위한 함수
056    /// </summary>
057    /// <param name="Event_Type">수신할 이벤트</param>
058    /// <param name="Listener">이벤트를 수신할 오브젝트</param>
059    public void AddListener(EVENT_TYPE Event_Type, OnEvent Listener)
060    {
```

```
061        // 이 이벤트를 수신할 리스너의 리스트
062        List<OnEvent> ListenList = null;
063
064        // 이벤트 형식 키가 존재하는지 검사한다. 존재하면 이것을 리스트에 추가한다
065        if(Listeners.TryGetValue(Event_Type, out ListenList))
066        {
067            // 리스트가 존재하면 새 항목을 추가한다
068            ListenList.Add(Listener);
069            return;
070        }
071
072        // 아니면 새로운 리스트를 생성한다
073        ListenList = new List<OnEvent>();
074        ListenList.Add(Listener);
075        Listeners.Add(Event_Type, ListenList);  // 내부의 리스너 리스트에 추가한다
076    }
077    //-----------------------------------------------------------
078    /// <summary>
079    /// 이벤트를 리스너에게 전달하기 위한 함수
080    /// </summary>
081    /// <param name="Event_Type">불려질 이벤트</param>
082    /// <param name="Sender">이벤트를 부르는 오브젝트</param>
083    /// <param name="Param">선택 가능한 파라미터</param>
084    public void PostNotification(EVENT_TYPE Event_Type, Component Sender,
085        object Param = null)
086    {
087        // 모든 리스너에게 이벤트에 대해 알린다
088
089        // 이 이벤트를 수신하는 리스너들의 리스트
090        List<OnEvent> ListenList = null;
091
092        // 이벤트 항목이 없으면, 알릴 리스너가 없으므로 끝낸다
093        if(!Listeners.TryGetValue(Event_Type, out ListenList))
094            return;
095
096        // 항목이 존재한다. 이제 적합한 리스너에게 알려준다
097        for(int i=0; i<ListenList.Count; i++)
```

```
098        {
099            // 오브젝트가 null이 아니면 인터페이스를 통해 메시지를 보낸다
100            if(!ListenList[i].Equals(null))
101                ListenList[i](Event_Type, Sender, Param);
102        }
103    }
104    //------------------------------------------------------------
105    // 이벤트 종류와 리스너 항목을 딕셔너리에서 제거한다
106    public void RemoveEvent(EVENT_TYPE Event_Type)
107    {
108        // 딕셔너리의 항목을 제거한다
109        Listeners.Remove(Event_Type);
110    }
111    //------------------------------------------------------------
112    // 딕셔너리에서 쓸모없는 항목들을 제거한다
113    public void RemoveRedundancies()
114    {
115        // 새 딕셔너리 생성
116        Dictionary<EVENT_TYPE, List<OnEvent>> TmpListeners
117            = new Dictionary<EVENT_TYPE, List<OnEvent>>();
118
119        // 모든 딕셔너리 항목을 순회한다
120        foreach(KeyValuePair<EVENT_TYPE, List<OnEvent>> Item in Listeners)
121        {
122            // 리스트의 모든 리스너 오브젝트를 순회하며 null 오브젝트를 제거한다
123            for(int i = Item.Value.Count-1; i>=0; i--)
124            {
125                // null이면 항목을 지운다
126                if(Item.Value[i].Equals(null))
127                    Item.Value.RemoveAt(i);
128            }
129
130            // 알림을 받기 위한 항목들만 리스트에 남으면 이 항목들을 임시 딕셔너리에 담는다
131            if(Item.Value.Count > 0)
132                TmpListeners.Add (Item.Key, Item.Value);
133        }
134
```

```
135        // 새로 최적화된 딕셔너리로 교체한다
136        Listeners = TmpListeners;
137    }
138    //------------------------------------------------------------
139    // 씬이 변경될 때 호출된다. 딕셔너리를 청소한다
140    void OnLevelWasLoaded()
141    {
142        RemoveRedundancies();
143    }
144    //------------------------------------------------------------
145    #endregion
146 }
```

 C# 델리게이트에 대한 자세한 정보는 다음 웹사이트를 참고한다.

http://msdn.microsoft.com/ko-kr/library/aa288459(v=vs.71).aspx

다음은 예제 코드 4-3에 대한 설명이다.

- 5-11번 줄: 여기를 보면, 이벤트 형식을 열거한 코드가 IListener 클래스에서 EventManager 파일로 옮겨왔다. 델리게이트 구현에는 인터페이스가 필요 없는 관계로 IListener의 열거형을 매니저 소스 파일로 옮길 수 있다.

- 32번 줄: public 멤버인 OnEvent가 델리게이트 형식으로서 선언되었다. 이 선언은 함수의 원형과 변수의 선언을 합친 형태라는 것에 주목하자. 델리게이트 변수에 할당할 수 있는 함수 프로토타입을 선언하는 것인데, 이런 구조를 가진 함수라면 어떤 클래스나 어떤 스크립트 파일의 함수라도 할당할 수 있다. 이와 같이 OnEvent 함수는 델리게이트 형식이 되어, 내부 딕셔너리를 생성하는 이후 코드에서 사용된다.

- 36번 줄: private 딕셔너리 리스너를 선언했고, 각 이벤트 형식을 위한 델리게이트를 담는 배열(인터페이스를 대신함)이 여기에 저장된다. 각 델리게이트는 이벤트가 발생할 때 불려져야 하는 함수를 참조한다.

- 101번 줄: 이벤트가 발생할 때 모든 델리게이트(리스너 함수)를 부르기 위해

EventManager에서 PostNotification 함수가 결정적으로 호출된다. 101번 줄의 ListenList[i](Event_Type, Sender, Param);에서 이런 동작이 일어난다. 다음 그림처럼 델리게이트를 마치 함수처럼 부르게 된다.

```
File  Edit  View  Search  Project  Build  Run  Version Control  Tools  Window  Help

  ▶   Debug              ▼   Default          ▼        ⊘ Solution loaded.

  ◀      EventManager.cs          ×      EnemyObject.cs                         ×
  ⚙ EnemyObject ▸ 🔧 Ammo ▸ 🔧 set
    1 ⊟ using UnityEngine;
    2 └ using System.Collections;
    3
    4 ⊟ public class EnemyObject : MonoBehaviour
    5 ⊟ {
    6 ⊟   //--------------------------------------------
    7 │     //C# accessors for private variables
    8 ⊟     public int Health
    9       {
   10           get{return _health;}
   11           set
   12           {
   13               //Clamp health between 0-100
   14               _health = Mathf.Clamp(value, 0, 100);
   15
   16               //Post notification - health has been changed
   17               EventManager.Instance.PostNotification(EVENT_TYPE.HEALTH_CHANGE, this, _health);
   18           }
   19       }
   20       //--------------------------------------------
   21 ⊟     public int Ammo
   22       {
   23           get{return _ammo;}
   24           set
   25           {
   26               //Clamp ammo between 0-50
   27               _ammo = Mathf.Clamp(value,0,50);
   28
   29               //Post notification - ammo has been changed
   30               EventManager.Instance.PostNotification(EVENT_TYPE.AMMO_CHANGE, this, _health);
   31           }
   32       }
```

EventManger 프로젝트 살펴보기

위 스크린샷은 EventManager 프로젝트의 모습이다.

 4장의 예제 코드 중 4-3_events_delegatesversion 폴더의 프로젝트를 열면 델리게이트 구현을 통해 만든 EventManager가 실제로 동작하는 모습을 볼 수 있다.

MonoBehaviour 이벤트

이번 장을 마무리 지을 수 있도록, 유니티가 이벤트 주도적 프로그래밍을 위해 제공하는 몇몇 이벤트들을 살펴보자. MonoBehaviour 클래스는 특정한 조건에서 자동으로 호출되는 광범위한 이벤트들을 노출하고 있다. 이 함수 혹은 이벤트들은 OnGUI, OnMouseEnter, OnMouseDown, OnParticleCollision 등과 같이 On 접두사로 시작하는 이름을 가지고 있다. 이번 절에서는 일반적인 이벤트 형식에 대해 몇 가지 자세한 내용을 다루어본다.

 MonoBehaviour의 전체 이벤트 목록은 다음 유니티 문서를 참고한다.
http://docs.unity3d.com/kr/ScriptReference/MonoBehaviour.html

마우스와 탭 이벤트

유용한 이벤트 모음 중 하나로 마우스 입력과 터치 입력 이벤트 모음이 있다. 이 이벤트에는 OnMouseDown, OnMouseEnter, OnMouseExit가 포함된다. 유니티 이전 버전에서는 이 이벤트들이 마우스에 한정된 이벤트로서만 발생하고 터치 이벤트에는 대응하지 못했다. 하지만 근래의 버전에서는 터치 입력이 이 이벤트에 대응되어, 탭 입력이 기본적으로 마우스 이벤트로 등록된다. 구체적으로 이야기해서, 마우스 커서가 오브젝트 위에 있을 때 마우스 버튼을 누르면 OnMouseDown이 호출된다. 하지만 이 이벤트는 마우스 버튼을 떼기 전까지 반복해서 호출되지는 않는다. 마찬가지로 OnMouseEnter는 커서가 오브젝트 위로 처음 올라갔을 때 호출되며, OnMouseExit는 이전에 마우스가 올라간 오브젝트의 바깥으로 처음 커서를 위치시켰을 때 호출된다. 이 이벤트들의 성공 여부는 마우스 이벤트가 검출될 충돌체 컴포넌트가 오브젝트의 크기와 유사한 크기로 설정되었는지 여부에 달려 있다. 오브젝트에 충돌체가 붙어있지 않다면 마우스 이벤트가 발생하지 않는다는 이야기이기도 하다.

하지만 충돌체가 붙어있지만 마우스 이벤트가 발생하지 않을 때가 있는데, 활성화된 카메라의 현재 시점에서 클릭을 받길 원하는 오브젝트를 다른 오브젝트(충돌체를 가지고 있는)가 가리고 있는 경우다. 즉, 클릭을 받을 오브젝트가 배경이 되어버리는 경우다. 이 문제를 해결하려면 앞쪽에 위치한 오브젝트들에게 IgnoreRaycast 레이어를 할당해 레이캐스트raycast 물리 연산을 무시하도록 하면 된다.

오브젝트에 IgnoreRaycast 레이어를 할당하려면, 씬에서 오브젝트를 선택하고
오브젝트 인스펙터의 **Layer** 드롭다운 메뉴를 클릭해 다음 그림처럼 **Ignore Raycast**
레이어를 할당하면 된다.

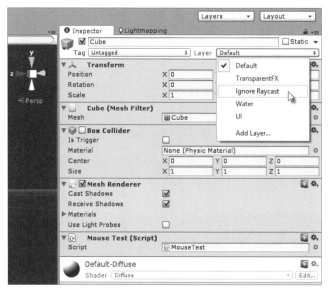

오브젝트에 Ignore Raycast 레이어 할당하기

하지만 때때로 이 방법 또한 적합하지 않을 수 있다. 때때로, 다중 카메라와 충돌
체를 가진 많은 오브젝트들이 필요해지면 마우스 입력 이벤트에 따라 선택하거
나 조절할 오브젝트가 불분명해진다. 이런 경우엔 직접 마우스 입력 이벤트를 처
리해야 한다. 다음의 예제 코드 4-4는 마우스 입력에 근거해서 특정 마우스 이
벤트를 부르는 동작을 수행한다. 기본적으로 이 코드는 감지된 입력 이벤트를
MonoBehaviour 마우스 이벤트로 다시 전달하기 위해 레이캐스트 시스템을 이용
한다. 이 코드는 코루틴coroutine 또한 사용하는데, 예제 코드를 먼저 살펴본 이후에
설명한다.

```
01 using UnityEngine;
02 using System.Collections;
03 //--------------------
04 public class ManualMouse : MonoBehaviour
```

```
05  {
06      //---------------------
07      // 이 오브젝트에 붙어있는 충돌체를 얻는다
08      private Collider Col = null;
09      //---------------------
10      // Awake 함수 – 시작 시점에 호출된다
11      void Awake()
12      {
13          // 충돌체 얻어오기
14          Col = GetComponent<Collider>();
15      }
16      //----------------------
17      // 코루틴을 시작시킨다
18      void Start()
19      {
20          StartCoroutine(UpdateMouse());
21      }
22      //---------------------
23      public IEnumerator UpdateMouse()
24      {
25          // 교차가 발생했는가
26          bool bIntersected = false;
27
28          // 버튼이 눌려졌는가
29          bool bButtonDown = false;
30
31          // 무한 루프
32          while(true)
33          {
34              // 마우스 화면 좌표를 X와 Y 값으로 얻는다
35              // 복수의 카메라를 사용하는 경우라면 다른 카메라를 사용해야 할 수도 있다
36              Ray ray = Camera.main.ScreenPointToRay(Input.mousePosition);
37              RaycastHit hit;
38
39              // 이 충돌체로의 충돌을 검사하는 선을 조사한다(레이캐스트)
40              if (Col.Raycast(ray, out hit, Mathf.Infinity))
41              {
```

```
42          // 교차가 발생함 – 이전 루프에서 교차하지 않았으면 마우스 진입 메시지를 보낸다
43          if(!bIntersected)
44            SendMessage(
45              "OnMouseEnter",
46              SendMessageOptions.DontRequireReceiver
47            );
48
49          bIntersected = true;
50
51          // 마우스 이벤트를 검사한다
52          if(!bButtonDown && Input.GetMouseButton(0))
53          {
54            bButtonDown = true;
55            SendMessage(
56              "OnMouseDown",
57              SendMessageOptions.DontRequireReceiver
58            );
59          }
60          if(bButtonDown && !Input.GetMouseButton(0))
61          {
62            bButtonDown = false;
63            SendMessage(
64              "OnMouseUp",
65              SendMessageOptions.DontRequireReceiver
66            );
67          }
68        }
69        else
70        {
71          // 이전 루프에서 교차한 경우 마우스 진출 메시지를 보낸다
72          if(bIntersected)
73            SendMessage(
74              "OnMouseExit",
75              SendMessageOptions.DontRequireReceiver
76            );
77
78          bIntersected = false;
```

```
79              bButtonDown = false;
80          }
81
82          // 다음 프레임까지 대기한다
83          yield return null;
84      }
85  }
86  //--------------------
87 }
88 //--------------------
```

 코루틴

코루틴은 특별한 종류의 함수다. 코루틴은 메인 게임 루프에서 병렬이나 비동기로 실행되는 것처럼 보이는 측면을 고려할 때 스레드(thread)처럼 동작한다고 할 수 있다. 즉, 코루틴을 실행시키면 백그라운드에서 실행되는 것처럼 보인다. 코루틴을 실행하면 일반적인 함수처럼 이전 동작이 멈추거나 코루틴 함수가 완료될 때까지 기다리고 있지 않는다. 이런 특징으로 인해 코루틴은 비동기처럼 보이는 동작을 만들 때 훌륭한 도구다. 모든 코루틴은 IEnumerator 형식을 반환해야 하는데, 최소한 하나의 yield문을 포함하고 있어야 하고 StartCoroutine으로 실행되어야 한다. yield문은 조건이 충족될 때까지 코루틴의 실행을 미루는 특별한 구문이다. yield return new WaitForSeconds(x)와 같은 식으로 x초만큼 실행을 멈추었다가 시간이 지나면 다음 줄의 실행을 계속하도록 할 수 있다. 반대로, yield return null과 같은 식으로 구현하면 현재 프레임에서 실행을 멈추었다가 다음 프레임에서 이후의 코드를 실행하도록 한다. 코루틴과 코루틴의 사용법에 대한 자세한 내용은 다음의 유니티 문서를 참고한다.

http://docs.unity3d.com/kr/Manual/Coroutines.html

애플리케이션 포커스 상태에 따른 멈추기

MonoBehaviour의 세 가지 추가적인 이벤트는 헷갈리는 동작을 하는 것으로 유명하다. OnApplicationPause, OnApplicationFocus, OnApplicationQuit이 바로 그것이다.

OnApplicationQuit은 게임이 종료되기 전, 씬과 씬의 내용물이 실질적으로 파괴되기 전 시점에 모든 오브젝트들에게 보내진다. 게임을 에디터에서 테스트하고 있었다면, 실행이 멈춰졌을 때 OnApplicationQuit이 호출된다. 하지만 중요한 내용으로, iOS 기기에서는 OnApplicationQuit이 호출되지 않는다는 점을 알아야 한다. iOS에서는 보통 애플리케이션을 종료하거나 끄는 대신에 사용자가 다른 일을 하는 동안 중단시켰다가 다시 돌아왔을 때 계속 실행하는 식으로 동작하기 때문이다. 실행이 중단되었을 때 OnApplicationQuit 이벤트를 받길 원한다면 Player Settings 창의 관련 옵션을 활성화시켜야 한다. 애플리케이션 메뉴의 Edit ▸ Project Settings ▸ Player를 선택하고, 다음 그림처럼 오브젝트 인스펙터에서 iOS 빌드 메뉴 하단의 Other Settings 탭을 확장하면 보이는 Exit on Suspend 체크박스를 활성화한다.

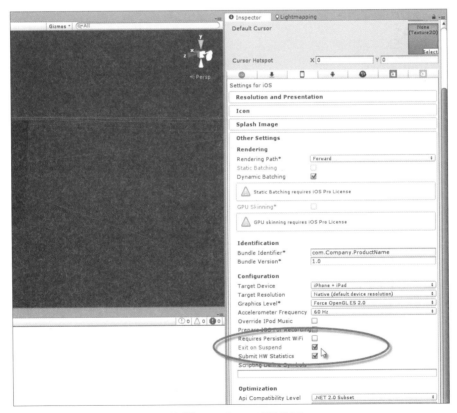

iOS를 위한 Exit on Suspend 옵션 활성화

OnApplicationFocus는 데스크톱 컴퓨터에서 멀티태스킹을 하던 중에 게임 창이 비활성화되었을 때처럼, 게임이 포커스를 잃었을 때 씬의 모든 오브젝트에게 보내지는 이벤트다. 이 이벤트는 멀티플레이어 게임의 공유된 월드상에서 동작이나 이벤트가 계속 일어날 때, 플레이어가 적극적으로 참여하지 않는 상황이더라도 중요한 게임 내 이벤트로서 작용할 수 있다. 이런 경우, 특정 동작을 정지/재개하거나 게임 음악을 페이드 인/페이드 아웃해야 할 수 있다.

OnApplicationPause는 유니티에서 중지의 개념을 명확히 정의하지 않는 관계로 모호한 이벤트다. 내가 생각하기엔 두 종류의 중지 개념이 있는데, 바로 절대적 중지와 상대적 중지다. 절대적 중지의 경우에는 게임의 모든 활동과 이벤트가 완전히 중단된다. 이때, 시간이 흐르지 않고 아무것도 진행되지 않는다. 상대적 중지의 경우에는 반대로 가장 일반적인 개념이다. 게임이 스스로 중지 상태에 있다는 것을 알 수 있어서 게임 내 이벤트와 같은 이벤트는 멈추고 GUI 상호작용 및 유저 입력과 같은 이벤트는 멈추지 않을 수 있다. OnApplicationPause이벤트는 전자의 개념이고 후자의 경우엔 해당하지 않는다. 이 이벤트는 몇 가지 조건이 충족될 때 호출되는데 이 조건들은 다음 절에서 살펴보자.

먼저, OnApplicationPause는 다음 그림처럼 Player Settings 탭에서 Resolution 그룹 밑의 Run In Background 옵션이 활성화되지 않았을 때 데스크톱에서만 호출된다. 이 옵션을 비활성화하면 창의 포커스를 잃었을 때 데스크톱 게임이 자동으로 중지된다. OnApplicationPause는 OnApplicationFocus 이벤트에 따라온다는 의미다.

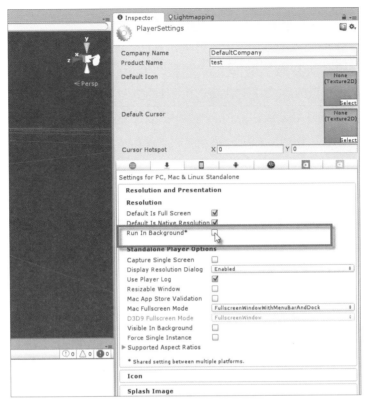

Run In Background 옵션 비활성화하기

iOS에선 애플리케이션이 최소화되거나 백그라운드로 밀려났을 때 OnApplicationPause가 호출된다.

 중지 기능을 만들 때 OnApplicationPause 이벤트에 의존하지 말자. Time. timeScale 변수나 어떤 요소를 중지할지 제어할 수 있는 좀 더 종합적인 시스템을 구현하는 것이 좋다.

요약

4장에서는 애플리케이션에 이벤트 매니저 클래스를 통한 이벤트 주도적 프레임워크를 충실히 적용함으로써 얻을 수 있는 다방면의 혜택들을 살펴보는 것에 초점을 맞췄다. 이런 매니저를 구현함으로써 인터페이스나 델리게이트에 의존하는 강력하고 확장 가능한 코드를 만들 수 있었다. 구체적으로, Update 함수에 기능을 점점 더 추가하는 것이 얼마나 쉬운지와 이렇게 하는 것이 얼마나 심각한 성능 문제를 가져올 수 있는지를 살펴봤다. 이벤트 주도적 프레임워크로 리팩토링하기 위해 기능 간 연결을 파악하는 것이 좋다. 이벤트 주도적 프레임워크에선 필요한 연결을 하나의 동작(이유)과 다른 동작(응답)으로 표현한다. 이벤트를 관리하기 위해 포스터와 리스너를 연결하는 통합 클래스(혹은 시스템)인 이벤트 매니저 클래스를 만들었다. 이벤트 매니저는 이벤트가 발생했을 때 포스터로부터 알림을 받으면, 이벤트를 수신하는 모든 리스너의 함수를 호출해 즉시 전파한다. 다음 장에서는 카메라와 렌더링에 대해 살펴본다.

5

카메라, 렌더링, 씬

5장에선 카메라, 렌더링, 씬에 관련된 여러 가지 할 수 있는 일들과 이것들의 흥미로운 조합에 대해 초점을 맞춰 살펴본다. 일반적으로 말하자면 카메라는 씬이 렌더링되는 시점이라고 할 수 있다. 카메라는 주어진 원근감과 시야로 만들어진 씬의 광경을 이루는 3D 공간 안의 한 점으로서, 픽셀 형태의 텍스처로 담기며 래스터화된다. 이런 과정을 거친 후, 이 텍스처는 다른 카메라들을 통한 이전의 렌더링 결과의 맨 위에 혼합 및 합성되어 화면상에 렌더링된다. 이와 같이 카메라, 렌더링, 씬은 밀접하게 연결된 처리 과정을 가진다. 5장에서는 카메라를 움직이고 하늘을 나는 애니메이션을 만드는 방법과 카메라가 곡선 경로를 따라 움직이게 하는 방법, 그리고 오브젝트가 특정 카메라에 보이는지 안 보이는지와 언제 보이게 되는지를 알아내는 방법에 대해 살펴본다. 그 밖에, 후처리 효과를 만들기 위해 카메라 렌더러를 직접 수정해 처리하는 방법과 2D 게임과 그래픽 유저 인터페이스GUI를 위해 픽셀 단위로 맞춘 텍스처를 그릴 수 있도록 직교 카메라를 설정하는 방법을 살펴본다. 자, 이제 시작해보자.

카메라 기즈모

Gizmo 표시가 활성화된 상태에서 Scene 탭 안의 카메라를 선택하면, 다음 그림처럼 씬에서의 카메라 위치, 시야 등의 속성을 통해 카메라에 보이는 모습 등을 명확히 보여주는 프러스텀frustum 기즈모gizmo가 표시된다.

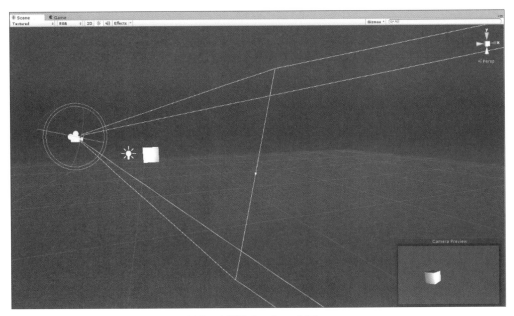

씬 뷰에서 카메라를 선택했을 때 보이는 프러스텀

기즈모를 이용해 선택된 카메라의 위치를 조정하면 씬에서 가장 좋은 모습을 얻을 수 있다. 하지만 이런 목적을 달성하려면 반대로 선택되지 않은 카메라의 시점 안에 있는 각각의 오브젝트들의 위치를 조정해야 할 때가 있다. 다시 말해, 카메라 프러스텀 안에 존재하는 각각의 오브젝트를 이동해서 카메라에 보이게 만들길 원할 것이다. 기본적으로 카메라를 선택하지 않은 상태에서는 프러스텀 기즈모를 보여주지 않기 때문에 일반적인 환경에서 이런 일을 한다는 건 지루한 일이 될 수 있다. 오브젝트를 움직인 후, 이 오브젝트가 카메라 프러스텀에 정말로 들어갔는지를 확인하기 위해 카메라를 반복적으로 선택하고 확인하면서 필요한 경우 위치를 조정하고 변경해야 된다는 말이다. 카메라가 선택되지 않은 경우에도 유니티가 프러스텀 기즈모를 계속 보여준다면 이 문제를 멋지게 해결할 수 있 겠지만, 내가 이 책을 쓰는 지금까진 아직 지원되지 않는 기능이다. 다음 예제 코 드 5-1과 같은 스크립트를 작성해서 이 문제를 피해갈 수 있다.

```
01 using UnityEngine;
02 using System.Collections;
03 //---------------------------------------------------------
04 [ExecuteInEditMode]
05 [RequireComponent(typeof(Camera))]
06 //---------------------------------------------------------
07 public class DrawFrustumRefined : MonoBehaviour
08 {
09     //-----------------------------------------------------
10     private Camera Cam = null;
11     public bool ShowCamGizmo = true;
12     //-----------------------------------------------------
13     void Awake()
14     {
15         Cam = GetComponent<Camera>();
16     }
17     //-----------------------------------------------------
18     void OnDrawGizmos()
19     {
20         // 기즈모를 보여줄 것인가
21         if(!ShowCamGizmo) return;
22
23         // Game 탭의 크기(면적)를 구한다
24         Vector2 v = DrawFrustumRefined.GetGameViewSize();
25         float GameAspect = v.x/v.y; // 탭의 종횡비를 계산한다
26         float FinalAspect = GameAspect / Cam.aspect; // 카메라의 종횡비로 나눈다
27
28         Matrix4x4 LocalToWorld = transform.localToWorldMatrix;
29         Matrix4x4 ScaleMatrix = Matrix4x4.Scale(
30             new Vector3(Cam.aspect * (Cam.rect.width / Cam.rect.height),
31                 FinalAspect, 1)); // 카메라 기즈모를 그리기 위한 스케일 행렬을 만든다
32         Gizmos.matrix = LocalToWorld * ScaleMatrix;
33         Gizmos.DrawFrustum(transform.position,
```

```
34          Cam.fieldOfView, Cam.nearClipPlane,
35          Cam.farClipPlane, FinalAspect); // 카메라 프러스텀을 그린다
36       Gizmos.matrix = Matrix4x4.identity; // 기즈모 행렬을 초기화한다
37    }
38    //------------------------------------------------------
39    // Game 탭의 면적을 구하기 위한 함수
40    public static Vector2 GetGameViewSize()
41    {
42       System.Type T = System.Type.GetType(
43          "UnityEditor.GameView,UnityEditor");
44       System.Reflection.MethodInfo GetSizeOfMainGameView
45          = T.GetMethod("GetSizeOfMainGameView",
46             System.Reflection.BindingFlags.NonPublic |
47             System.Reflection.BindingFlags.Static);
48       return (Vector2) GetSizeOfMainGameView.Invoke(null,null);
49    }
50    //------------------------------------------------------
51 }
52 //------------------------------------------------------
```

다음은 예제 코드 5-1에 대한 설명이다.

- 28-36번 줄: Gizmos.DrawFrustum 함수는 로컬 공간이 아닌 월드 공간의 위치와 회전 값 같은 파라미터를 받는다. 모든 위치 파리미터는 변환 행렬을 이용해 로컬 공간에서 월드 공간의 위치로 변경되어야 한다는 이야기다. Transform 클래스의 멤버인 localToWorldMatrix를 이용하면 가능하다. 추가로, 실제 뷰포트의 높이와 너비, 게임 창의 너비와 높이 간의 비율을 계산함으로써 종횡비 파라미터가 만들어진다.

- 40-49번 줄: GetGameViewSize 함수는 **Game** 탭 화면의 실제 픽셀 면적을 알려주는 2D 벡터를 반환한다. 이 함수는 문서에 없는 에디터 기능을 이용해 변수에 값을 받아온다. 문서에 없는 함수 호출에 대해 분명히 해둘 것이 있는데, 향후에 나오는 버전에서 조금만 변경되어도 코드가 쉽게 망가지거나 무효화될 수 있다.

다음 그림에서 프러스텀의 모습을 볼 수 있다.

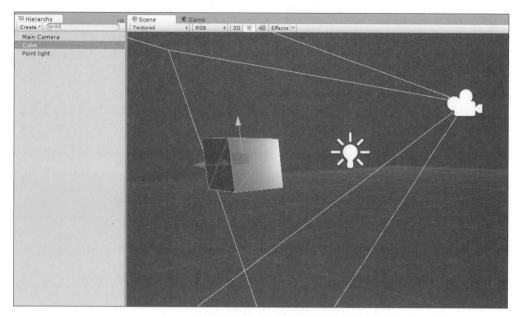

카메라가 선택되지 않았을 때에도 프러스텀이 표시된다.

보이기

게임이 진행되는 동안 오브젝트 가시성에 대한 의문이 생길 때가 많다. 몇몇은 실존하는 경우에 대한 의문이고, 다른 몇몇은 가정에 대한 의문이다. 실존하는 경우에 대한 의문으로는 오브젝트 X가 카메라 Y에 지금 보이는지, 오브젝트 X가 다른 카메라에 지금 보이는지, 아니면 특정 카메라나 다른 카메라에 오브젝트 X가 보이는지 보이지 않는지 등 몇몇 질문이 가능하다. 가정에 대한 의문점으로는 카메라 Y가 위치 Z로 이동했을 때 오브젝트 X가 보일지와 같은 것을 생각해볼 수 있다. 실존하는 때에는 모든 카메라의 위치에 기반해 현재 프레임에 존재하는 오브젝트의 실제 가시성에 대해 관심을 가지고, 가정일 때에는 카메라가 특정 위치로 옮겨졌을 때 어떻게 될지에 대해 관심을 가지게 된다. 두 경우 모드 게임에 중요한 것이다. 어떤 동작이나 AI를 만들어내기 위해선 오브젝트(적 캐릭터와 같은)가 실제로 카메라에 보이는지를 알아내는 것이 중요하다. 오브젝트가 보이지 않을 때, 처리 부하를 줄이기 위해 멈출 수 있는 동작이나 계산이 많기 때문이다. 게다가 카메라가 움직였을 때 오브젝드가 보이게 될지를 알면, 어떤 오브젝트가 다음 프레임에 보이게 되므로 미리 준비해야 하는지 예상 가능하도록 도움을 준다. 이제 이 질문들에 대한 답을 어떻게 스크립트를 통해 할 수 있을지 살펴보기 전에, 좁은 의미의 가시성에 대해 살펴볼 필요가 있다.

가시성에 대해서는 두 가지 주요 개념이 있는데, 바로 프러스텀과 오클루전occlusion이다. 앞에서 봤듯이 각각의 원근 카메라는 시야 프러스텀을 가지고 있다. 이 프러스텀은 카메라 렌즈의 바깥쪽 방향으로 뻗어나가는 사다리꼴의 체적으로서 시야와 절단면 거리 속성으로 정의된 영역을 포함한다. 기본적으로 프러스텀은 수학적으로 정의된 카메라의 지평선이다. 즉, 프러스텀은 카메라가 현재 볼 수 있는 가능성을 가진 영역이다. 가능성이라는 단어가 중요한데, 카메라 프러스텀 안에 볼 수 있는 유효한 오브젝트가 존재하더라도 꼭 카메라에 보인다는 보장은 없다. 바로 프러스텀 안의 오브젝트들이 서로를 전체적으로든 부분적으로든 가릴 수 있기 때문이다. 오브젝트를 감추거나 사용자 정의 쉐이더 또는 다른 후처리 효과를 통해 보이지 않게 렌더링하는 경우가 아니라면, 두 가지 검사를 모두 통과하는 오브젝트만이 카메라에 보이는 오브젝트라고 할 수 있다. 가시성을 검사하는 것이 얼마나 난해한 과정인지에 대해 한참 설명할 수 있지만, 대부분의 목적을 충족시키는 두 단계의 검사에 대해 설명하려 한다.

오브젝트 가시성 감지

아마도 유니티에서 가장 간단하고 직접적인 가시성 테스트 방법은 어느 카메라에든지 오브젝트가 보이거나 보이지 않게 될 때를 감지하는 방법일 것이다. 두 짝꿍 이벤트인 `OnBecameVisible`과 `OnBecameInvisible`은 `MeshRenderer`나 `SkinnedMeshRenderer`와 같은 렌더러 컴포넌트를 가지는 모든 오브젝트에서 자동으로 호출된다. 빈 게임오브젝트가 카메라의 뷰 안에 존재하는 경우에는 눈에 보이는 부분이 없기 때문에 이런 이벤트가 호출되지 않는다. 다음 예제 코드와 같은 식으로 이 이벤트들을 다루면 된다.

```
01 //----------------------------------------------
02 using UnityEngine;
03 using System.Collections;
04 //----------------------------------------------
05 public class ViewTester : MonoBehaviour
06 {
07    //----------------------------------------------
08    void OnBecameVisible()
09    {
10      Debug.Log ("Became Visible");
11    }
12    //----------------------------------------------
13    void OnBecameInvisible()
14    {
15      Debug.Log ("Became Invisible");
16    }
17    //----------------------------------------------
18 }
19 //----------------------------------------------
```

OnBecameVisible이나 OnBecameInvisible 이벤트가 쓸모없어지는 경우에 대해 몇 가지 중요한 경고를 해본다. 첫 번째로, 여기서 알려주는 가시성은 단지 오브젝트가 카메라 프러스텀 내에 들어왔다는 의미이므로 다른 더 가까운 오브젝트 등에 의해 차단되어 실제로는 보이지 않을 수 있다. 두 번째로, 이벤트는 특정 카메라에 속하는 것이 아니라 전체 카메라에 대해 발생하는 것이다. OnBecomeVisible은 이전에 보이지 않던 오브젝트가 최소한 하나 이상의 카메라 프러스텀에 들어왔을 때 한 번 호출된다. 비슷한 식으로, OnBecameInvisible은 이전엔 보이던 오브젝트가 모든 카메라의 프러스텀 밖으로 벗어났을 때 한 번 호출된다. 마지막으로, 이 함수들은 쓸모없게도 씬 카메라의 가시성까지 포함한다. 만약 **Scene** 탭이 열려서 탭 안에서 오브젝트가 보이는 상태로 게임을 테스트하게 되면 오브젝트가 보이는 상태로 인지하게 될 것이다. 즉, OnBecameVisible과 OnBecameInvisible 메소드는 만들려는 동작이 씬에서 완전히 보이거나 보이지 않는지에 대한 정보만으로 충분한 동작일 때 쓸모가 있다. 즉, 프러스텀의 존재에 상응하는 가시성에 대해서만 의미가 있다. 다시 말해, 이 이벤트들은 NPC 간의 상호작용과 같이 가시성에 의존하는 AI 동작을 켜고 끄는 등의 동작을 넣기에 좋은 위치다.

 OnBecameVisible과 OnBecameInvisible 함수에 대한 더 자세한 내용은 다음 유니티 문서를 참고한다.

http://docs.unity3d.com/kr/ScriptReference/MonoBehaviour.OnBecameVisible.html

http://docs.unity3d.com/kr/ScriptReference/MonoBehaviour.OnBecameInvisible.html

오브젝트 가시성에 대해 좀 더 살펴보기

다른 중요한 검사는 오브젝트가 카메라 가시권에 들어가고 나가는 것뿐만 아니라, 오브젝트가 특정 카메라에 보이는지를 검사하는 것이다. 한 번만 호출되는 OnBecameVisible이나 OnBecameInvisible과는 다르게 이 검사 방법은 이전 상태에 대한 정보 없이 오브젝트의 현재 상태를 검사한다. OnWillRenderObject 이벤트를 이용해 이러한 검사를 할 수 있다. 이 이벤트는 오브젝트가 카메라에 보이는 동안 각각의 카메라에서 매 프레임 한 번씩 계속해서 호출된다. 여기서 '보인다Visible'는 것은 '카메라 프러스텀 내에 위치한다.'는 것을 의미한다. 이 이벤트에서도 다른 오브젝트에 차단되는지를 검사하지는 않는다. 다음 예제 코드의 이벤트 안을 살펴보면, (씬 뷰 카메라를 포함해서) 오브젝트가 현재 보이는 카메라의 참조를 얻기 위해 Camera.current 멤버를 이용하고 있다.

```
void OnWillRenderObject()
{
    Debug.Log(Camera.current.name);
}
```

프러스텀 검사: 렌더러

앞서 살펴봤듯이 유니티에 내장된 카메라 이벤트들은 독자들에게 필요한 가시성 및 프러스텀 검사에 필요한 요건들을 충분히 갖추지 못하는 경우가 많다. 구체적으로, 카메라 하나가 렌더러를 볼 수 있는지, 보이지 않는 오브젝트가 보이는 상태였다면 정말 보일 것인지, 공간상의 특정 지점이 카메라에 보이는지, 특정한 오브젝트가 새로운 위치로 옮겨지면 카메라에 보이게 될지 등을 간단히 검사하길 원할 수 있다. 이런 모든 경우들은 각자 다른 상황에서의 가시성 검사를 위해 중요한 예시이고, 각각 직접 검사하는 단계가 필요하다. 이러한 카메라 가시성 검사에 필요한 코드를 집중적으로 작성해야 한다. 다음 절의 함수들은 CamUtility 클래스 전용의 static 함수로 함께 컴파일된다. 다음 예제 코드 5-2처럼 특정 카메라 오브젝트의 프러스텀 내에 특정 렌더러 컴포넌트가 있는지 검사하는 함수를 만들어보자.

```
01 using UnityEngine;
02 using System.Collections;
03 //------------------------------------------------------------
04 public class CamUtility
05 {
06     //--------------------------------------------------------
07     // 렌더러가 특정 카메라의 프러스텀에 포함되었는지를 감지하는 함수
08     // 렌더러가 프러스텀 내에 있으면 true, 아니면 false를 반환한다
09     public static bool IsRendererInFrustum(Renderer Renderable, Camera Cam)
10     {
11         // 카메라에서 프러스텀 평면을 생성한다
12         // 각 평면은 프러스텀의 벽 한 면을 나타내는 것이다
13         Plane[] planes = GeometryUtility.CalculateFrustumPlanes(Cam);
14
15         // 프러스텀 평면 안에 렌더링 가능한 것이 있는지 검사한다
16         return GeometryUtility.TestPlanesAABB(planes, Renderable.bounds);
17     }
18     //--------------------------------------------------------
19 }
```

10-17번 줄에서 GeometryUtility 클래스를 이용해 카메라의 프러스텀을 표현하는 평면 오브젝트들의 배열을 생성했다. 선이 2D 공간에 대응한다면, 평면은 3D 공간에 대응해 두께를 가지지 않는 가상의 표면을 3D 공간상에 표시한다. 프러스텀 평면은 여섯 개 평면의 집합으로 3D 공간에서 완전한 사다리꼴 카메라 프러스텀을 표현하게 된다. 이 배열은 TestPlanesAABB 함수에 의해 검사에 이용된다. AABB(축 정렬된 경계 상자)[1]는 프러스텀 안에 메시 렌더러가 존재하는지를 감지하기 위한 충돌 경계이며, 앞에서 평면으로 선언해둔 것이 바로 이것이다.

프러스텀 검사: 점

물론, 가시성을 확인하기 위해 항상 렌더러를 검사하는 것을 원하지는 않을 수 있다. 대신, 간단히 점을 검사할 수도 있다. 두 가지 주된 이유 때문이다. 첫 번째로, 파티클이나 권총 표적 위치와 같은 오브젝트가 실제로 보이는지 알고 싶을 수 있다. 두 번째로, 화면 공간(카메라에 의해 렌더링된다.)에 보이는지 알길 원할 때 이 방법을 이용할 수 있다. 다음 예제 코드 5-3에서 이런 검사를 한다. 이 코드는 점이 카메라 프러스텀 안에 있는지를 검사하고, 프러스텀 안에 있는 경우 더 나아가 정규화된(1-0 사이로) 뷰포트 공간 안에 존재하는 화면상의 어느 곳에 점이 렌더링될지 위치를 반환한다.

```
18    //--------------------------------------------------------
19    // 씬 안의 점이 지정된 카메라의 프러스텀 안에 위치하는지를 검사하는 함수
20    // 점이 프러스텀 내에 있으면 true, 아니면 false를 반환한다
21    // 출력 파라미터인 ViewPortLoc는 함수가 true를 반환할 때 화면상의 점 위치를 알려준다
22    public static bool IsPointInFrustum(Vector3 Point,
23        Camera Cam, out Vector3 ViewPortLoc)
24    {
25        // 크기가 없는 경계를 생성한다
26        Bounds B = new Bounds(Point, Vector3.zero);
27
28        // 카메라에서 프러스텀 평면을 생성한다
```

---

1 Axially Aligned Bounding Box - 옮긴이

```
29       // 각 평면은 프러스텀의 벽 한 면을 나타내는 것이다
30       Plane[] planes = GeometryUtility.CalculateFrustumPlanes(Cam);
31
32       // 프러스텀 평면 안에 점이 있는지 검사한다
33       bool IsVisible = GeometryUtility.TestPlanesAABB(planes, B);
34
35       // 뷰포트 위치 변수에 값을 할당한다
36       ViewPortLoc = Vector3.zero;
37
38       // 점이 보이는 상태이면 점의 뷰포트상 위치를 구한다
39       if(IsVisible)
40           ViewPortLoc = Cam.WorldToViewportPoint(Point);
41
42       return IsVisible;
43   }
44   //----------------------------------------------------------
```

프러스텀 검사: 오클루전

앞에서 이야기한 것처럼, 엄밀한 의미의 가시성은 원래 한 단계가 아닌 두 단계를 통해 확인될 수 있는 것이다. 지금까지 봤던 모든 가시성 검사 방법은 카메라 프러스텀 내에 오브젝트가 존재하는지만을 검사하는 방식으로 이뤄졌다. 하지만 때로는 프러스텀 안에 오브젝트들이 들어있을지라도 더 멀리 있는 다른 오브젝트를 더 가까운 오브젝트가 전체적으로든 부분적으로든 가로막을 수 있기 때문에 이 방법은 실제로는 충분하지 않다. 이것 자체가 항상 문제인 것은 아닌데, 오브젝트의 가시성을 검사하는 데 있어 주된 관심사는 사실 카메라가 성능 집약적인 동작들(이를테면 AI 동작들)에 얼마나 가까이 있는지를 알길 원하는 것이기 때문이다. 이 경우에 오브젝트가 가려졌는지는 중요하지 않고, 프러스텀 안에 있는지 여부가 중요하다. 그렇지만 때때로 GUI 구성 요소나 팝업 알림과 같이 플레이어가 특정 오브젝트를 바라볼 때 가려지는 것이 문제가 된다. 예를 들면, GUI 구성 요소는 오브젝트의 뒤에 뜨지 않아야 하므로 이런 경우엔 가려지는 상태가 중요해진다. 때론 이런 상황들을 충돌체, 트리거, 조심스러운 오브젝트 배치 같

은 창조적인 방법을 이용해 피해갈 수도 있지만 때로는 오클루전^{occlusion} 검사 없이는 프러스텀 안의 오브젝트를 걸러낼 수 있는 선택지가 없을 수도 있다. 프러스텀 내의 오브젝트 사이에서 오클루전 검사를 수행하는 것은 깊이 있는 주제로 상당한 성능 부하를 일으키는 구현을 통해 가능해진다. 그렇기 때문에 간단히 Physics.LineCast 메소드를 호출해 카메라와 도착 오브젝트 사이에 가상의 선을 그려 다른 충돌체와 교차하는지를 검사하는 방법이 최선의 방법 중 하나가 될 수 있다. 이 방법은 보통 잘 동작하는 편이지만, 제약사항에 대해 알고 있어야 한다. 첫 번째로, 이 방법은 모든 오브젝트에 충돌체가 있다는 것을 가정하고 있다. 예외가 있는 경우 LineCast 메소드가 검출할 수 없게 된다. 두 번째로, 충돌체는 메시의 대략적인 경계만을 나타내므로 메시의 버텍스 수준의 검사는 불가능하며, 메시 내부에 구멍이 있는 경우 감싸는 충돌체가 LineCast로 하여금 그곳을 통과하는 것을 막기 때문에 실패할 가능성이 있다. 마지막으로, 투명한 재질을 가진 오브젝트가 노출하는 뒤쪽의 오브젝트에 대해서는 LineCast가 항상 실패하게 된다. 다음 예제 코드 5-4를 살펴보자.

```
44    //---------------------------------------------------------
45    // 오브젝트가 보이는지 검사하는 함수(프러스텀에 존재하고 카메라까지 선이 끊기지 않는지 검사)
46    public static bool IsVisible(Renderer Renderable, Camera Cam)
47    {
48        // 프러스텀 안에 있는 경우 선을 조사한다
49        if(CamUtility.IsRendererInFrustum(Renderable, Cam))
50            return !Physics.Linecast(Renderable.transform.position,
51                Cam.transform.position); // 카메라와 오브젝트가 바로 연결되는가
52
53        return false; // 프러스텀에 없거나 선이 연결되지 않는다
54    }
55    //---------------------------------------------------------
```

카메라 시야: 앞뒤 판별

RTS나 캐주얼 게임과 같은 종류의 게임에서는 카메라 지평선(이하 절단면)이 크게 중요하지 않다. 카메라는 항상 절단면 앞쪽에 위치한 것들을 보게 되기 때문이다. 오브젝트가 x와 y 평면의 안쪽에 있지만 로컬 z축 기준으로 멀리 있어 카메라 프러스텀의 바깥에 위치하게 되는 경우, 즉 카메라가 오브젝트를 보지 못하는 상태이기 때문에 보이지 않는 오브젝트는 계속 보이지 않는 오브젝트로 남게 된다. 하지만 적절한 방향으로 카메라를 향하게 하여 오브젝트가 후방 절단면far clipping plane을 넘어가지 않도록 너무 멀리 떨어지지 않게 할 수 있다. 이런 상황에서는 가시성 검사 대신 빠르고 간단한 방향성 검사로 대체할 수 있다. 그러면 "오브젝트가 프러스텀 내에 위치하며 가려지지 않았는가?"라는 질문을 "오브젝트가 카메라 앞에 있는가, 뒤에 있는가?"라는 질문으로 바꿀 수 있다. 우리가 원하는 답이 가시성에 대한 것이 아니기 때문에 방향성에 대한 질문인 오브젝트의 위치가 카메라의 앞인지 뒤인지에 대한 질문으로 바꾼 것이다. 이런 검사를 위해 벡터의 내적을 이용할 수 있다. 두 벡터를 입력 값으로 하여 내적 연산을 하면 출력으로 하나의 숫자 값을 얻을 수 있다. 이 값은 두 벡터 사이의 각도를 나타낸다. 다음 예제 코드 5-7의 CamFieldView 클래스를 카메라에 붙이면 카메라가 대상 오브젝트를 볼 수 있는지 없는지, 즉 타깃 오브젝트가 카메라 앞쪽 제한된 시야에 들어오는지를 감지하게 된다.

```
01 using UnityEngine;
02 using System.Collections;
03 //-------------------------------------------------
04 public class CamFieldView : MonoBehaviour
05 {
06     //-------------------------------------------------
07     // 전방 시야(각도)
08     // 전방을 향하는 벡터로부터의 각도(좌우로)를 정한다
09     public float AngleView = 30.0f;
10
11     // 보려는 대상 오브젝트
12     public Transform Target = null;
```

```
13
14    // 로컬 트랜스폼
15    private Transform ThisTransform = null;
16    //------------------------------------------------
17    // 초기화에 사용한다
18    void Awake ()
19    {
20        // 로컬 트랜스폼을 얻는다
21        ThisTransform = transform;
22    }
23    //------------------------------------------------
24    // Update는 매 프레임마다 한 번씩 호출된다
25    void Update ()
26    {
27        // 카메라와 대상 오브젝트 사이의 시야 계산을 업데이트한다
28        Vector3 Forward = ThisTransform.forward.normalized;
29        Vector3 ToObject = (Target.position - ThisTransform.position).normalized;
30
31        // 내적 연산
32        float DotProduct = Vector3.Dot(Forward, ToObject);
33        float Angle = DotProduct * 180f;
34
35        // 시야를 검사한다
36        if(Angle >= 180f-AngleView)
37            Debug.Log ("Object can be seen");
38    }
39    //------------------------------------------------
40 }
41 //------------------------------------------------
```

직교 카메라

기본 설정을 변경하지 않는 이상 유니티에서 새로 만드는 모든 카메라는 기본적으로 원근 카메라로 만들어진다. 원근 카메라는 현실의 카메라에 가장 근접하게 부합하는 카메라로서 3D 공간상의 좌표와 곡면 렌즈, 찍힌 이미지를 화면과 같

은 2D 평면상에 변환하는 기능을 가지고 있다. 이 카메라의 주된 증상으로는 화상 축소가 있는데, 렌더링되는 오브젝트들이 왜곡되는 것을 의미한다. 자세히 설명하자면, 렌더링되는 오브젝트들이 더 먼 거리에 있는 것처럼 작게 그려지고, 가운데에서 멀어질수록 오브젝트의 형태 및 모습이 변하며 평행한 선들이 지평선이든 다른 선이든 간에 일정 거리상의 소실점으로 모이게 된다. 원근 카메라와는 반대 개념의 직교 카메라가 있다. 2D 및 등각isometric 투영법 게임[2]을 포함한 여러 가지 게임을 만들 때 유용한 카메라다. 직교 카메라는 평면의 렌즈를 이용해 화상 축소로 인한 손실이 없다. 즉, 평행선이 평행하게 보이고 오브젝트가 멀리 있는 것처럼 줄어들지 않으며, 시야의 중앙에서 벗어나더라도 2D는 2D로 보이게 된다. 다음 그림처럼 오브젝트 인스펙터의 Projection 형식 설정을 Perspective에서 Orthographic으로 변경해 카메라를 전환할 수 있다.

원근 카메라에서 직교 카메라로 변경하기

원근 카메라에서 직교 카메라로 변경하고 나면 카메라 프러스텀 또한 사다리꼴 형태의 체적에서 박스 형태로 바뀐다. 박스 안에 들어가는 것은 모두 보이게 되고 가까운 오브젝트가 먼 오브젝트를 가리는 것은 여전하지만, 다음 그림에서 보는 것처럼 깊이의 개념은 사라진다. 따라서 이 카메라는 2D 게임에 적합하다고 볼 수 있다.

---

2 등각 투영법을 사용하는 게임을 흔히 2.5D 게임이라고 부르기도 한다. 〈디아블로 1, 2〉와 같은 게임을 떠올리면 된다. - 옮긴이

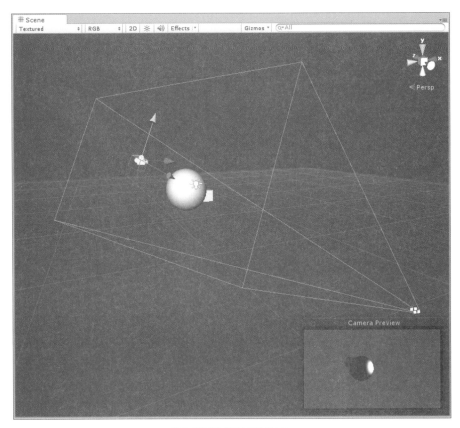

Camera Preview

직교 카메라의 프러스텀은 박스다.

직교 카메라를 이용할 때 주된 고민은 월드의 크기(씬 안에서의 크기) 단위와 픽셀 크기(화면상의 크기)를 어떻게 1:1로 맞출 것인지에 대한 것이다. 2D 게임과 GUI 에 이 문제가 대두되는데, 화면상의 텍스처 파일에 정의된 대로 정확한 기본 크기를 보여줄 필요가 있기 때문이다. 대부분의 3D 게임에서는 반대로 텍스처 매핑, 원근 축소, 원근감으로 인해 텍스처가 왜곡되어 3D 오브젝트 표면에 투영되므로 사진 편집 프로그램에서 보는 것처럼 정확히 보이지는 않는다. 스프라이트 sprite를 이용하는 2D의 경우에는 상황이 다르다. 이런 그래픽은 정면으로 보이게 된다. 따라서 픽셀 단위로 일치하는 기본 크기대로 표시되는 것이 바람직하다. 이렇게 표시하는 것을 픽셀 무결성이라 부르는데, 텍스처 안의 각각의 픽셀이 게임과 화면상에 원래 상태대로 표시되는 것을 말한다. 실질적으로 이렇게 하려면 구체적으로 접근해야 한다. 요컨대, 1월드 단위를 1픽셀에 대응하게 하려면 Camera 탭의 Size 필드를 게임의 수직 해상도의 절반으로 설정해야 한다. 다시 말해, 게임이 1024×768 해상도로 돌아가고 있다면 Size 필드는 768 / 2 = 364가 되어야 한다.

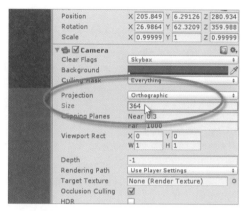

Size 필드는 어떻게 월드 단위를 화면상의 픽셀에 대응시킬지를 제어한다.

에디터에서 Size 필드를 직접 설정할 수 있지만, 게임 해상도가 일정하게 변경되지 않을 때에만 올바르게 작동할 것이다. 사용자가 게임 창의 크기나 게임 해상도를 변경할 수 있다면, 다음 예제 5-6처럼 스크립트에서 카메라 크기를 업데이트해야 한다.

```
01 //------------------------------------------------------
02 using UnityEngine;
03 using System.Collections;
04 //------------------------------------------------------
05 [RequireComponent(typeof(Camera))] // 동작을 위해 카메라 컴포넌트가 필요함
06 //------------------------------------------------------
07 public class OrthoCam : MonoBehaviour
08 {
09     // 카메라 컴포넌트에 대한 private 참조변수
10     private Camera Cam = null;
11
12     // 픽셀당 월드 단위 크기에 대한 참조변수
```

```
13    public float PixelsToWorldUnits = 200f;
14    //-------------------------------------------------          --------
15    // 초기화에 사용한다
16    void Awake ()
17    {
18        // 카메라의 참조를 얻는다
19        Cam = GetComponent<Camera>();
20    }
21    //-------------------------------------------------------
22    // Update는 매 프레임마다 한 번씩 호출된다
23    void LateUpdate ()
24    {
25        // 직교 좌표계의 크기를 업데이트한다
26        Cam.orthographicSize = Screen.height / 2f / PixelsToWorldUnits;
27    }
28    //-------------------------------------------------------
29 }
30 //-------------------------------------------------------
```

13번 줄에 멤버 변수 PixelsToWorldUnit를 추가해, 다음 그림과 같이 임포트
import된 스프라이트 텍스처의 **Pixels To Units**에 해당하는 직교 좌표계 크기를 조정
할 수 있게 한 것에 주목하자. 이렇게 하면 스프라이트가 화면상에 정확한 픽셀
크기로 보이도록 하는 데 도움이 된다. 모든 스프라이트가 이 값만큼의 텍스처
픽셀 수와 월드 단위 크기의 비율에 의해 무조건 스케일링되기 때문이다.

스프라이트 텍스처의 Pixels to Units 설정하기

카메라 렌더링과 후처리

유니티 공식 문서에서 카메라 렌더링과 후처리에 대해 다루는 내용은 상대적으로 적은 편이다. 하지만 그렇다고 해서 이 주제에 대해 설명할 내용이 적다는 의미로 받아들이면 안 된다. 반대로, 유니티 카메라와 오브젝트는 씬이 렌더링되는 형태에 따라 광범위한 융통성을 제공한다. 이러한 주제들은 후처리의 포괄적인 개념에 포함되는 것들이다. 구체적으로 말해, 카메라로 렌더링한 출력 결과에 일반적인 렌더링에는 포함되지 않는 모든 추가적인 편집이나 수정을 가하는 것을 후처리라고 부른다. 이러한 후처리에는 흐림 효과, 컬러 보정, 어안 효과 등이 포함된다. 이런 기능들은 무료 버전에선 불가능하고 프로 버전에만 포함된다는 것

을 밝혀둔다. 때문에 무료 버전 사용자들은 이 절의 끝까지 따라 할 수 없을 것이다. 하지만 프로 버진 사용자의 경우에는 다음 그림처럼 넓은 범위의 카메라 렌더링 기능을 사용할 수 있다. 이 절에서는 한 대의 카메라가 크로스페이드^{cross-fade}되어 다른 카메라로 부드럽게 넘어가도록 하는 카메라 전환 시스템을 만드는 방법을 다룬다. 한 대의 카메라에서 다른 카메라로 단순히 바로 넘어가는 것이 아니라 크로스페이드를 통해 카메라의 심도를 변경하는 효과를 내고, 우선순위가 높은 카메라가 낮은 순위 카메라 위에 렌더링되도록 한다. 첫 번째 카메라의 렌더링 결과가 점점 투명해져서 두 번째 카메라의 결과가 나타나게 한다는 의미다. 자, 이제 시작해보자.

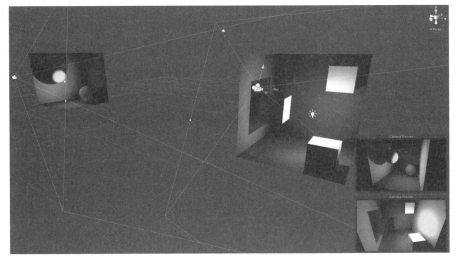

여러 카메라를 포함하는 씬 만들기

프로젝트를 생성하고 앞의 그림처럼 두 개로 나뉘어진 구역을 담는 씬을 만든다. 이 예제 프로젝트는 다운로드한 책의 예제 코드에 포함되어 있다. 씬의 각 구역은 별개의 카메라에 각각 할당해야 한다. 이렇게 해서 씬의 두 카메라 모두를 각각 비활성화시킬 수 있다. 이렇게 하면 카메라가 자동으로 스스로 렌더링하는 것을 방지할 수 있다. 우리는 수동으로 직접 카메라 렌더링을 다루어서 각 카메라를 합성하고 다른 카메라의 위에서 페이드되도록 할 것이다.

유니티 씬은 동시에 하나의 활성화된 AudioListener만을 가질 수 있게 되어 있는 관계로, 각 카메라의 AudioListener 컴포넌트를 제거했다.

다음으로, 씬의 원점에 `MainCamera` 태그로 지정된 세 번째 카메라를 만든다. 이어서 Culling Mask 옵션을 Nothing으로 설정하고 카메라를 활성화시켜 아무것도 렌더링하지 않는 상태로 만든다. 이 카메라는 다음 그림처럼 다른 카메라들의 렌더링 결과를 한데 합성하는 메인 카메라가 될 것이다.

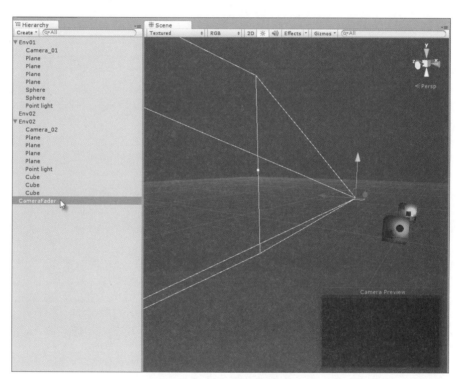

렌더링을 위한 세 번째 카메라 만들기

이제 씬에는 세 개의 카메라가 존재한다. 두 개로 나뉘어져서 비활성화된 카메라 (카메라 X 및 Y)가 서로 다른 위치에 존재하게 되고, 하나의 메인 카메라(카메라 Z)가 씬의 원점에 위치하게 된다. 이런 전제하에, 다음의 예제 코드 5-7을 카메라 Z에 붙이면 스페이스바를 누를 때 카메라 X와 Y 간에 페이드된다.

```
001  // 카메라 0에서 1로, 거꾸로 1에서 0으로 페이드하는 클래스
002  // 이 클래스는 씬에 카메라 두 대만 있다는 가정을 전제한다
003  //-------------------------------------
004  using UnityEngine;
005  using System.Collections;
006  //-------------------------------------
007  public class CameraFader : MonoBehaviour
008  {
009      //-------------------------------------
010      // 카메라들에 대한 참조(씬 안의 합성될 모든 카메라들)
011      public Camera[] Cameras;
012
013      // 카메라 색상에 대한 참조(렌더링 결과에 곱해질 색상)
014      public Color[] CamCols = null;
015
016      // 페이드 인/아웃 시간(초)(페이드 인을 한 방향으로의 총시간)
017      public float FadeTime = 2.0f;
018
019      // 렌더링할 최종 재질(최종적으로 렌더링되는 픽셀에 쉐이더를 적용할 수 있다)
020      public Material Mat = null;
021      //-------------------------------------
022      // 여기에서 초기화한다
023      void Start ()
024      {
025          // 렌더 텍스처를 각 카메라에 할당한다
026          foreach(Camera C in Cameras)
027              C.targetTexture =
028                  new RenderTexture(
029                      Screen.width,
030                      Screen.height,
031                      24); // 텍스처 생성
032      }
033      //-------------------------------------
034      // 이 함수는 카메라가 렌더링을 마치고 출력되기 전에 매 프레임 호출된다
035      // OnPreRender 함수(렌더링 전에 호출된다)와 쌍을 이룬다
036      void OnPostRender()
037      {
```

218

```
038        // 화면 영역을 지정한다
039        Rect ScreenRct = new Rect(0,0,Screen.width,Screen.height);
040
041        // 원본의 영역을 지정한다
042        Rect SourceRect = new Rect(0,1,1,-1);
043
044        // 각 카메라의 대상 텍스처에 렌더링한다
045        for(int i = 0; i<Cameras.Length; i++)
046        {
047           // 카메라 렌더
048           Cameras[i].Render();
049
050           // 이 카메라를 이용해 카메라 텍스처를 화면에 그린다
051           GL.PushMatrix();
052           GL.LoadPixelMatrix(); // 픽셀 공간 행렬을 구한다
053           Graphics.DrawTexture(
054               ScreenRct, Cameras[i].targetTexture,
055               SourceRect, 0,0,0,0,
056               CamCols[i]); // 각 카메라를 레이어처럼 그린다
057           GL.PopMatrix(); // 행렬 초기화
058        }
059    }
060    //---------------------------------------
061    // 이 함수는 OnPostRender 이후에 호출된다
062    // 즉 최종 픽셀 결과물이 화면에 그려질 때 호출된다
063    // src = 카메라의 현재 렌더링 결과
064    // dst = 화면에 보일 텍스처
065    void OnRenderImage(RenderTexture src, RenderTexture dst)
066    {
067        // 프레임에서 렌더링이 완료되었다
068        // 이제 최종 픽셀 결과물에 재질을 적용해 화면에 출력한다
069        // (사용자 쉐이더를 적용할 수도 있다)
070        Graphics.Blit(src, dst, Mat);
071    }
072    //---------------------------------------
073    // From 색상에서 To 색상으로 TotalTime 시간 동안 선형 보간하는 함수
074    // 이 함수는 최상단에 렌더링되는 카메라 CamCols[1]의 알파 색상을 페이드하기 위해 쓰인다
```

```
075    public IEnumerator Fade(Color From, Color To, float TotalTime)
076    {
077        float ElapsedTime = 0f;
078
079        // 시간에 도달하기 전까지 반복
080        while(ElapsedTime <= TotalTime)
081        {
082            // 색상 업데이트
083            CamCols[1] = Color.Lerp(From, To, ElapsedTime/TotalTime);
084
085            // 다음 프레임까지 기다린다
086            yield return null;
087
088            // 시간 업데이트
089            ElapsedTime += Time.deltaTime;
090        }
091
092        // 최종 색상을 적용한다
093        CamCols[1] = Color.Lerp(From, To, 1f);
094    }
095    //-------------------------------------
096    // 카메라 기능을 테스트하기 위한 예제 업데이트 함수
097    // 스페이스바를 누르면 카메라 간 페이드 인/아웃이 된다
098    void Update()
099    {
100        // 스페이스바를 누르면 카메라 페이드 인/아웃
101        if(Input.GetKeyDown(KeyCode.Space))
102        {
103            StopAllCoroutines();
104
105            // 페이드 인 아웃 중 어떤 것을 수행해야 하는지
106            if(CamCols[1].a <= 0f)
107                StartCoroutine(
108                    Fade(CamCols[1], new Color(0.5f,0.5f,0.5f,1f), FadeTime)
109                ); // 페이드 인
110            else
111                StartCoroutine(
```

```
112                  Fade(CamCols[1], new Color(0.5f,0.5f,0.5f,0f), FadeTime)
113             ); // 페이드 아웃
114       }
115    }
116    //-------------------------------------
117 }
```

다음은 예제 코드 5-9에 대한 설명이다.

- 11-20번 줄: CameraFader 클래스는 Camera[0]과 Camera[1] 간 크로스페이드를 담당하고 있다. 몇 가지 변수들이 만들어지는데, Cameras 배열은 카메라의 목록을 담아두게 된다. 이 경우에는 두 개의 카메라가 담긴다. CamCols 배열은 Cameras와 연관되어 있다. 이 배열은 카메라의 렌더링 결과물에 곱해질 색상을 정의하며 렌더링 결과를 투명하게 만드는 알파 값을 담게 된다. FadeTime 변수는 페이드 인이나 페이드 아웃이라는 각 경우에 한 방향으로 카메라가 페이드되는 총시간을 초로 정의하는 변수다. 마지막으로, Mat 변수는 유효한 상태의 모든 재질에 대한 참조로서 메인 카메라의 최종 렌더링 결과, 즉 다른 모든 카메라로부터 합성된 모든 것을 포함하는 완료된 렌더링 결과의 픽셀에 적용되는 것이다.

- 23-32번 줄: Start 함수에서 RenderTexture를 생성해 각 카메라의 TargetTexture 멤버에 할당한다. 카메라의 렌더링이 국지적으로 합성될 내부 텍스처를 카메라마다 할당한 것이다.

- 36-59번 줄: OnPostRender 이벤트는 씬에 존재하는 모든 활성화된 카메라에서 카메라가 일반적으로 렌더링을 완료한 후 매 프레임 한 번씩 호출된다. 이 이벤트는 오브젝트에게 렌더링된 데이터 위에 추가적인 카메라나 요소들을 렌더링할 수 있는 기회를 제공한다. Cameras 배열 안 각 카메라들의 Render 메소드가 호출된다. 이 메소드는 화면에 직접 렌더링하지 않고 렌더 텍스처를 통해 수동으로 카메라를 렌더링한다. 텍스처에 렌더링하고 나면, Graphics. DrawTexture 함수는 각 카메라의 RenderTexture를 배열에 채워진 순서대로 다른 텍스처 위에 덧그린다. DrawTexture를 호출할 때마다 CamCols의 색상

을 텍스처에 곱한다. 이 색상 값은 투명도를 만들기 위한 알파 값이기도 하다.

- 65-71번 줄: OnPostRender와 같이 OnRenderImage 이벤트가 유니티에 의해 활성화된 카메라에서 매 프레임 자동으로 호출된다. 이 이벤트는 OnPostRender가 호출된 후 카메라 렌더링 결과가 화면에 뿌려지기 직전에 호출된다. 이 이벤트는 src와 dst 두 개의 파라미터를 제공한다. src 파라미터는 OnPostRender에서 출력된 렌더 텍스처에 대한 참조로 카메라를 통해 완료된 렌더링 결과를 포함한다. dst 파라미터는 OnRenderImage 이벤트가 완료될 때 화면에 보일 렌더 텍스처에 대한 참조다. 즉 이 함수는 직접 코드를 이용하거나 쉐이더를 통해 렌더링된 결과의 픽셀을 수정할 수 있는 기회를 제공해준다. Graphics.Blit 함수는 재질에 대한 참조인 Mat과 연동해서 원본 렌더 텍스처를 대상으로 복사하기 위해 호출했다.

- 75-94번 줄: Fade는 시간(TotalTime)에 따라 From 색상에서 To 색상으로 전환하는 코루틴 함수다. 카메라 색상의 알파 값을 각각 투명과 불투명을 의미하는 0과 1 사이에서 전환하기 위해 이 코루틴 함수를 사용한다.

다음 그림에서 크로스페이드 카메라 효과를 확인할 수 있다.

크로스페이드 카메라

카메라 진동

이번엔 유니티 무료 버전으로도 가능한 카메라 진동 효과를 구현해보자. 전투나 무기 발사 등 액션 게임에서 카메라 진동 효과는 요긴하게 사용된다. 이 효과는 충격이나 위험, 움직임, 활력, 흥분 등을 동적인 반응으로써 전달하는 역할을 한다. 이런 효과는 흔한 움직임이나 감정을 모사하는 다른 여러 애니메이션 대신에 씬의 다른 곳에서 찾아볼 수 없는 특별한 효과로서 사용된다. 이런 식으로 다음 그림과 같은 카메라 진동 효과를 이용하면, 중요한 시점에 등장할 애니메이션을 만드는 대신 이 효과를 활용할 수 있어 수고를 덜 수 있다.

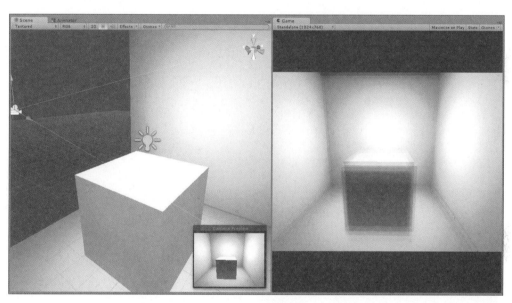

카메라 진동 효과

카메라 진동을 만들어내기 위한 방법에는 여러 가지가 있지만, 최솟값에서 최댓값 사이의 범위에서 일종의 '무작위' 함수를 이용해 카메라 위치 값의 변동을 만들어낸다는 공통점이 있다. '무작위'는 때로는 그 자체로 사용되기도 하고, 때로는 더 천천히 혹은 더 '매끈한' 진동을 만들기 위해 값을 감쇄시키는 기능으로 다듬어 사용하기도 한다. 카메라 진동을 만들기 위해 카메라에 붙일 수 있도록 만든 예제 코드 5-8을 참고한다.

```
01 using UnityEngine;
02 using System.Collections;
03 //---------------------
04 public class CameraShake : MonoBehaviour
05 {
06     private Transform ThisTransform = null;
07
08     // 진동을 줄 총시간(초)
09     public float ShakeTime = 2.0f;
10
11     // 진동량 – 진동할 거리
12     public float ShakeAmount = 3.0f;
13
14     // 진동할 카메라의 속도
15     public float ShakeSpeed = 2.0f;
16
17     //---------------------
18     // 여기에서 초기화한다
19     void Start ()
20     {
21         // 트랜스폼 컴포넌트를 얻는다
22         ThisTransform = GetComponent<Transform>();
23
24         // 진동 시작
25         StartCoroutine(Shake());
26     }
27     //---------------------
28     // 카메라를 진동시킨다
29     public IEnumerator Shake()
30     {
31         // 카메라의 원래 위치를 저장해둔다
32         Vector3 OrigPosition = ThisTransform.localPosition;
33
34         // 소요 시간(초)을 잰다
35         float ElapsedTime = 0.0f;
36
37         // 총 진동 시간 동안 반복한다
```

```
38        while(ElapsedTime < ShakeTime)
39        {
40            // 단위 구상의 한 점을 무작위로 선택한다
41            Vector3 RandomPoint =
42                OrigPosition+ Random.insideUnitSphere * ShakeAmount;
43
44            // 위치를 업데이트한다
45            ThisTransform.localPosition =
46                Vector3.Lerp(ThisTransform.localPosition, RandomPoint,
47                    Time.deltaTime * ShakeSpeed);
48
49            // 다음 프레임까지 멈춘다
50            yield return null;
51
52            // 시간을 업데이트한다
53            ElapsedTime += Time.deltaTime;
54        }
55
56        // 카메라 위치를 원래대로 되돌린다
57        ThisTransform.localPosition = OrigPosition;
58    }
59    //--------------------
60 }
61 //--------------------
```

카메라와 애니메이션

카메라 비행이란 영화에서와 같은 연출을 위해 카메라가 특정 위치를 시간에 따라 이동 및 회전하는 애니메이션이다. 이런 애니메이션이 단독으로 사용되는 경우가 아니더라도 컷씬^{cut-scene}을 만들 때 카메라 비행은 중요하게 이용된다. 또한 3인칭 형식의 카메라나 일정하게 의도된 길을 따라 움직이는 카메라를 이용하는 하향식^{top-down} 화면을 만들 때 유용하게 이용할 수 있다. 이러한 카메라 움직임을 만드는 가장 일반적인 방식 중 하나는 유니티의 애니메이션 에디터나 마야^{Maya},

블렌더^{Blender}, 3DS 맥스^{3DS Max} 등의 서드파티 도구를 이용해 미리 정해둔 카메라를 이용하는 것이다. 하지만 카메라가 미리 정의된 일련의 점들(경로)을 단순히 따라가지 않고, 각 점의 중심점을 벗어나 그 사이로 부드럽게 움직이도록 만들기 위해 좀 더 프로그래밍적인 제어가 필요할 때가 있다. 이 절에서는 세 가지 방법에 대해 살펴본다.

추적 카메라

아마도 가장 일반적인 카메라 요구 조건 중 하나는 추적 카메라일 것이다. 추적 카메라란 씬에서 특정 오브젝트를 추적하고 따라가는 카메라다. 이 카메라는 다음 그림처럼 오브젝트와 카메라 사이에 일정 거리를 유지하게 된다. 어깨 너머로 보는 것과 같은 3인칭 화면이나 RTS 게임의 하향식 화면을 만들 때 유용하다.

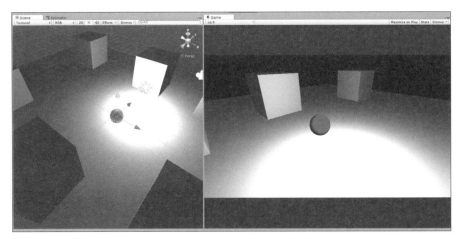

오브젝트를 부드럽게 따라가는 카메라 만들기

 다운로드한 책의 예제 코드 중 camera_smooth_damp 폴더에 이 프로젝트가 포함되어 있다.

단순히 따라가는 동작을 만드는 것만으로 이런 카메라의 목표에 부합하기는 쉽지 않다. 따라가는 동작을 만드는 것이 목적이었다면 간단히 오브젝트를 카메라의 부모로 만들어두면 된다. 하지만 일반적으로는 카메라가 갑자기 멈추는 대신 목표에 도달하는 동안 속도와 무관하게 점차적으로 느려지면서 멈추기 위해 속도가 감소하는 방식이 원하는 카메라의 모습일 것이다. 이렇게 구현하기 위해 Quaternion.Slerp와 Vector3.SmoothDamp 함수를 이용할 수 있다. 카메라에 붙였을 때 오브젝트를 부드럽게 따라가도록 하는 예제 코드 5-9를 살펴보자.

```
01 using UnityEngine;
02 using System.Collections;
03 //----------------------------------------------------------------
04 public class CamFollow : MonoBehaviour
05 {
06     //----------------------------------------------------------------
07     // 따라갈 대상
08     public Transform Target = null;
09
10     // 로컬 트랜스폼에 대한 참조
11     private Transform ThisTransform = null;
12
13     // 대상으로부터의 유지할 직선 거리(월드 단위 기준)
14     public float DistanceFromTarget = 10.0f;
15
16     // 대상 위쪽으로의 카메라 높이
17     public float CamHeight = 1f;
18
19     // 회전 제한치
20     public float RotationDamp = 4f;
21
22     // 위치 제한치
23     public float PosDamp = 4f;
24     //----------------------------------------------------------------
25     void Awake()
26     {
27         // 카메라의 트랜스폼을 얻는다
```

```
28        ThisTransform = GetComponent<Transform>();
29    }
30    //-------------------------------------------------------------
31    // Update는 매 프레임마다 한 번씩 호출된다
32    void LateUpdate ()
33    {
34        // 출력 속도를 얻는다
35        Vector3 Velocity = Vector3.zero;
36
37        // 회전 보간 계산
38        ThisTransform.rotation = Quaternion.Slerp(
39            ThisTransform.rotation,
40            Target.rotation,
41            RotationDamp * Time.deltaTime);
42
43        // 새로운 좌표를 구한다
44        Vector3 Dest = ThisTransform.position = Vector3.SmoothDamp(
45            ThisTransform.position,
46            Target.position,
47            ref Velocity,
48            PosDamp * Time.deltaTime);
49
50        // 대상으로부터 떨어뜨린다
51        ThisTransform.position =
52            Dest - ThisTransform.forward * DistanceFromTarget;
53
54        // 높이를 설정한다
55        ThisTransform.position = new Vector3(
56            ThisTransform.position.x,
57            CamHeight,
58            ThisTransform.position.z);
59
60        // 대상을 바라보도록 한다
61        ThisTransform.LookAt(Dest);
62    }
63    //-------------------------------------------------------------
64 }
```

카메라와 곡선

컷씬이나 메뉴 배경, 단순한 카메라 비행과 같은 것을 만들려면 일단 대략 직선을 따라 카메라를 이동시킬 수 있어야 한다. 카메라가 부드럽게 점차 커지거나 작아지는 움직임[3]으로 이동할 수 있도록 곡률이나 속도에 변화를 줄 수도 있어야 한다. 카메라가 시작 지점에서 가지는 속도가 경로의 끝에 도달할수록 천천히 떨어지게 된다는 말이다. 그러려면 유니티의 애니메이션 에디터에서 미리 정의된 애니메이션을 이용하거나 애니메이션 커브animation curve를 사용하면 된다. 다음 그림에서 보여주는 애니메이션 커브는 고도의 유연함을 가지고 있고 시간에 따라 오브젝트의 변화를 제어할 수 있다.

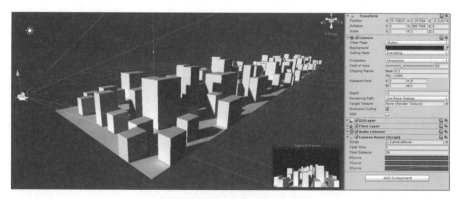

애니메이션 커브를 이용해 카메라 이동하기

---

3 Smooth-In, Smooth-Out: 이러한 움직임의 추세를 나타내는 S자 형태의 그래프를 보여주는 함수인 시그모이드(sigmoid) 함수에 대해 찾아보면 간단히 이해할 수 있다. – 옮긴이

시간에 따라 오브젝트의 속도와 곡선 움직임 및 감속을 포함한 카메라의 움직임을 제어하는 스크립트를 만드는 예제 코드 5-10을 살펴보자.

```
01 //----------------------------
02 using UnityEngine;
03 using System.Collections;
04 //----------------------------
05 public class CameraMover : MonoBehaviour
06 {
07     //--------------------------
08     // 애니메이션이 진행되는 총시간
09     public float TotalTime = 5.0f;
10
11     // 각 축마다 이동 가능한 총거리
12     public float TotalDistance = 30.0f;
13
14     // 움직임을 만들기 위한 애니메이션 커브들
15     public AnimationCurve XCurve;
16     public AnimationCurve YCurve;
17     public AnimationCurve ZCurve;
18
19     // 현재 오브젝트의 트랜스폼
20     private Transform ThisTransform = null;
21     //--------------------------
22     void Start()
23     {
24         // 트랜스폼 컴포넌트를 얻는다
25         ThisTransform = GetComponent<Transform>();
26
27         // 애니메이션을 시작한다
28         StartCoroutine(PlayAnim());
29     }
30     //--------------------------
31     public IEnumerator PlayAnim()
32     {
33         // 애니메이션 시작 시점으로부터 흐른 시간
34         float TimeElapsed = 0.0f;
```

```
35
36     while(TimeElapsed < TotalTime)
37     {
38         // 정규화된 형태의 시간을 구한다
39         float NormalTime = TimeElapsed / TotalTime;
40
41         // X, Y, Z의 그래프상 위치를 구한다
42         Vector3 NewPos = ThisTransform.right.normalized
43             * XCurve.Evaluate(NormalTime) * TotalDistance;
44         NewPos += ThisTransform.up.normalized
45             * YCurve.Evaluate(NormalTime) * TotalDistance;
46         NewPos += ThisTransform.forward.normalized
47             * ZCurve.Evaluate(NormalTime) * TotalDistance;
48
49         // 위치를 업데이트한다
50         ThisTransform.position = NewPos;
51
52         // 다음 프레임까지 멈춘다
53         yield return null;
54
55         // 시간을 업데이트한다
56         TimeElapsed += Time.deltaTime;
57     }
58 }
59 //---------------------------
60 }
61 //---------------------------
```

 다운로드한 책의 예제 코드 중 camera_anim_curves 폴더에 이 프로젝트가 포함되어 있다.

CameraMover 클래스를 사용하려면 스크립트를 카메라에 붙이고, 오브젝트 인스펙터에서 각각의 X, Y, Z 커브 필드를 클릭해 시간에 따른 거리 및 속도를 기입한다. 그래프 미리보기 영역을 클릭하면 그래프 편집이 가능해져 지점을 추가하

고 해당 축의 움직임 곡선을 정의해 적용할 수 있다. X, Y, Z 움직임은 오브젝트
의 로컬 축(전방, 상향, 우측)을 기입한 것으로, 월드 축((x, y, z))의 움직임을 기입한
것이 아님에 유의하자. 이렇게 하면 다음 그림과 같은 애니메이션 데이터를 따르
는 중에도 최상위 레벨에서 오브젝트 움직임을 제어할 수 있도록 상대적인 움직
임을 적용하게 된다.

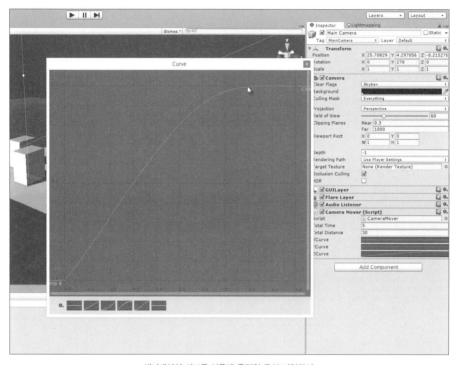

애니메이션 커브를 이용해 움직임 곡선 기입하기

 애니메이션 커브에 대한 자세한 내용은 다음 웹사이트를 참고한다.

http://docs.unity3d.com/kr/current/Manual/animeditor-AnimationCurves.
html

카메라 경로: iTween

이상하게도 가장 흔한 기능 추가 요청사항 중 하나인 프로그래밍 가능한 움직임 경로 기능이 아직 유니티의 기본 기능으로 구현되어 있지 않다. 이 기능은 카메라처럼 게임오브젝트를 가지는 개체에 주어지며, 구형 보간을 이용해 일련의 연결된 게임오브젝트로 정의된 궤도나 스플라인^{spline}을 따라 부드럽게 움직이는 기능이다. 이 기능은 유니티 애니메이션 에디터를 이용해 만든 사전 정의된 애니메이션에 말 그대로 이미 존재하는 기능이다. 하지만 중간 기점들을 설정해 만든 경로를 수정 가능하도록 좀 더 유연하며 프로그래밍적으로 제어 가능한 움직임 경로로 만들고자 하는 욕심이 있다. 이 기능은 다음 그림에서처럼 적 비행선의 궤적이 (때때로 플레이어 우주선의 위치에 따라 변경되기도 하는) 부드러운 곡선 궤적을 따라가는 우주 슈팅 게임을 만들 때 특히 유용하게 활용된다. 유니티에서 이 기능을 구현하는 방법은 많지만, 쉽고 빠르게 무료로 쓸 수 있는 애드온^{add-on}인 iTween을 이용하는 방법이 있다. 이 애드온은 유니티의 애셋 스토어에서 직접 다운로드하고 임포트할 수 있다. iTween에 대한 자세한 내용은 웹사이트 http://itween.pixelplacement.com/index.php를 참고한다.

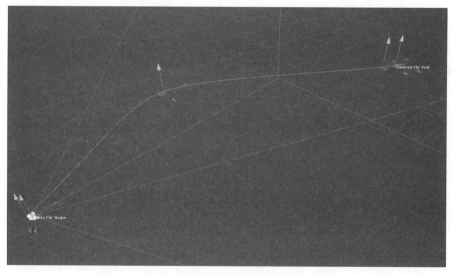

iTween을 이용해 카메라 움직임 경로 만들기

기본 iTween 패키지에 추가로 다음 주소의 Visual iTween Path Editor라는 이름의 확장 도구를 함께 사용할 수 있다.

http://pixelplacement.com/2010/12/03/visual-editor-for-itween-motion-paths/

iTween 패키지를 임포트한 후, 경로를 따라 애니메이션되는 오브젝트를 생성한다. 카메라 비행 예제를 만들기 위해 iTweenPath 스크립트를 카메라 오브젝트에 드래그앤드롭한다. 이 스크립트는 다음 그림처럼 여러 중간 기점으로 구성된, 독립적으로 이름을 가지는 경로를 만들 수 있게 해준다.

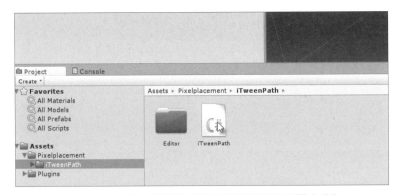

iTweenPath 스크립트를 통해 중간 기점들로 이루어진 경로를 정의할 수 있다.

경로에 다중 중간 기점을 정의하려면, Node Count 필드 안에 총 중간 기점의 수를 입력하고 Scene 뷰포트에서 각각의 노드 기즈모를 선택해 각각을 위치시킨다. 지점 간 그려지는 곡선 경로는 카메라가 따라갈 경로의 윤곽선이다.

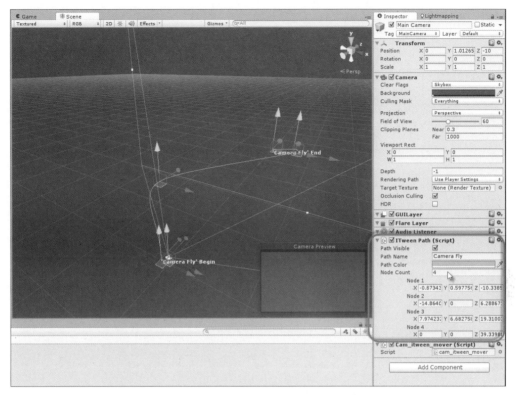

경로를 만들기 위한 중간 기점 정의하기

그런 다음 런타임에 카메라가 경로를 따라갈 수 있도록 다음 예제 코드 5-11을
카메라에 추가한다.

```
01 using UnityEngine;
02 using System.Collections;
03
04 public class cam_itween_mover : MonoBehaviour
05 {
06     // 여기에서 초기화한다
07     void Start ()
08     {
09         iTween.MoveTo
10         (
11             gameObject,
```

```
12            iTween.Hash("path",
13               iTweenPath.GetPath("Camera Fly"),
14               "time",
15               4f,
16               "easetype",
17               iTween.EaseType.easeInOutSine
18            )
19       );
20    }
21 }
```

 iTween에 대한 자세한 내용은 다음 웹사이트를 참고한다.
http://itween.pixelplacement.com/gettingstarted.php

요약

5장에서는 카메라에 기대하거나 필요한 여러 가지 공통적인 처리 작업에 대해 집중적으로 살펴봤다. 카메라는 씬을 화면에 렌더링할 때 바라보는 시점을 나타내는 역할을 하기 때문에 유니티나 다른 게임 엔진에 필수불가결한 부분이다. 대부분의 공통 카메라 기능을 유니티에서 제공하기 때문에 카메라가 제공하는 융통성과 제어하는 방법에 대한 많은 내용은 생략되어 논의되지 않았다. 구체적으로는 첫 번째로, 기즈모 렌더링에 대해 다루었는데 선택되지 않은 카메라의 기즈모를 씬 뷰포트에 지속적으로 표시할 것인지에 대한 내용이었다. 두 번째로, 어떤 오브젝트가 카메라에 보일지, 어떤 오브젝트가 보이지 않을지 정하는 방법에 대한 내용을 살펴봤다. 여기에는 프러스텀 내에 존재하는지에 대한 검사와 오클루전 검사 등 몇몇 중요한 검사들이 포함된다. 세 번째로, 원근 왜곡 없이 2D 구성요소를 렌더링하는 직교 카메라를 생성하고 설정하는 방법에 대해 살펴봤다. 네 번째로, 렌더 텍스처를 통해 카메라 렌더링을 수정하고 향상시키는 방법을 설명했다. 중요 카메라 이벤트들을 재정의하고 카메라 크로스페이드 효과를 만들기 위해 다른 카메라로의 렌더러를 혼합하는 방법을 포함한다. 다섯 번째로는 카메라 경로에 대해 배웠는데, 카메라가 특정 경로를 따라가는 기능으로서 게임오브젝트로 지정한 중간 지점들로 정의된 경로나 간단히 오브젝트를 따라가는 방법을 모두 다루었다. 다음 장에서는 모노 프레임워크에 대해 더 자세히 알아본다.

6

모노를 이용한 개발

유니티는 크게 두 가지 주요 언어인 C#과 자바스크립트^{JavaScript}를 지원한다. 개발자는 작업을 시작할 때 한 가지 언어를 선택해 프로젝트 안에서 일관성 있게 선택한 언어로 모든 스크립트를 작성해야 한다. 그렇게 하지 않으면(다른 언어의 스크립트 파일을 섞어서 사용하면) 보통 불필요한 골칫거리와 혼란을 만들어낸다. 하지만 C#과 같이 언어 하나를 선택한다고 해서 보통 게임을 만드는 데 필요한 모든 것을 제공해주지는 않는다. C# 자체만으로는 게임 데이터를 저장하기 위해 XML을 읽고 분석하는 기능이나, 창 오브젝트와 GUI 위젯^{widget}을 만들어 복잡한 데이터 세트와 집합에 대해 고급 검색 및 질의를 하는 등의 기능 어느 쪽도 불가능하다. 이런 추가적인 동작을 포함한 더 많은 기능을 구현하려면 외부 라이브러리^{library}에 의존해야 한다. 몇몇 라이브러리들은 유니티의 애셋 스토어에서 직접 구입할 수 있는데, 이런 라이브러리들은 일반적으로 특정 목적을 위해 사용되는 것이다. 하지만 유니티가 제공하는 모노^{Mono} 프레임워크는 무료이고, 여러 플랫폼을 지원하는 마이크로소프트 닷넷^{Microsoft .NET}(프로그래밍 라이브러리의 하나)의 오픈소스 구현으로 닷넷에서 가능한 대부분의 클래스들을 제공해준다. 닷넷 프레임워크는 문자열 처리, 파일 입출력, 데이터 검색 및 정렬, 동적 리스트 기록, XML 분석 등의 기능을 위한 클래스를 제공한다. 확장 툴킷인 모노를 통해 애플리케이션에서 효과적이고 효율적으로 데이터를 다룰 수 있게 된다는 말이다. 6장에서는 리스트, 스택, 통합 언어 쿼리^{LINQ}, 정규식, 열거자 등을 살펴봄으로써 유니티 애플리케이션에 모노가 배치되는 여러 가지 방법 중 몇 가지에 대해 알아본다.

다음 그림은 모노 프레임워크 인터페이스의 홈페이지다.

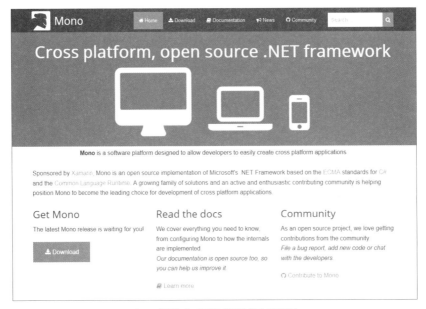

모노 프레임워크는 유니티 엔진에 함께 제공된다.

리스트와 컬렉션

아마도 게임을 프로그래밍할 때 가장 일반적인 작업은 데이터의 목록을 저장하는 작업일 것이다. 이런 데이터는 최고 점수, 플레이어나 적의 통계, 인벤토리 아이템, 무기, 능력 강화 아이템, 레벨 목록 등 엄청나게 다양한 형태가 될 수 있다. 정적 배열에 대해서는 1장에서 다루었다. 요약하면, 정적 배열은 런타임의 시작 시점에 최대 용량이 확정된 상태로 생성된다. 런타임에 항목을 추가하거나 삭제하는 것은 가능하지만 전체 크기는 절대 변경되지 않는다. 최대 용량을 적절히 설정하지 않는다면 남는 공간이 낭비된다. 이름이 말해주듯이 정적 배열은 게임의 모든 레벨이나 수집 가능한 모든 무기 및 능력 강화 아이템 등 정적으로 유지되는 데이터의 목록을 저장하는 훌륭한 선택이 될 수 있다.

하지만 때론 적의 생성 및 파괴, 인벤토리 아이템의 입출, 무기의 수집 및 폐기와 같이 필요한 데이터의 양이 변경될 때 용량이 늘어나거나 줄어들 수 있는 동적 배열이 필요할 것이다. 모노 프레임워크는 데이터 목록을 유지할 수 있도록 여러 클래스들을 제공한다. 세 가지 메인 클래스로 List, Stack, Dictionary가 있다. 이 클래스들은 각각 특정 목적에 유용한 것들이다.

List 클래스

정렬되지 않은 상태로 하나의 데이터 형식을 가지는 연속적인 항목들의 목록이 필요할 때, 이 목록이 저장된 데이터의 크기에 맞게 늘어나거나 줄어드는 것을 원한다면 List 클래스가 적합하다. List는 아이템을 추가/삭제하고 저장된 모든 항목들을 순차적으로 순회해야 할 필요가 있을 때 특히 적합하다. 추가로, List 오브젝트는 유니티의 오브젝트 인스펙터에서 편집할 수도 있다. 다음은 예제 코드 6-1의 C# 코드다.

```
01 using UnityEngine;
02 using System.Collections;
03 using System.Collections.Generic;
04 //----------------------------------------
05 // 적 데이터를 담는 예제 적 클래스
06 [System.Serializable]
07 public class Enemy
08 {
09     public int Health = 100;
10     public int Damage = 10;
11     public int Defense = 5;
12     public int Mana = 20;
13     public int ID = 0;
14 }
15 //----------------------------------------
16 public class Using_List : MonoBehaviour
```

```
17 {
18     //----------------------------------------
19     // 씬 안의 유효한 적 목록
20     public List<Enemy> Enemies = new List<Enemy>();
21     //----------------------------------------
22     // 여기에서 초기화한다
23     void Start ()
24     {
25         // 다섯 마리의 적을 리스트에 추가한다
26         for(int i=0; i<5; i++)
27             Enemies.Add (new Enemy()); // Add 메소드로 리스트의 맨 뒤에 삽입한다
28
29         // 리스트의 시작(인덱스 0)에서부터 하나의 적을 삭제한다
30         Enemies.RemoveRange(0,1);
31
32         // 리스트 순회 – 리스트 전체에 대해 반복하는 방법이다
33         foreach (Enemy E in Enemies)
34         {
35             // 적 ID를 출력한다
36             Debug.Log (E.ID);
37         }
38     }
39 }
40 //----------------------------------------
```

 List의 자세한 사용법은 다운로드한 6장의 예제 코드 중 collections 폴더에서 찾아볼 수 있다. List 클래스의 참고 문서는 다음 MSDN 문서에서 찾아볼 수 있다.

https://msdn.microsoft.com/ko-kr/library/6sh2ey19(v=vs.110).aspx

다음은 예제 코드 6-1에 대한 설명이다.

- 3번 줄: List 클래스를 사용하기 위해 System.Collections.Generic 네임스페이스^{namespace}를 포함해야 한다.

- 6번 줄: System.Serializable 클래스로 데이터 형식을 선언하면 리스트를

오브젝트 인스펙터에서 볼 수 있게 된다.

- 20번 줄: 클래스 멤버 선언 시점에 같은 줄에서 새로운 리스트 인스턴스를 선언하고 초기화할 수 있다.

- 27번 줄: Add 메소드를 이용해 리스트의 맨 뒤에 새로운 오브젝트들이 즉시 추가된다.

- 30번 줄: 몇 가지 메소드를 이용해 항목을 제거할 수 있다. RemoveRange 는 연속된 아이템 몇 개를 리스트에서 지운다. 다른 삭제 함수로 Remove, RemoveAll, RemoveAt이 있다.

- 33번 줄: foreach 반복문을 이용해 리스트 내의 모든 아이템을 순회할 수 있다.

- 33-37번 줄: 일반적으로 반복문에서 리스트를 순회하는 동안에는 해당 리스트에 항목을 추가하거나 제거하지 않는다.

다음 그림은 오브젝트 인스펙터에 보이는 List 클래스의 모습이다.

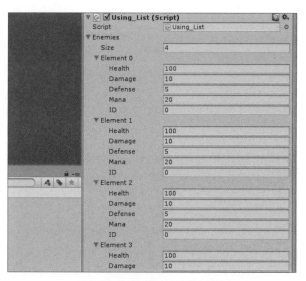

오브젝트 인스펙터에서 List 클래스 보기

List 클래스는 항목들을 개별적으로 혹은 한꺼번에 제거하는 몇 가지 메소드를 제공하는데, 이 메소드들은 리스트를 순회하는 반복문의 바깥에서 사용하도록 고안된 것이다. 하지만 특정 처리 후 각각의 항목을 제거할 때처럼 반복문에서 순회하는 동안 제거하는 것이 편하고 간단해 보일 때가 있다. 전형적인 경우로 씬에서 적과 같은 참조 형식을 가지는 모든 오브젝트들을 지워야 할 때 널^{null} 참조를 가지지 않도록 배열 내의 항목들 또한 지워야 하는 경우가 있다. 하지만 반복문 안에서의 항목 삭제는 반복자^{iterator}로 하여금 현재 위치가 어디인지, 반복문 중 항목의 총개수가 변경되었을 때 어디로 가야 하는지 놓치기 쉽게 만들기 때문에 문제를 일으킬 수 있다. 한 번의 처리로 반복해 제거하려면 다음 예제 코드 6-2처럼 배열을 끝에서 처음으로 거꾸로 순회해야 한다.

```
42    // 각 오브젝트의 함수를 호출하는 반복문에서 모든 아이템을 삭제하는 함수
43    void RemoveAllItems()
44    {
45        // 리스트를 거꾸로 순회한다
46        for(int i = Enemies.Count-1; i>=0; i--)
47        {
48            // 적의 삭제 전 함수를 실행한다
49            Enemies[i].MyFunc();
50
51            // 리스트에서 이 적 오브젝트를 제거한다
52            Enemies.RemoveAt(i);
53        }
54    }
```

Dictionary 클래스

아마도 List 클래스는 메모리 내 데이터 저장을 위해 모노 프레임워크의 가장 유용한 클래스 중 하나일 것이다. 하지만 Dictionary 클래스(C++의 std::map 클래스와 유사하다.)를 잊지 말자. 이 클래스는 단순한 항목들의 목록 이상의 기능을 원할 때 특히 유용하다. 키 값에 따른 특정 원소를 검색해 즉시 접근해야 할 때는 Dictionary 클래스가 필수다. 리스트 안의 각 아이템은 키나 ID에 대응하는 다른 모든 항목으로부터 구별되는 해당 항목만의 고유한 식별자를 지정해줘야 한다. Dictionary 클래스는 하나의 키에 의해 이런 항목에 바로 접근할 수 있도록

해준다. Dictionary 클래스는 단어 게임에 쓰이는 진짜 사전에서 특정 단어의 의미를 찾는 것처럼, 데이터베이스에서 특정 값을 찾을 때 유용하다. 사전의 예에서 단어는 키가 되고, 단어의 정의는 값에 해당하는 것이다.

물론 Dictionary 클래스 대신에 여러 개의 List 오브젝트를 사용해서 이런 동작을 흉내 낼 수 있다. 하지만 Dictionary 클래스는 빛처럼 무척 빠른 성능을 자랑한다. 딕셔너리 클래스 안에 방대한 데이터를 매우 적은 비용만으로 저장할 수 있다. 이러한 점이 다음 예제 코드 6-3에서 보는 것처럼 키 값을 통한 빠른 데이터 검색을 가능하게 한다.

```
01 using UnityEngine;
02 using System.Collections;
03 using System.Collections.Generic;
04
05 public class Using_Dictionary : MonoBehaviour
06 {
07     // 단어 데이터베이스. <단어, 점수> 키-값 쌍. 단어 게임을 위한 단어와 점수
08     public Dictionary<string, int> WordDatabase = new Dictionary<string, int>();
09
10     // 여기에서 초기화한다
11     void Start ()
12     {
13         // 단어를 몇 개 생성한다
14         string[] Words = new string[5];
15         Words[0]="hello";
16         Words[1]="today";
17         Words[2]="car";
18         Words[3]="vehicle";
19         Words[4]="computers";
20
21         // 점수와 함께 추가한다(점수는 단어 길이에 비례한다)
22         foreach(string Word in Words)
23             WordDatabase.Add(Word, Word.Length);
24
25         // 키 값을 이용해 리스트에서 단어를 뽑는다
26         // 배열과 같은 문법을 사용한다
```

```
27        Debug.Log ("Score is: " + WordDatabase["computers"].ToString());
28    }
29 }
```

다음은 예제 코드 6-3에 대한 설명이다.

- 3번 줄: List 클래스처럼 System.Collections.Generic 네임스페이스를 포함해야 한다.
- 8번 줄: 딕셔너리가 같은 줄에 선언 및 생성되었다. List 클래스와는 다르게 Dictionary 클래스는 유니티의 오브젝트 인스펙터에 표시되지 않는다.
- 13-23번 줄: Add 메소드를 이용해 Dictionary 클래스를 채운다.
- 27번 줄: Dictionary 클래스의 항목들은 배열처럼 접근이 가능하다. 배열 인덱스 대신 키 데이터를 이용해 각각의 항목을 지정한다는 점만 다르다.

 Dictionary에 대한 자세한 내용은 EventManager를 이용한 이벤트 주도적 프로그래밍을 다룰 때 4장에서 함께 다루었다.

Stack 클래스

플레이어가 덱deck의 맨 위쪽 카드를 뽑는 카드 게임을 만들 때, 되돌리기 기능이 필요하다거나 사용자화된 경로 탐색, 복잡한 마법 시전 시스템 또는 하노이의 탑 (https://en.wikipedia.org/wiki/Tower_of_Hanoi) 같은 퍼즐 게임을 만들 때에도 한 줄로 쌓아 올린 스택이 필요해진다. 스택은 후입선출LIFO 모델에 기반한 특별한 종류의 리스트다. 쌓아 올리는 개념이다. 항목을 리스트에 집어넣고push 수직의 탑에서 다른 항목 위에 항목을 쌓아 올려 가장 최근에 집어넣은 항목이 항상 최상단에 위치하게 된다. 그런 후, 스택 맨 위의 항목을 하나씩 꺼낼pop 수 있다. 꺼내는 항목의 순서는 항상 밀어 넣은 아이템 순서의 역순이다.

이것이 스택이 기능을 되돌릴 때 특별히 유용한 이유다. 다음의 예제 코드 6-4는 스택을 사용하는 방법에 대한 예제다.

```
01 using UnityEngine;
02 using System.Collections;
03 using System.Collections.Generic;
04 //-----------------------------------------
05 [System.Serializable]
06 public class PlayingCard
07 {
08    public string Name;
09    public int Attack;
10    public int Defense;
11 }
12 //-----------------------------------------
13 public class Using_Stack : MonoBehaviour
14 {
15    //-----------------------------------------
16    // 카드의 스택
17    public Stack<PlayingCard> CardStack = new Stack<PlayingCard>();
18    //-----------------------------------------
19    // 여기에서 초기화한다
20    void Start ()
21    {
22        // 카드 배열을 만든다
23        PlayingCard[] Cards = new PlayingCard[5];
24
25        // 예제 데이터로 카드를 만든다
26        for(int i=0; i<5; i++)
27        {
28            Cards[i] = new PlayingCard();
29            Cards[i].Name = "Card_0" + i.ToString();
30            Cards[i].Attack = Cards[i].Defense = i * 3;
31
32            // 스택 위에 카드를 집어넣는다
33            CardStack.Push(Cards[i]);
34        }
35
36        // 매번 상단의 카드를 꺼냄으로써 모든 카드를 스택에서 제거한다
37        while(CardStack.Count > 0)
```

```
38        {
39            PlayingCard PickedCard = CardStack.Pop();
40
41            // 선택된 카드의 이름을 출력한다
42            Debug.Log (PickedCard.Name);
43        }
44    }
45    //----------------------------------------
46 }
47 //----------------------------------------
```

IEnumerable과 IEnumerator

보통 List, Dictionary, Stack 등 데이터 컬렉션을 이용한 작업을 할 때, 리스트의 전체 혹은 일부 항목에 대한 일정 범위에 대해 순회하며 반복 작업하기를 원할 것이다. 대부분의 경우에 항목들을 앞에서부터 순서대로 순회하도록 하길 원하겠지만, 앞에서 봤듯이 거꾸로 순회하는 것이 적합할 때도 있다. 표준 반복문을 이용해 항목을 차례로 순회할 수 있지만, 이 방법이 다소 성가신 경우에 IEnumerable과 IEnumerator 인터페이스가 도움을 줄 수 있다. 어떤 성가신 경우가 있을지 알아본다. 다음 예제 코드의 for 반복문을 살펴보자.

```
// 합계 변수를 만든다
int Total = 0;

// 리스트 오브젝트를 좌에서 우로 순회한다
for(int i = 0; i < MyList.Count; i++)
{
    // 리스트에서 숫자를 뽑는다
    int MyNumber = MyList[i];

    // 합계를 증가시킨다
    Total += MyNumber;
}
```

for 반복문을 사용하는 동안 세 가지 성가신 부분이 있다. 앞의 두 가지를 먼저 살펴보자. 첫 번째로 왼쪽에서 오른쪽으로, 처음부터 끝까지 순회하는 이 문법은 반복문이 진행될 때 각각의 배열 항목에 접근하려면 정수형 반복자^{iterator} 변수 i 를 항상 사용해야 해서 그렇게 매력적이지 못한 부분이 있다. 두 번째는 반복자 스스로는 경계를 넘어가지 않는지 보장할 수 없다는 점이다. 배열 한계의 위로 증가하거나 아래로 감소하는 것이 실제로 가능하므로 경계를 벗어나는^{out of bound} 오류를 유발할 수 있다.

이 문제는 다음 예제 코드에서처럼 경계를 벗어나지 않고 간단한 문법으로 좀 더 깔끔한 foreach 반복문을 이용해서 어느 정도 고칠 수 있다.

```
// 합계 변수를 만든다
// 리스트 오브젝트를 좌에서 우로 순회한다
foreach(int Number in MyList)
{
    // 합계를 증가시킨다
    Total += Number;
}
```

foreach 반복문은 더 단순하고 가독성을 위해 선호되지만 눈에 보이는 것 이상의 장점이 있다. foreach 반복문은 IEnumerable 인터페이스를 구현하는 클래스와만 함께 동작한다. IEnumerable을 구현하는 오브젝트는 반드시 유효한 IEnumerable 인터페이스를 반환해야 한다. 따라서 foreach 반복문에서 동작하는 오브젝트는 두 개의 다른 인터페이스에 의존해야 한다. 그렇다면 간단한 반복, 순회 동작을 위해 왜 이러한 모든 내부 복잡성이 요구되는지에 대한 의문이 생긴다. IEnumerable과 IEnumerator가 foreach 반복문에서 단순한 문법이나 경계를 넘어가지 않도록 반복할 수 있도록 함으로써, 앞의 두 가지 문제만을 해결하는 것이 아니라 세 번째 문제도 해결하도록 그런 방법을 사용한다고 답할 수 있다. 구체적으로 말해, 실제로 배열 형식이 아닌 오브젝트의 그룹들을 순회할 수 있게 해주는데, 즉 배열이든 아니든 간에 여러 다른 형식의 오브젝트를 배열처럼 순회할 수 있도록 한다는 이야기다. 이런 점은 무척 강력한 부분이다. 실질적인 예제에서 동작하는 방법을 살펴보자.

IEnumerator를 이용해 적을 차례로 순회

여러 다른 종류의 사악한 마법사 캐릭터(Wizard 클래스로 코딩된)가 살고 있는 중세의 세계를 특징으로 하는 RPG 게임을 예로 들어보자. 이 마법사들은 레벨의 임의의 위치와 시간 간격으로 생성되어 마법을 시전하고, 사악한 행동을 함으로써 잠재적으로 게이머에게 알려주지 않은 문제를 일으킨다. 기본적으로 이러한 무작위 생성으로 인해 한 번에 얼마나 많은 마법사가 씬에 존재하게 될지와 어디에 생성되는지를 미리 알 수 없게 된다. 하지만 모든 마법사를 비활성화시키거나 감추고, 중지시키고, 죽이거나 과다 생성을 방지하기 위해 머릿수를 세는 것처럼 모든 마법사를 찾아내야 할 정당한 사유가 있는 경우도 있다. 덕분에 마법사가 무작위로 생성되는 것에 개의치 않고, 필요에 따라 레벨 내의 모든 마법사에 접근할 수 있는 좋은 변명이 생겼다.

2장에서 봤던 것처럼 다음 예제 코드와 같이 모든 마법사를 포괄하는 리스트를 얻어내는 방법이 있다.

```
// 모든 마법사를 얻어온다
Wizard[] WizardsInScene = Object.FindObjectsOfType<Wizard>();

// 마법사를 차례대로 순회한다
foreach (Wizard W in WizardsInScene)
{
    // 각 마법사를 W를 통해 접근할 수 있다
}
```

FindObjectsOfType 함수는 느려서 성능상 자주 사용하지 못하는 문제가 있다. 다음의 유니티 문서에서도 이 함수의 반복적인 사용은 권하지 않는다.

http://docs.unity3d.com/kr/ScriptReference/Object.FindObjectsOfType.html

IEnumerator와 IEnumerable 인터페이스를 사용하는 예제 유니티 프로젝트는 다운 로드한 파일 중 6장의 enumerators 폴더에서 찾아볼 수 있다.

따라서 자주 이 함수를 호출하는 대신 IEnumerable과 IEnumerator를 이용해서 현격한 성능 불이익을 피할 수 있게끔 비슷한 동작을 만들 수 있다. 이 두 인터페이스를 이용하면, 다음 코드 예제 6-5에서처럼 foreach 반복문을 이용해 씬에 존재하는 마법사들이 배열에 있는 것처럼 효율적인 방법으로 차례대로 순회할 수 있게 된다.

```
01 using UnityEngine;
02 using System.Collections;
03 using System.Collections.Generic;
04 //-------------------------------------------------------
05 // IEnumerator에서 파생한 클래스
06 // 씬의 모든 마법사를 경계를 넘어가지 않고 안전하게 순회하도록 처리한다
07 public class WizardEnumerator : IEnumerator
08 {
09     // 열거자가 가리키는 현재 마법사 오브젝트의 참조
10     private Wizard CurrentObj = null;
11     //-------------------------------------------------------
12     // MoveNext 이벤트를 재정의한다 - 다음 마법사로 반복기를 증가시킨다
13     public bool MoveNext()
14     {
15         // 다음 마법사를 얻는다
16         CurrentObj = (CurrentObj==null) ?
17             Wizard.FirstCreated : CurrentObj.NextWizard;
18
19         // 다음 마법사를 반환한다
20         return (CurrentObj != null);
21     }
22     //-------------------------------------------------------
23     // 첫 번째 마법사로 반복기를 재설정해 되돌린다
24     public void Reset()
25     {
```

```
26          CurrentObj = null;
27      }
28      //----------------------------------------------------
29      // 현재 마법사를 얻기 위한 C# 프로퍼티
30      public object Current
31      {
32          get{return CurrentObj;}
33      }
34      //----------------------------------------------------
35 }
36 //----------------------------------------------------
37 // 마법사 오브젝트를 정의하는 예제 클래스
38 // IEnumerable에서 파생되어 foreach로 순회하는 것이 가능하다
39 [System.Serializable]
40 public class Wizard : MonoBehaviour, IEnumerable
41 {
42      //----------------------------------------------------
43      // 마지막으로 생성된 마법사에 대한 참조
44      public static Wizard LastCreated = null;
45
46      // 처음 생성된 마법사에 대한 참조
47      public static Wizard FirstCreated = null;
48
49      // 리스트의 다음 마법사에 대한 참조
50      public Wizard NextWizard = null;
51
52      // 리스트의 이전 마법사에 대한 참조
53      public Wizard PrevWizard = null;
54
55      // 이 마법사의 이름
56      public string WizardName = "";
57      //----------------------------------------------------
58      // 생성자
59      void Awake()
60      {
61          // 처음 생성된 마법사를 업데이트해야 하는가
62          if(FirstCreated==null)
```

```
63          FirstCreated = this;
64
65      // 마지막으로 생성된 마법사를 업데이트해야 하는가
66      if(Wizard.LastCreated != null)
67      {
68          Wizard.LastCreated.NextWizard = this;
69          PrevWizard = Wizard.LastCreated;
70      }
71
72      Wizard.LastCreated = this;
73      }
74      //----------------------------------------------------
75      // 오브젝트 파괴 시에 호출된다
76      void OnDestroy()
77      {
78          // 연결된 오브젝트가 파괴된 경우 연결고리를 고친다
79          if(PrevWizard!=null)
80              PrevWizard.NextWizard = NextWizard;
81
82          if(NextWizard!=null)
83              NextWizard.PrevWizard = PrevWizard;
84      }
85      //----------------------------------------------------
86      // 이 클래스를 열거자로 얻는다
87      public IEnumerator GetEnumerator()
88      {
89          return new WizardEnumerator();
90      }
91      //----------------------------------------------------
92 }
93 //--------------------------------------------------------------
```

다음은 예제 코드 6-5에 대한 설명이다.

- 7번 줄, 40번 줄: 두 개의 클래스를 만들었다. 첫 번째 클래스는 IEnumerator
  를 구현하는 WizardEnumerator이고, 두 번째 클래스는 IEnumerable을 구현
  하는 Wizard다. WizardEnumerator 클래스는 반복 처리 과정에서 현재의 마

법사를 기록하고 있는 마법사의 컬렉션을 간단히 순회하기 위해 인스턴스화되었다. 씬의 모든 마법사를 차례로 순회하기 위해 바로 다음 절에서 설명할 Wizard 클래스의 멤버 변수를 사용한다.

- 13, 24, 30번 줄: WizardEnumerator 클래스는 IEnumerator의 메소드와 프로퍼티를 구현한다. 구체적으로 MoveNext(다음 마법사로 반복), Reset(첫 번째 마법사로 반복기를 재설정), Current(순회하는 중에 현재 마법사를 반환)가 그것이다.

- 40번 줄: Wizard 클래스는 씬의 마법사 캐릭터를 캡슐화하며 MonoBehaviour와 IEnumerable 두 클래스를 상속한다. 두 클래스의 모든 기능이 이 파생된 클래스에 함께 담긴다는 의미다. 이 클래스는 내부적으로 언제든지 열거자로 하여금 씬의 모든 마법사 인스턴스를 순회할 수 있게 하는 몇 가지 변수를 가지고 있다. 먼저, Wizard 클래스는 FirstCreated와 LastCreated 정적 멤버(모든 마법사 인스턴스에서 접근 가능한)를 가진다. 오브젝트가 생성되었을 때(59번 줄의 Awake 함수) 이 변수들이 설정된다. FirstCreated는 항상 처음 생성된 마법사의 인스턴스를, LastCreated는 항상 최근에 생성된 인스턴스를 참조해 가리킨다.

- 49번 줄, 52번 줄: Wizard 클래스는 인스턴스 변수인 NextWizard와 PrevWizard도 가진다. 이것들은 이중 연결 리스트를 구현한 것인데, 즉 각각의 마법사 인스턴스는 이전과 다음에 생성된 인스턴스를 가리켜 모든 마법사 간에 사슬과 같은 형태의 연결을 만든다. 첫 번째 마법사는 PrevWizard에 null을, 마지막 마법사는 NextWizard에 null을 가지게 된다. 이 변수들은 배열에 아무것도 존재하지 않는 경우에도 마법사 인스턴스를 차례로 순회할 수 있게 해준다.

- 87번 줄: GetEnumerator 메소드는 Enumerator 오브젝트의 인스턴스를 반환한다. IEnumerable 인터페이스의 요구 조건인데, foreach 반복문을 통해 모든 마법사를 순회할 수 있도록 해준다.

Wizard와 WizardEnumerator 클래스는 빠르고 직접적이며 효율적으로 Wizard 오브젝트를 순회하게 해준다. 그리고 실제로 배열에 인스턴스가 존재하지 않아

도 문제가 없다. 다음의 예제 코드 6-6을 통해 모든 마법사를 열거하는 실질적인
예를 살펴보자.

```
01 //-------------------------------------------------
02 using UnityEngine;
03 using System.Collections;
04 using System.Collections.Generic;
05 //-------------------------------------------------
06 public class Enums : MonoBehaviour
07 {
08     //-------------------------------------------------
09     void Update()
10     {
11         // 스페이스바를 누르면 씬의 모든 마법사를 나열한다
12         if(Input.GetKeyDown(KeyCode.Space))
13         {
14             // 정적 멤버를 통해 첫 번째 마법사를 얻는다
15             Wizard Wizards = Wizard.FirstCreated;
16
17             // 하나 이상의 마법사가 있는 경우에, 모든 마법사를 순회한다
18             if(Wizard.FirstCreated != null)
19             {
20                 // foreach를 이용해 모든 마법사를 순회해 반복한다
21                 foreach(Wizard W in Wizards)
22                     Debug.Log (W.WizardName);
23             }
24         }
25     }
26     //-------------------------------------------------
27 }
28 //-------------------------------------------------
```

다음 예제 코드처럼 foreach 반복문을 사용하지 않고 Enumerator 오브젝트에
직접 접근해서 모든 마법사를 열거하는 것도 가능하다.

```
01     void Update()
02     {
```

```
03        // 스페이스바를 누르면 씬의 모든 마법사를 나열한다
04        if(Input.GetKeyDown(KeyCode.Space))
05        {
06            // Enumerator를 얻는다
07            IEnumerator WE = Wizard.FirstCreated.GetEnumerator();
08
09            while(WE.MoveNext())
10            {
11                Debug.Log(((Wizard)WE.Current).WizardName);
12            }
13        }
14    }
```

문자열과 정규식

텍스트^{Text} 데이터를 다루는 것은 여러 가지 이유에서 중요하다. 자막을 표시해야한다거나 게임 내 문자열을 보여줄 때, 현지화 기능(다중 언어를 지원하는)을 구현할 때 텍스트 애셋을 이용해 문자열을 다루는 작업을 하게 될 것이다. 유니티에서 텍스트 애셋이란 유니티 프로젝트 안에 포함된 모든 텍스트 파일을 말하는 것으로서 여러 줄로 된 문자열의 경우(각 줄은 개행 문자 \n으로 구분한다.)에도 각각의애셋을 하나의 긴 문자열로 취급한다. 코드에서 이런 문자열을 처리해야 한다면보통 여러 가지 처리 방법이 주어진다. 일반적인 내용이지만 중요한 문자열 조작에 대해 살펴보자.

널, 빈 문자열, 여백

문자열을 처리할 때, 늘 유효성을 보장할 수 있는 것은 아니다. 때로는 문자열이 잘못 구성되거나 앞뒤가 맞지 않는 경우도 있다. 따라서 문자열을 처리하기전에 유효성을 자주 검사해야 한다. 문자열의 유효성을 검사하는 일반적인 방법은 먼저 문자열이 null인지 살펴본 후, (null이 아니면) 문자열의 길이를 검사한다. 문자열의 길이가 0이면 문자열은 빈 상태이므로 null이 아닐지라도 유효한

것이 아니다.

또한 문자열 전체가 공백으로 구성될 가능성을 없애고 싶을 수 있다. null이 아닌 문자열이면서 여백으로만 채워진 경우에는 처리할 것이 아무것도 없는 문자열이지만 실제로는 길이가 0이 아니기 때문이다. 이런 문자열의 상태들을 개별적으로 검증할 수 있지만, 닷넷의 문자열 클래스에는 IsNullOrWhiteSpace라는 이름의 일체형 메소드를 통해 편의를 제공하고 있다. 하지만 이 메소드는 닷넷 4.5에서 소개된 기능이며, 모노는 아직 이 버전을 지원하지 않고 있다. 동일한 동작을 위해 다음 예제 코드 6-7처럼 직접 구현할 수 있다.

```
01 using UnityEngine;
02 using System.Collections;
03 //-------------------------------------------------------------
04 // null 및 여백 관련 기능을 추가하기 위한 기존 클래스 확장
05 public static class StringExtensions {
06     public static bool IsNullOrWhitespace(this string s){
07         return s == null || s.Trim().Length == 0;
08     }
09 }
10 //-------------------------------------------------------------
11 public class StringOps : MonoBehaviour
12 {
13     //-------------------------------------------------------------
14     // 문자열의 유효성을 검사한다
15     public bool IsValid(string MyString)
16     {
17         // null이나 여백이 존재하는지 검사한다
18         if(MyString.IsNullOrWhitespace()) return false;
19
20         // 추가적인 검사를 한다
21         return true;
22     }
23 }
24 //-------------------------------------------------------------
```

문자열 비교

보통 두 문자열이 동일한지를 판별하는 식으로 별개의 두 문자열을 비교해야 할 일이 빈번할 것이다. 이럴 때에는 == 연산자를 이용해 string1 == string2와 같이 비교할 수 있는데, 더 나은 성능을 위해 String.Equals 메소드를 사용하는 것을 추천한다. 이 메소드에는 여러 가지 버전이 있는데 모두 다른 연산 비용이 든다. 일반적으로 StringComparison 파라미터를 포함하는 버전을 택하게 될 것이다. 다음 예제 코드 6-8처럼 비교 형식을 명시적으로 지정하면 이러한 문자열 처리가 가장 잘 수행된다.

```
24    // 문자열 비교
25    public bool IsSame(string Str1, string Str2)
26    {
27        // 대소문자를 무시한다
28        return string.Equals(Str1, Str2,
29            System.StringComparison.CurrentCultureIgnoreCase);
30    }
```

 String.Compare 메소드에 대한 더 자세한 내용은 다음 웹사이트를 참고한다. http://msdn.microsoft.com/ko-kr/library/system.string.compare(v=vs.110).aspx

같은 두 문자열의 동일성을 비교하는 빠르고 일반적인 다른 방법은 문자열 해시Hash를 이용하는 것이다. 이 방법은 다음 예제 코드 6-9처럼 각각의 문자열을 고유한 정수 값으로 변환해 이 값들을 대신 비교한다.

```
40    // 해시를 이용해 문자열 비교
41    public bool StringHashCompare(string Str1, string Str2)
42    {
43        int Hash1 = Animator.StringToHash(Str1);
44        int Hash2 = Animator.StringToHash(Str2);
45
```

```
46        return Hash1 == Hash2;
47    }
```

 문자열의 해시 코드를 구하기 위해 모노 라이브러리의 String.GetHashCode 함수를
이용할 수도 있다. 자세한 내용은 다음 웹사이트를 참고한다.
http://msdn.microsoft.com/ko-kr/library/system.string.
gethashcode(v=vs.110).aspx

하지만 때로는 일치하는지만 비교해보는 것을 원하지 않을 수도 있다. 어떤 문
자열이 알파벳 순으로 우선인지 정하길 원할 수 있다. 예를 들어 딕셔너리 내에
두 문자열이 알파벳 순으로 나열되어 있을 때, 한 문자열이 다른 문자열 앞에 오
도록 하는 경우가 있다. String.Compare 함수를 이용하면 이렇게 만들 수 있다.
예제 코드 6-10처럼 이번에도 StringComparison 형식의 파라미터를 사용하는
버전을 쓰는 것을 잊지 말자. 이 함수는 Str1이 Str2 앞에 오게 되는 경우 -1을,
Str2가 Str1 앞에 오는 경우 1을, 두 문자열이 동일한 경우 0을 반환한다.

```
32    // 비교 정렬
33    public int StringOrder (string Str1, string Str2)
34    {
35        // 대소문자를 무시한다
36        return string.Compare(Str1, Str2,
37            System.StringComparison.CurrentCultureIgnoreCase);
38    }
```

 두 문자열이 동일한 경우에 String.Compare가 0을 반환하긴 하지만, 이 함수를 절대
동일성 검사용으로 사용하지는 말자. 이 경우 String.Equals 함수나 해시를 이용하는
것이 String.Compare를 이용하는 것보다 훨씬 빠르게 작동한다.

문자열 서식 지정

최고 점수 HUD, 플레이어 이름, 금액 표시, 리소스 계량기 등의 GUI 요소를 만들 때 문자로 된 텍스트만을 보여주는 것이 아니라 수치 값을 포함한 문자열을 보여주길 원할 것이다. 예를 들어, 플레이어의 성과에 따라 '점수:'라는 단어 뒤에 실제 점수를 표시하는 문자열을 조합해 보여줄 수 있다. 다음 예제 코드 6-11처럼 String.Format 메소드를 이용하는 것이 한 가지 방법이다.

```
49    // 세 개의 숫자로부터 문자열 생성하기
50    public void BuildString(int Num1, int Num2, float Num3)
51    {
52        string Output = string.Format(
53            "Number 1 is: {0}, Number 2 is: {1}, Number 3 is: {2}",
54            Num1, Num2, Num3);
55
56        Debug.Log (Output);
57    }
```

문자열 순회

앞에서 IEnumerable과 IEnumerator를 살펴봤다. 감사하게도 이 인터페이스들은 문자열에도 적용되어 문자열의 모든 글자를 순회하는 데 이용할 수 있다. IEnumerator 인터페이스 자체를 이용하거나 foreach 반복문을 통해 이런 동작을 구현할 수 있다. 다음 예제 코드 6-12에서 두 가지 방법을 모두 살펴보자.

```
59    // foreach 안에서 문자열을 차례로 순회한다
60    public void LoopLettersForEach(string Str)
61    {
62        // 글자별로 순회한다
63        foreach(char C in Str)
64        {
65            // 글자를 콘솔에 출력한다
66            Debug.Log (C);
67        }
```

```
68      }
69      //-----------------------------------------------------------
70      // 반복기를 이용해 문자열을 차례로 순회한다
71      public void LoopLettersEnumerator(string Str)
72      {
73          // Enumerator를 얻는다
74          IEnumerator StrEnum = Str.GetEnumerator();
75
76          // 다음 글자로 이동한다
77          while(StrEnum.MoveNext())
78          {
79              Debug.Log ((char)StrEnum.Current);
80          }
81      }
```

문자열 생성

가독성 높은 코드를 만들기 위해 깔끔한 방법으로 작성하는 것뿐만 아니라, 닷넷을 이용해 좀 더 안정적인 코드를 만드는 방법을 권한다. 문자열 변수를 string MyString = ""; 같은 방식으로 초기화하는 대신 string.Empty를 이용해 다음 코드처럼 문자열을 선언하고 할당해보자.

```
string MyString = string.Empty;
```

문자열 찾기

텍스트 애셋과 같은 파일에서 여러 줄의 텍스트를 읽어 처리할 때, 큰 문자열 안에서 작은 문자열이 처음 발견되는 지점을 찾아야 할 경우가 있다. String. IndexOf 메소드를 이용하면 이렇게 문자열을 찾을 수 있다. 문자열을 찾은 경우, 이 함수는 큰 문자열 안에서 찾은 단어의 첫 번째 글자 위치를 양수인 정수로 반환한다. 찾지 못한 경우엔 -1을 반환한다. 예제 코드 6-13을 살펴보자.

```
83    // 지정한 단어로 문자열을 검색해 처음 발견된 위치의 인덱스를 반환한다
84    public int SearchString(string LargerStr, string SearchStr)
85    {
86        // 대소문자를 무시한다
87        return LargerStr.IndexOf(SearchStr,
88            System.StringComparison.CurrentCultureIgnoreCase);
89    }
```

정규식

때때로, 엄청 큰 문자열에서 복잡한 검색이 필요한 경우가 있다. 이를테면 a로 시작해서 t로 끝나는 모든 단어를 문자열의 처음부터 찾는 것 같은 작업이 이런 경우에 해당한다. 이럴 때 검색으로 찾은 결과를 배열에 담으면 좋을 것이다. 정규식(Regex)을 이용하면 이런 것이 가능해진다. 정규식은 규격에 맞춘 특수한 문법을 통해 검색 패턴을 지정한다. 예를 들어, 문자열 [dw]ay는 'd나 w로 시작하고 ay로 끝나는 모든 단어 검색'을 의미한다. Regex 클래스를 이용해 큰 문자열에 정규식을 적용할 수 있다. 다음 예제 코드 6-14와 같이 닷넷 프레임워크는 RegularExpressions 네임스페이스를 통해 정규식 검색 기능을 제공한다.

```
01  //--------------------------------------------------------
02  using UnityEngine;
03  using System.Collections;
04  // 정규식 네임스페이스를 포함해야 한다
05  using System.Text.RegularExpressions;
06  //--------------------------------------------------------
07  public class RGX : MonoBehaviour
08  {
09      // 정규식 검색 패턴
10      string search = "[dw]ay";
11
12      // 검색할 큰 문자열
13      string txt = "hello, today is a good day to do things my way";
14
15      // 여기에서 초기화한다
```

```
16    void Start ()
17    {
18        // 검색을 수행하고 첫 번째 결과를 m에 담는다
19        Match m = Regex.Match(txt, search);
20
21        // 검색 결과에 따라 계속 반복한다
22        while(m.Success)
23        {
24            // 결과를 콘솔에 출력한다
25            Debug.Log (m.Value);
26
27            // 다음 결과가 존재하는 경우 넘어간다
28            m = m.NextMatch();
29        }
30    }
31 }
32 //---------------------------------------------------------
```

다음은 예제 코드 6-14에 대한 설명이다.

- 5번 줄: 정규식 검색을 사용하는 모든 소스 파일에는 RegularExpressions 네임스페이스가 포함되어 있어야 한다.

- 9, 13번 줄: search 이름의 문자열 변수는 정규식을 정의한다. txt 문자열은 정규식으로 검색할 큰 문자열을 정의하는 것이다. search 문자열은 해당하는 모든 단어를 찾아낸다. day와 way가 검색된다.

- 19번 줄: txt에 정규식 검색을 적용하기 위해 Regex.Match 메소드가 호출된다. 이 결과는 로컬 변수인 m에 저장된다. 모든 결과를 찾아낼 때까지 이 변수를 반복해서 사용한다.

- 25번 줄: txt 문자열에서 찾은 세 개(두 개가 아닌)의 결과가 m에 담긴다. 여기에는 day와 way뿐 아니라 day가 단어 안에 포함되는 today도 함께 포함된다.

 정규식에 대한 자세한 내용은 다음 웹사이트를 참고한다.
https://ko.wikipedia.org/wiki/정규_표현식

가변 개수 파라미터

String.Format 함수와 같이 겉으로 보기에 개수의 제한 없이 파라미터를 계속 받을 수 있는 함수들을 닷넷과 모노를 살펴보면서 여러 번 봤을 것이다. 서식을 지정한 문자열에 여러 개의 파라미터를 삽입할 때는 String.Format을 이용하면 된다. 이번 절에서는 잠시 쉬어갈 겸 작성하는 함수에서 파라미터를 무제한으로 받아 처리하는 방법을 살펴본다. 다음의 예제 코드 6-15는 크기 제한 없는 정수 배열을 받아 더하는 함수의 예제다.

```
01 using UnityEngine;
02 using System.Collections;
03
04 public class params_class : MonoBehaviour
05 {
06     // 여기에서 초기화한다
07     void Start ()
08     {
09         Debug.Log (Sum(5,5,5,9,15));
10     }
11
12     public int Sum(params int[] Numbers)
13     {
14         int Answer = 0;
15
16         for(int i=0; i<Numbers.Length; i++)
17             Answer += Numbers[i];
18
19         return Answer;
20     }
21 }
```

다음은 예제 코드 6-15에 대한 설명이다.

- 7번 줄: params 키워드를 사용해 파라미터를 배열 형식으로 선언함으로써 사실상 제한 없는 수의 파라미터를 받도록 한다.
- 16번 줄: params로 받은 파라미터를 일반적인 배열처럼 접근할 수 있게 된다.

통합 언어 쿼리

굳이 설명하지 않더라도 게임은 무수한 데이터를 통해 작동한다. 문자열뿐 아니라 오브젝트, 데이터베이스, 테이블, 문서 등 여기서 모두 나열하기 어려울 만큼 수없이 많은 데이터를 통해 작동한다. 하지만 이러한 광범위하고 다양한 데이터를 필요에 따라 작은 주제로 살펴볼 수 있도록 걸러내야 할 필요가 늘 생기기 마련이다. 예를 들어 씬의 모든 마법사 오브젝트를 담은 배열(혹은 리스트)이 주어졌을 때, 체력이 50퍼센트 이하이고 방어 포인트가 5 미만인 마법사만 보도록 결과를 제한하기를 원할 수 있다. 플레이어를 다시 공격하기 전에 가까운 물약을 찾아 체력을 회복하기 위해 떼로 도망치는 동작을 만들어내려 할 때 아마도 이런 처리가 필요할 수 있을 것이다. 이런 시나리오에서 통합 언어 쿼리^{LINQ}라는 기술이 어떻게 도움이 될 수 있는지 구현을 통해 살펴보자.

 완성된 LINQ 예제 프로젝트는 다운로드한 예제 코드 중 6장의 Linq 폴더에서 찾을 수 있다.

먼저, 가장 기본적인 적 마법사 클래스를 다음 예제 코드 6-16처럼 정의할 수 있다. 이 클래스는 우리가 만들 동작 로직에 중요한 역할을 할 Health와 Defense 멤버 변수를 포함한다.

```
01 //-------------------------------------------
02 using UnityEngine;
03 using System.Collections;
04 //-------------------------------------------
05 public class Enemy : MonoBehaviour
06 {
07     public int Health = 100;
08     public int Mana = 20;
09     public int Attack = 5;
10     public int Defense = 10;
11 }
12 //-------------------------------------------
```

이제 씬의 모든 적 오브젝트를 담은 컬렉션이 주어지면, 다음 예제 코드 6-17처럼 이 데이터를 코드에서 정한 우리의 기준에 따라 작은 배열로 걸러 남는다.

이 코드는 모든 항목을 순회하며 if 조건문을 통해 조건을 충족하는 경우 적을 결과 배열에 추가한다. 이 예제에서는 적의 체력이 50퍼센트 이하이고 방어 포인트가 5 미만인 경우가 조건이다.

```
10      // 검색 기준에 맞는 적의 리스트를 얻는다
11      public void FindEnemiesOldWay()
12      {
13          // 씬 안에 존재하는 모든 적을 얻어온다
14          Enemy[] Enemies = Object.FindObjectsOfType<Enemy>();
15
16          // 걸러진 적들을 담을 리스트
17          List<Enemy> FilteredData = new List<Enemy>();
18
19          // 전체 적을 순회하며 검사한다
20          foreach(Enemy E in Enemies)
21          {
22              if(E.Health <= 50 && E.Defense < 5)
23              {
24                  // 적합한 적을 찾음
25                  FilteredData.Add (E);
26              }
27          }
28
29          // 이제 걸러낸 데이터에 접근해 처리할 수 있다
30          // FinteredData 안에 담긴 모든 항목은 검색 기준에 부합한다
31          foreach(Enemy E in FilteredData)
32          {
33              // 적 E를 처리한다
34              Debug.Log (E.name);
35          }
36      }
```

이 코드는 특정 조건에 근거해 큰 데이터 세트를 작은 세트로 제한한다는 부분에 서는 잘 동작한다. 하지만 LINQ는 같은 동작을 더 적은 코드와 일반적으로 더 나은 성능으로 수행한다. LINQ는 데이터베이스와 XML 문서에 쿼리하는 것처럼 배열과 오브젝트를 포함한 데이터 세트에 쿼리를 실행하기 위한 고수준의 특화된 언어다. 쿼리는 LINQ에 의해 데이터 세트에 이용할 수 있는 적합한 언어(이를테면 데이터베이스용 SQL)로 자동 변환된다. 일반적인 배열로 결과를 뽑아내는 것이 우리가 원하는 목표다.

다음 예제 코드 6-18은 앞의 예제 코드 6-17을 LINQ를 이용해 구현한 것이다.

```
01 //-------------------------------------------------
02 using UnityEngine;
03 using System.Collections;
04 using System.Collections.Generic;
05 using System.Linq;
06 //-------------------------------------------------
07 public class EnemyQuery : MonoBehaviour
08 {
37    //-------------------------------------------------
38    public void FindEnemiesLinqWay()
39    {
40       // 씬 안에 존재하는 모든 적을 얻어온다
41       Enemy[] Enemies = Object.FindObjectsOfType<Enemy>();
42
43       // 검색을 수행한다
44       Enemy[] FilteredData = (from EnemyChar in Enemies
45          where EnemyChar.Health <= 50 && EnemyChar.Defense < 5
46                   select EnemyChar).ToArray();
47
48       // 이제 걸러낸 데이터에 접근해 처리할 수 있다
49       // FinteredData 안에 담긴 모든 항목은 검색 기준에 부합한다
50       foreach(Enemy E in FilteredData)
51       {
52          // 적 E를 처리한다
53          Debug.Log (E.name);
54       }
```

```
55     }
56     //-------------------------------------------------
57  }
58  //-------------------------------------------------
```

다음은 예제 코드 6-18에 대한 설명이다.

- 3-4번 줄: LINQ를 사용하기 위해 System.Collections.Linq 네임스페이스를, List 오브젝트를 이용하기 위해 System.Collections.Generic 네임스페이스를 포함해야 한다.

- 44-46번 줄: LINQ 코드의 주요 동작이 여기에서 이루어진다. 이 코드는 크게 세 부분으로 이루어져 있다. 첫 번째로, 원본 데이터인 Enemies 데이터 세트로부터 적 오브젝트 아이템을 뽑아내도록 지시했다. 두 번째로, EnemyChar. Health <= 50 && EnemyChar.Defense < 5의 기준으로 검색하도록 기준을 정의했다. 그런 다음, 조건에 일치하는 경우 선택한 EnemyChar 오브젝트를 결과에 추가한다. 마지막으로, ToArray 함수를 이용해 이 결과를 배열로 변환했다.

 LINQ에 대한 더 자세한 내용은 다음 MSDN 웹사이트를 참고한다.
http://msdn.microsoft.com/ko-kr/library/bb397926.aspx

LINQ와 정규식

LINQ를 꼭 분리해서 사용할 필요는 없다. 예를 들어, 정규식과 함께 사용해 큰 문자열로부터 특정 문자열 패턴을 뽑아내어 일치하는 결과를 탐색 가능한 배열로 변환할 수도 있다. 이 방법을 이용하면 쉼표로 구분된 값 형식의 파일(CSV 파일)을 처리할 때 특히 유용하다. CSV 파일이란, 텍스트 파일 안에 각각의 항목이 쉼표로 구분되어 있는 파일을 말한다. LINQ와 정규식을 함께 사용하면 이런 파일에서 각각의 값을 읽어 매우 쉽고 빠르게 고유한 배열 항목으로 집어넣을 수 있다.

새로운 유닛을 사람 이름으로 생성해야 하는 RTS 게임을 예로 들어보자. CSV 형식을 이용해 남자와 여자 두 그룹으로 나뉜 이름이 저장되어 있다. 캐릭터를 생성할 때, 이 캐릭터는 남자나 여자가 될 수 있으며 다음의 예제 코드 6-19와 같이 CSV 파일에서 읽은 적합한 이름을 지정할 수 있다.

```
01 //-----------------------------------------------------------
02 using UnityEngine;
03 using System.Collections;
04 using System.Text.RegularExpressions;
05 using System.Linq;
06 //-----------------------------------------------------------
07 public class LINQCSV : MonoBehaviour
08 {
09     //-------------------------------------------------------
10     // 여기에서 초기화한다
11     void Start ()
12     {
13         // 여자 이름을 생성한다
14         // 정규식 검색 패턴
15         // 'female:'을 접두어로 가지는 모든 이름을 찾되 접두어를 포함시키지 않는다
16         string search = @"(?<=\bfemale:)\w+\b";
17
18         // CSV 데이터 - 캐릭터 이름들
19         string CSVData =
20             "male:john,male:tom,male:bob,female:betty,female:jessica,male:dirk";
21
22         // 정규식을 수행해 여자 접두어를 가진 모든 이름을 접두어를 제외하고 얻는다
23         string[] FemaleNames = (from Match m in Regex.Matches(CSVData, search)
24                 select m.Groups[0].Value).ToArray();
25
26         // 결과에 포함된 모든 여자 이름을 출력한다
27         foreach(string S in FemaleNames)
28             Debug.Log (S);
29
30         // 컬렉션에서 임의의 여자 이름을 뽑는다
31         string RandomFemaleName =
```

```
32              FemaleNames[Random.Range(0, FemaleNames.Length)];
33      }
34      //------------------------------------------------------------
35  }
36  //------------------------------------------------------------
```

다음은 예제 코드 6-19에 대한 설명이다.

- 16번 줄: 멤버 변수인 `search`는 정규식 검색 패턴을 정의한다. 이 예제에서
  `search` 변수는 `female:` 접두어를 가진 모든 단어를 찾기 위한 것이다. 하지
  만 접두어는 더 이상 결과 문자열에 포함되지 말아야 한다.

- 19번 줄: 멤버 변수인 `CSVData`는 알고 있는 형식으로 구조화된 남녀 이름을
  담은 CSV 문자열을 정의한다. 이 문자열은 기본적으로 데이터베이스나 원본
  데이터에 해당하는 것이다.

- 23-24번 줄: 여기에서 LINQ를 정규식 검색과 함께 사용해 CSV로부터 접두
  어를 제외한 모든 여자 이름을 얻는다. 그런 다음 이 리스트를 문자열 배열인
  `FemaleNames`로 변환한다.

 문자열과 @ 기호

앞선 예제 코드에서 16번 줄의 정규식 문자열 앞에 @ 기호가 붙어있는 것에 주목하자.
C#에서 소스 파일 안에 문자열 상수를 적기 위한 규약인데, 이렇게 적은 문자열 상수
안에는 이스케이프 문자(\와 같은)를 포함시킬 수 있다.

텍스트 데이터 애셋 다루기

지금까지 다룬 예제들을 통해 문자열 오브젝트에 직접 담긴 텍스트를 살펴봤는데, 유니티에서 텍스트 파일을 다루는 것도 가능하다. 다시 말해, 외부에서 텍스트를 불러오는 것도 가능하다. 이렇게 하는 방법에 대해 살펴보자.

텍스트 애셋: 정적 로딩

첫 번째 방법은 텍스트 파일을 유니티 프로젝트로 드래그앤드롭해 임포트하는 것이다. 파일은 다음 그림처럼 TextAssets 형식으로 임포트된다.

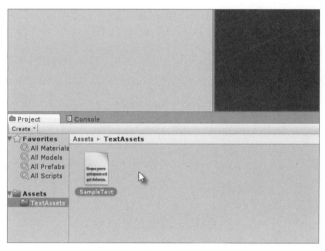

텍스트 파일을 TextAssets 형식으로 임포트하기

다음 예제 코드처럼 TextAsset public 멤버를 노출시켜 어느 스크립트의 파일과 텍스트 데이터든 접근할 수 있다.

```
01 //----------------------------------------------------
02 using UnityEngine;
03 using System.Collections;
04 //----------------------------------------------------
05 public class TextFileAccess : MonoBehaviour
06 {
07     // 텍스트 파일에 대한 참조
```

```
08    public TextAsset TextData = null;
09
10    // 여기에서 초기화한다
11    void Start ()
12    {
13       // 파일 안의 텍스트를 출력한다
14       Debug.Log (TextData.text);
15    }
16 }
17 //-------------------------------------------------
```

이 코드를 동작시키기 위해 필요한 작업은 다음 그림처럼 텍스트 애셋 파일을 오브젝트 인스펙터의 **Text Data** 슬롯에 드래그앤드롭하는 것이 전부다.

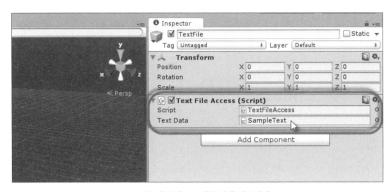

스크립트에서 텍스트 파일 애셋 접근하기

텍스트 애셋: 로컬 파일 로딩

텍스트 데이터를 로컬 하드 드라이브와 같이 프로젝트 바깥에서 로딩하기 위한 다른 방법을 살펴보자. 스크립트에서 동적으로 텍스트 데이터를 불러오는 방법으로, 씬 시작 시점에 불러올 필요가 없고 필요한 시점에 코드를 실행하면 된다. 긴 텍스트 파일을 불러올 때는 무거운 처리가 필요하므로 지연시간을 중요하게 고려해야 한다. 따라서 일반적으로는 동적으로 텍스트 애셋을 로딩하는 방법보다 정적인 로딩 방법이 선호되는 편이다. 동적 애셋 로딩을 할 때는 다음 예제 코

드 6-20과 같은 식으로 게임 내 지연 발생을 피하기 위해 씬 시작 시점에 불러와
서 처리할 것을 권한다.

```
01 //---------------------------------------------------
02 using UnityEngine;
03 using System.Collections;
04 using System.Collections.Generic;
05 using System.IO;
06 using System.Text;
07 using System.Text.RegularExpressions;
08 //---------------------------------------------------
09 public class TextFileAccess : MonoBehaviour
10 {
11     //-----------------------------------------------
12     // 외부 파일에서 텍스트 데이터를 불러오는 함수
13     public static string LoadTextFromFile(string Filename)
14     {
15         // 파일이 시스템에 존재하지 않는다면, 빈 문자열을 반환한다
16         if(!File.Exists(Filename)) return string.Empty;
17
18         // 파일이 존재하는 경우, 파일에서 텍스트를 읽어들인다
19         return File.ReadAllText(Filename);
20     }
21 }
```

이 예제 코드는 텍스트 파일의 내용 전체를 하나의 문자열 오브젝트에 불러온다.
하지만 값들이 줄 단위로 구분해 기입된 설정 파일처럼 텍스트 파일의 내용을 줄
단위로 대신 처리하는 것을 선호할지도 모르겠다. 이렇게 처리하기 위해 다음 예
제 코드 6-21을 참고하자.

```
22     // 줄 단위로 텍스트 데이터를 문자열 배열로 불러오는 함수
23     public static string[] LoadTextAsLines(string Filename)
24     {
25         // 파일이 시스템에 존재하지 않는다면, 빈 문자열을 반환한다
26         if(!File.Exists(Filename)) return null;
27
```

```
28      // 줄 단위로 읽어들인다
29      return File.ReadAllLines(Filename);
30    }
```

텍스트 애셋: INI 파일 로딩

많은 텍스트 파일 형식 중 INI 파일도 불러올 수 있다. 유니티 게임에서는 많은 개발자들이 애플리케이션을 저장하는 용도로 `PlayerPreferences` 클래스를 대신 사용하기 때문에 일반적이지 않을 수도 있다. 그렇지만 INI 파일은 서로 다른 많은 플랫폼 사이에서 같은 형식으로 한 위치에만 애플리케이션 설정 데이터를 저장하도록 하는 장점을 가지고 있다. 그렇기 때문에 INI 파일을 사용해야 할 강력한 근거가 있는 셈이다. 키-값 쌍 형식의 INI 예제 파일 형식을 살펴보자.

```
ApplicationName=MyTestApp
Date=1st Nov 2015
Author=Alan Thorn
Engine=Unity
Build=Production
```

INI 파일을 불러오기 위한 이상적인 데이터 구조는 키-값 쌍 구조를 반영하는 딕셔너리다. 따라서 INI 파일을 딕셔너리에 불러오면 좋다.

하지만 유니티나 모노에서 내장된 기능으로 지원하지 않으므로, 다음 예제 코드 6-22와 같이 직접 기능을 작성해보자.

```
32    // 기본적인 INI 파일을 딕셔너리로 읽어오는 함수
33    public static Dictionary<string, string> ReadINIFile(string Filename)
34    {
35      // 파일이 시스템에 존재하지 않는다면, null을 반환한다
36      if(!File.Exists(Filename)) return null;
37
38      // 새 딕셔너리 생성
39      Dictionary<string, string> INIFile =
40        new Dictionary<string, string>();
```

```
41
42        // 새 스트림 리더 생성
43        using (StreamReader SR = new StreamReader(Filename))
44        {
45            // 현재 줄을 담을 문자열
46            string Line;
47
48            // 유효한 줄을 계속 읽어나간다
49            while (!string.IsNullOrEmpty(Line = SR.ReadLine()))
50            {
51                // 줄 앞뒤의 여백을 제거한다
52                Line.Trim();
53
54                // 현재 줄의 키=값 사이를 분리한다
55                string[] Parts = Line.Split(new char[] {'='});
56
57                // 딕셔너리에 추가한다
58                INIFile.Add(Parts[0].Trim(), Parts[1].Trim());
59            }
60        }
61
62        // 딕셔너리를 반환한다
63        return INIFile;
64    }
```

이 함수에서 반환된 딕셔너리는 INI 파일의 구조와 일치하게 된다. 따라서 INI 파일의 키(Key)에 따른 값(Value)에 접근할 때 Value = MyDictionary["Key"]; 와 같은 방식으로 접근할 수 있게 된다. 다음 예제 코드처럼 foreach 안에서 딕셔너리의 모든 키와 값 항목을 순회해 나열하는 것도 가능하다.

```
1    // INI 파일로부터 딕셔너리 생성하기
2    Dictionary<string,string> DB = ReadINIFile(@"c:\myfile.ini");
3
4    // 딕셔너리 안의 모든 항목 나열하기
5    foreach(KeyValuePair<string, string> Entry in DB)
6    {
```

```
7          // 각각의 키와 값에 대해 반복
8          Debug.Log("Key: " + Entry.Key + " Value: " + Entry.Value);
9      }
```

텍스트 애셋: CSV 파일 로딩

앞에서 남녀 캐릭터 이름을 모두 가지고 있는 CSV 파일의 처리 방법에 대해 살펴 봤다. 다음 예제 코드 6-23처럼 쉼표로 각각 구분된 문자열이 담겨 있는 CSV 파일을 디스크에서 문자열 배열로 불러오는 방법을 살펴보자.

```
66     // CSV 파일을 문자열 배열로 불러오는 함수
67     public static string[] LoadFromCSV(string Filename)
68     {
69         // 파일이 시스템에 존재하지 않는다면, null을 반환한다
70         if(!File.Exists(Filename)) return null;
71
72         // 모든 텍스트를 읽어온다
73         string AllText = File.ReadAllText(Filename);
74
75         // 문자열 배열을 반환한다
76         return AllText.Split(new char[] {','});
77     }
```

텍스트 애셋: 웹 로딩

멀티플레이어 게임을 만든다면 웹과 공유하는 플레이어나 게임 데이터에 접근해 야 할 때가 있다. 패스워드의 해시를 온라인으로 검증한다거나 웹페이지의 구성 요소를 처리하기 위해 접근하려 할 때는 다음 예제 코드 6-24처럼 온라인으로 텍스트 데이터를 받기 위해 WWW 클래스가 필요하다.

```
79     // 웹의 텍스트를 문자열로 불러온다
80     public IEnumerator GetTextFromURL(string URL)
81     {
82         // 새 WWW 오브젝트를 생성한다
83         WWW TXTSource = new WWW(URL);
84
85         // 데이터를 불러오길 기다린다
86         yield return TXTSource;
87
88         // 텍스트 데이터를 얻는다
89         string ReturnedText = TXTSource.text;
90     }
```

 WWW 클래스에 대한 자세한 내용은 다음 웹사이트를 참고한다.
http://docs.unity3d.com/kr/ScriptReference/WWW.html

요약

6장에서는 실용적인 상황에서 모노 프레임워크를 적용하는 방법에 대해 폭넓게 살펴봤다. 크게 세 부분으로 나눠 살펴봤는데, 먼저 List, Dictionary, Stack을 포함해 C#에서 사용되는 일반적인 데이터 구조에 대해 알아봤다. 그런 다음 이 것들을 사용해 데이터를 저장 및 검색하고 문자열을 조작 및 처리하는 방법에 대해 설명했다. 또한 정규식을 이용해 패턴으로 문자열을 검사하고 LINQ를 이용해 문자열뿐만 아니라 모노에서 지원하는 컬렉션 형식의 오브젝트에서도 조건에 맞는 항목을 걸러내는 방법을 살펴봤다. 마지막으로, 프로젝트에 포함된 텍스트 애셋과 로컬 텍스트 파일 및 웹으로부터 텍스트 데이터를 임포트하는 방법을 살펴봤다. 7장에서는 인공지능에 대한 내용으로 넘어가며 경로 탐색, 유한 상태 머신, 시야, 의사결정, 레이캐스팅 등을 다루게 된다.

7
인공지능

7장에서는 무척 실용적이면서도 전문적인 주제에 초점을 맞춰보려 한다. 인공지능AI, Artificial Intelligence을 가진 적 캐릭터가 포함된 미로 씬을 만들어 이 프로젝트를 통해 7장의 처음에서 끝까지 개발에 이용할 예정이다. 이 캐릭터들은 우리를 찾아 추격하고 공격하며 체력 회복 물약을 찾을 때까지 도망치는 능력을 가지고 있다. 다음 그림은 유니티에서 본 미로 씬의 모습이다.

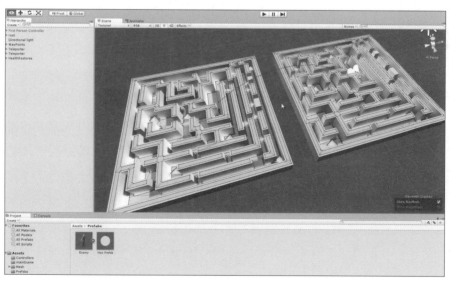

미로 씬

독립적이고 순수한 형태로 거의 모든 개념 및 아이디어를 이번 장의 프로젝트를 만들면서 적용할 예정이다. 여기에는 유한 상태 머신$^{FSM, Finite State Machine}$과 같은 AI 개념 고유의 영역을 포함해서 내비게이션 메시$^{navigation mesh}$, 시야 등이 포함된다. 이번 장을 따라오면서 모든 내용들을 잘 소화할 수 있게 새로 빈 유니티 프로젝트를 만들어 처음부터 끝까지 각 단계들을 따라 하길 추천한다. 마지막으로 이번 장의 마지막에 완성되는 프로젝트는 이번 장의 예제 코드 중 ai 폴더에서 찾아볼 수 있다.

게임에서의 인공지능

인공지능의 개념은 심리적, 과학적, 철학적, 정신적, 사회적 의미 등 여러 가지 의미로서 이해할 수 있다. 대부분 심오한 내용들인데, 비디오 게임에서는 대부분 인공지능으로 보이는 겉모습을 다룬다. 아마도 이것이 제목에 '인공'이 들어간 이유이지 않을까 싶다. 비디오 게임은 본질적으로 즐거움과 흥미로운 경험을 얻기 위한 것이다. 게이머에게 게임의 개연성이라는 것은 게임에서 실제로 일어나는 일들에 얼마나 몰입할 수 있는가를 의미한다. RPG 게임에서의 적 마법사와 같은 NPC$^{non-player character}$가 어떤 '멍청한' 짓(무턱대고 두꺼운 벽을 따라 걷거나 방향을 잃고 갇힌 것처럼 앞뒤로 걸어가는 것처럼)을 할 때 게이머는 뭔가 잘못되었다는 것을 눈치 채게 된다. 게이머들은 이런 특정 상황에서 캐릭터의 행동이 적절치 않고 합리적으로 설명되지 못하기 때문에 캐릭터가 지능을 가지고 행동하지 않는 것으로 간주하게 된다. 이러한 캐릭터의 '실수' 내지는 '멍청함'은 플레이어로 하여금 오류를 알아채게 만들어 게이머의 몰입을 방해하고 지금 하고 있는 것이 단지 게임일 뿐임을 깨닫게 해버린다. 결론은 게이머가 보고 있을 때 캐릭터가 상황에 맞는 적합한 반응을 하도록 AI가 게임에 크게 영향을 미친다는 것이다. 게임에서 적이나 반대편을 위한 AI는 주로 너무 쉽거나 어렵지 않게 난이도를 조정하는 내용으로 구성되어 있다. 이런 예를 통해 알 수 있듯이 AI란 사람의 생각을 수학적인 모델로 만들거나 마음속으로 무슨 생각을 하는지 알아내는 것이 아니다. 인공지능은 다음 그림과 같은 특정 조건하에서 우리가 기대하는 대로 캐릭터가 행동하도록 동작을 만드는 것일 뿐이다. 따라서 게임을 위한 AI에는 어떤 '구멍'이 있는 셈이지만 우리는 이런 철학적 관점에는 더 이상 관심이 없다.

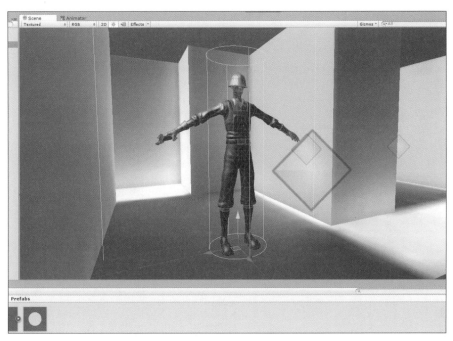

유니티의 Constructor 메시를 이용해 만들 적 AI 캐릭터

이번 장에서는 미로 환경에서의 1인칭 예제 게임을 만들어보려 한다. 플레이어는 적을 공격할 수 있고, 적은 플레이어를 공격할 수 있다. 적 메시는 유니티에서 제공하는 Constructor 애니메이션 캐릭터를 사용한다. 이 캐릭터는 걷기, 뛰기, 점프 애니메이션을 포함하고 있다. Constructor 캐릭터는 주변 환경을 탐색하며 플레이어를 찾아다니고, 플레이어를 발견한 경우 쫓아가서 공격한다. Constructor 캐릭터가 공격을 당하기도 하며, 공격당해 체력이 바닥났을 때 도망치며 체력 증가 아이템을 찾아다니게 된다. 자, 이제 구현을 시작해보자!

프로젝트 구성

구현을 시작하기 위해 새로운 빈 유니티 프로젝트와 씬을 만든다. 이 예제에서는 애플리케이션 메뉴에서 Asset ➤ Import Package를 선택해 몇 가지 유니티 애셋 패키지를 임포트했다. 다음 그림에 보이는 Character Controller, Skyboxes, Particles 패키지를 임포트했다. Character Controllers에는 Constructor 메시와 애니메이션이 1인칭 컨트롤러 프리팹prefab과 함께 들어있다.

Skyboxes 패키지는 카메라가 보게 될 그럴싸한 하늘을 포함하고, Particles 패키지는 뒤에서 만나게 될 순간이동기를 만들기 위해 사용하게 된다.

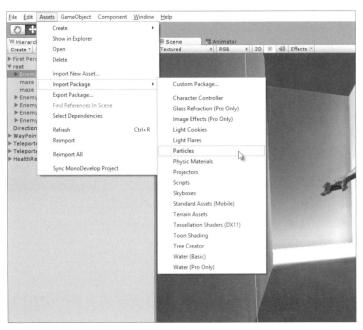

애셋을 프로젝트에 임포트하기

마찬가지로 씬에 1인칭 컨트롤러First Person Controller와 미로maze 메시(다운로드한 파일 중에서 7장의 asset 폴더에 메시가 들어있다.)를 추가하고 보기 좋게 하기 위해 라이트 및 라이트 매핑을 추가한다. 메시는 3D 모델링 프로그램으로 만든 것인데, 이 예제에 쓰인 메시는 블렌더Blender(http://www.blender.org)를 이용해서 만들어졌다.

이런 애셋들은 그 자체로 AI에 중요한 요소는 아니고 예제 구현에 쓰기 위한 것인데, 볼 만한 회색 박스 미로가 들어있다. 라이트 매핑에 대한 자세한 내용은 이 책에서 다루는 범주 밖의 주제이긴 하지만, 일단 다음 그림처럼 애플리케이션 메뉴의 Window ➤ Lightmapping을 선택해 접근할 수 있다는 건 알아두자.

라이트 매핑에 대한 자세한 내용은 다음 유니티 문서를 참고한다.

http://docs.unity3d.com/430/Documentation/Manual/Lightmapping.html

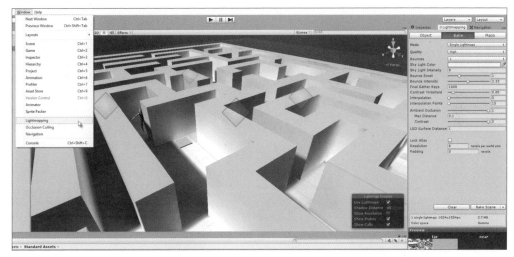

초기 씬 만들기

내비게이션 메시 굽기[1]

만들게 될 적 캐릭터는 플레이어를 찾고 추격하며 체력 회복 아이템을 찾을 수 있도록 레벨 여기저기를 똘똘하게 걸어 다녀야 한다. AI는 벽이나 다른 캐릭터와 같은 방해물 사이에 낀 것처럼 단순히 두 점 사이를 직선으로 걸어서는 안 된다. 이런 오브젝트를 마주쳤을 때 AI는 피해서 돌아가야 한다. 장기적인 관점에서 이

---

1 라이트 맵이나 내비게이션 메시 같은 것을 기존의 씬 전체에 대해 부가적으로 생성해 덧입히는 과정을 흔히 '굽는다(bake)'라고 표현한다. 라이트 맵을 생성하면 씬의 지형 위에 그림자를 계산해서 텍스처로 덧입힌 모습을 볼 수 있는데, 마치 이 모습이 구워진 것처럼 보이는 데에서 유래된 표현이다. – 옮긴이

런 동작을 구현하려면 내비게이션 메시를 이용해야 한다. 내비게이션 메시는 바닥으로 분류된 레벨의 수평면을 유니티가 걸을 수 있는 곳으로 인식할 수 있도록 자동으로 생성하는 보이지 않는 메시 애셋이다. 내비게이션 메시 자체에 AI가 포함된 것은 아니고 걷게 만드는 기능이 있는 것도 아니다. 내비게이션 메시는 AI 유닛으로 하여금 필요한 경우 방해물을 피해 가도록 경로를 계산할 수 있게 해주는 모든 필요한 데이터를 포함하는 수학적 모델이라 할 수 있다. 레벨에 내비게이션 메시를 생성하려면 애플리케이션 메뉴에서 Window ➤ Navigation을 선택한다. 이렇게 하면 Navigation Mesh 탭이 오브젝트 인스펙터에 도킹되어 나타난다.

 내비게이션 메시 굽기에 대한 기본적인 내용은 다음 유니티 문서를 참고한다.
http://docs.unity3d.com/kr/Manual/nav-BuildingNavMesh.html

다음 그림에서 보이듯이 내비게이션 메시를 구울 때, 주의해야 할 몇몇 사항들이 있다.

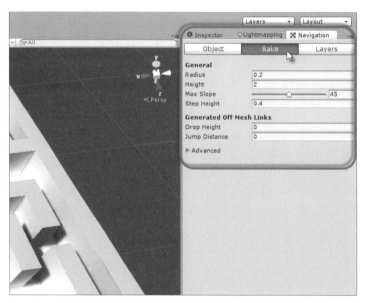

내비게이션 메시 굽기 설정

첫 번째로, Radius 설정을 기본값에서 조정할 필요가 있어 보인다. 간단히 말해, 이 설정 값은 캐릭터 발 주위로 가상의 원에 대한 정의를 설정하는 것이다. 이 원은 걷기 에이전트agent의 대략적인 크기를 가리키는 것이다. 반지름이 너무 큰 경우 내비게이션 메시는 부서지거나 깨진 것처럼 보이게 되고, 너무 작은 경우 메시를 생성하는 데에 긴 시간이 걸리며 에이전트가 걸을 때 벽을 뚫고 지나갈 수 있다. 어느 정도 시행착오를 통해 다듬어야 프로젝트에 최적인 값을 찾을 수 있을 것이다. 이 예제에서는 0.2 값이 최적이다. 반지름이 너무 크면 내비게이션 메시가 좁은 영역에서 깨지게 되어, 다음 그림처럼 에이전트가 틈새를 지나갈 수 없게 되므로 좋지 않다.

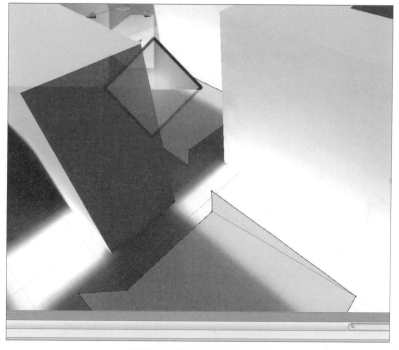

좁은 영역에서 내비게이션 메시가 깨진다.

두 번째로, (생성된) 내비게이션 매시가 실제의 메시 바닥보다 위쪽으로 솟거나 튀어나와 보일 수 있다. 이런 일이 생길 때 다음 그림처럼 Advanced 그룹에서 Height Inaccuracy % 설정을 1로 줄일 수 있다. 이렇게 하면 에이전트가 공중에 떠 있는

것처럼 보이는 것을 방지할 수 있다. 모든 설정을 조정한 후에는 변경사항을 적
용하기 위해 내비게이션 메시를 다시 구워야 한다는 것을 잊지 말자.

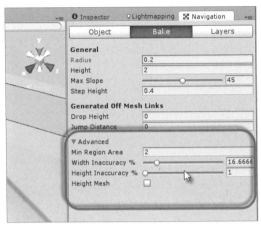

Height Inaccuracy %를 줄이면 생성된 내비게이션 메시를 실제 바닥에 가깝게 옮긴다.

그림을 자세히 봤으면 알겠지만, 미로 씬은 둘로 나뉘어진 미로 영역(왼쪽 및 오른
쪽)이 있는데 둘 사이를 연결하는 메시가 없어 경로를 만들 수 없다. 이 예제에서
는 각각의 영역 사이를 똑똑한 에이전트가 필요할 때 자유롭게 넘나들 수 있도록
순간이동기를 만들 것이다.

이렇게 쪼개진 내비게이션 메시 사이를 연결해 AI가 올바른 경로를 계산할 수 있
게 만들 때 오프-메시 링크off-mesh link를 사용할 수 있다. 밟고 올라섰을 때 순간이
동 발판처럼 동작할 메시를 레벨에 새로 추가한다. 이 예제에서는 표준 박스 메
시에 파티클 시스템particle system을 더해서 효과를 주었는데 꼭 필요한 것은 아니다.
그리고 나서 다음 그림처럼 오프-메시 링크 컴포넌트를 메시 오브젝트에 붙인다.

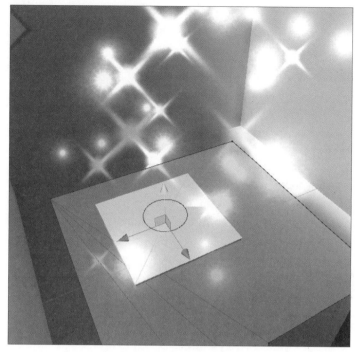

오프-메시 링크를 이용한 순간이동 발판 만들기

같은 과정을 반복해 도착지의 순간이동 발판을 만든다. 각각의 순간이동기에서 오프-메시 링크 컴포넌트의 Start 필드에 오브젝트의 트랜스폼을 할당한다. 그런 후, End 필드에 목적지의 트랜스폼을 할당한다. 이렇게 하면 두 순간이동기 사이에서 경로를 만들 수 있도록 연결을 맺게 된다. 연결이 맺어지면 에디터에서 Navigation 패널이 열려서 활성화된 상태일 때, 다음 그림처럼 씬 뷰포트에 연결을 나타내는 화살표가 그려진다. 오프-메시 링크를 자동으로 생성하는 것도 가능하다. 자세한 내용은 다음 웹사이트의 영상을 참고하자.

https://www.youtube.com/watch?v=w3-sSozYph4

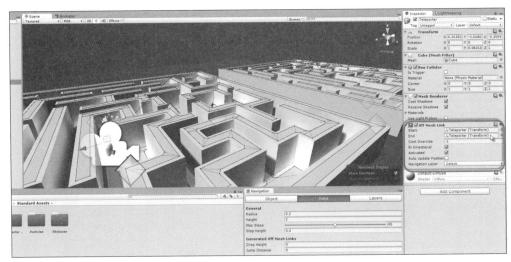

오프-메시 링크 사이의 연결 정의하기

 이번 장에서 AI 코딩을 바로 시작할 수 있는 단계로 준비된 프로젝트는 다운로드한 예제 중 7장의 Start 폴더에서 찾을 수 있다.

NPC 에이전트 만들기

레벨에 플레이어와 상호작용 가능한 AI 에이전트를 만들어보자. 먼저, 씬에서 보일 에이전트의 물리적인 메시가 필요하다. 앞에서 임포트했던 유니티의 **Character Controllers** 패키지에 포함된 `Constructor` 메시를 사용할 것이다. **Project** 패널에서 이 메시를 씬으로 드래그앤드롭한 후 다음 그림처럼 애니메이터^{animator} 컴포넌트가 생성되면 모두 지운다. 애니메이션이 중요하긴 한데, 별도로 만들어진 애니메이터 컨트롤러를 뒤에서 생성할 예정이니 일단은 모두 지우자.

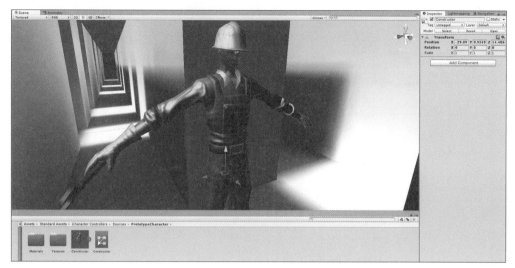

적 캐릭터를 만들기 위해 Constructor 메시 추가하기

 우리가 3rd Person Controller 프리팹을 사용하는 것이 아니라 Constructor 메시만 단독으로 사용하는 것임에 유의하자.

다음으로 Component › Navigation › Nav Mesh Agent 메뉴를 선택해 오브젝트에 NavMeshAgent 컴포넌트를 추가한다. 이렇게 하면 오브젝트가 내비게이션 메시와 함께 동작해 지시하는 시점에 경로를 찾아 움직일 수 있게 된다. 컴포넌트의 Radius와 Height 값을 메시의 면적에 일치하도록 설정한다. Stopping Distance는 2로 설정한다. 이 값은 플레이어가 멈출 때까지 얼마나 목적지에 가깝게 다가갈 수 있는지를 결정하는 것이다. 당연히 직접 만들 프로젝트의 Stopping Distance 값은 필요에 따라 대개 수정이 필요할 것이다.

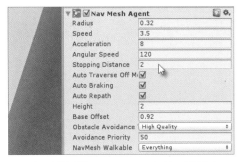

경로 탐색을 위한 NavMeshAgent 컴포넌트 설정하기

이제 Rigidbody 컴포넌트를 추가하고, 다음 그림에서처럼 Is Kinematic 체크박스를 활성화시킨다. 이렇게 하면 오브젝트가 트리거^{trigger} 체적 안에 들어가게 되고, 물리 시스템의 구성 요소로서 물리 이벤트를 일으키고 받을 수 있게 된다. 그런데 Is Kinematic을 체크하면 유니티는 오브젝트의 트랜스폼(위치, 회전, 스케일)을 덮어 쓰지 않게 된다. 이렇게 해서 NavMeshAgent가 전적으로 캐릭터의 움직임만을 제어할 수 있게 된다.

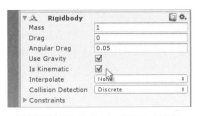

물리 동작을 위한 Rigidbody 컴포넌트 설정하기

이번엔 BoxCollider 컴포넌트를 오브젝트에 추가하고 Is Trigger 체크박스를 활성화해 이 오브젝트를 트리거 체적으로 변환시킨다. 이렇게 하면 물리적인 오브젝트들이 이 체적에 막히는 대신, 통과해 지나갈 수 있도록 만들어준다. 이 오브젝트는 AI의 시야 혹은 가시 영역과 비슷한 용도로 사용된다. 이 오브젝트는 에이전트를 따라다니며, 영역에 다른 오브젝트가 들어오면 앞으로 고려할 대상으로 분류한다. 에이전트의 시야 체적의 크기를 지정하려면 다음 그림에 보이는 X, Y, Z 크기 필드를 이용해 지정할 수 있다.

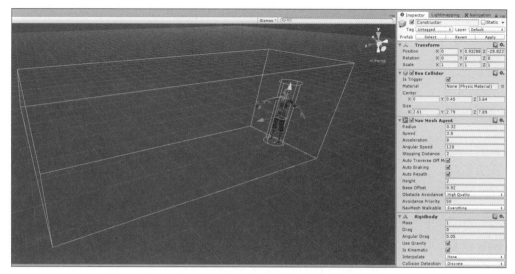

BoxCollider 컴포넌트를 사용해 적 에이전트의 시야 설정하기

마지막으로 프로젝트에 AI_Enemy.cs 파일명으로 적의 지능을 정의하기 위한 새 C# 스크립트를 생성한다. 이 스크립트는 완전한 적 캐릭터 AI를 캡슐화시키는 것으로서 이번 장을 진행하는 동안 계속 개발해나갈 스크립트다. 이제 AI 코딩과 그래프 만들기에 뛰어들 준비를 모두 마쳤다! 적이 어떻게 동작해야 하는지 지정하는 FSM과 부수적인 상태들을 만드는 것부터 시작해보자.

메카님에서의 유한 상태 머신

이 시점부터 주로 C# 및 메카님Mecanim 그래프를 이용한 시각적 코딩을 통해 적 캐릭터의 AI를 만드는 일에 집중하게 될 것이다. 메카님은 유니티의 애니메이션 시스템(http://docs.unity3d.com/kr/Manual/AnimationOverview.html)의 이름이다. 이 어지는 내용들을 통해 상세한 코드 조각들을 살펴보고 토론하면서 함께 코드를 이어 붙이다 보면, 어느새 완전한 전체 클래스의 소스 코드가 완성되어 있을 것이다. 완료된 모습은 완성된 프로젝트 안의 AI_Enemy.cs 파일을 열어보면 된다.

우선, FSM의 개념을 알아보자. 적 캐릭터에 대해 생각할 때 구체적인 일련의 동작을 살펴볼 수 있다. 적은 서서 유휴 상태로 시작한 후, 이어서 순찰을 위해 돌아다니곤 한다. 순찰 중 저 캐릭터는 플레이어 캐릭터를 볼 수 있다. 이런 경우, 적 캐릭터는 플레이어가 공격 범위 안에 들어올 때까지 추격한다. 플레이어가 공격 범위에 들어오게 되면 적은 플레이어를 공격한다. 이제 한 가지 예외적인 경우가 남아있는데, 적이 죽음에 이르는 심각한 체력 손실을 입은 경우다. 이런 치명적인 수준에 도달했을 때, 적 캐릭터는 공격적으로 행동하는 대신 달아나며 체력을 정상 수준으로 복구시켜줄 체력 회복 아이템을 찾아다니게 된다.

이러한 일련의 적 행동을 요약해 적의 지능에 필요한 각각의 중요한 상태들을 앞에서 정의했다. 유휴^{idle}, 순찰^{patrol}, 추격^{chase}, 공격^{attack}, 도피^{flee} 상태 등으로 정의했다. 적은 이러한 상태들 중 한 번에 하나의 상태에만 속할 수 있고 각각의 상태는 적이 어떻게 동작할지를 결정하게 된다. 이러한 로직을 구현하기 위해 FSM 구조를 이용할 수 있다. 이 구조는 특정 클래스나 오브젝트 형식(MonoBehaviour나 ScriptableObject 같은)이 아니라, 코딩의 방법인 디자인 패턴$^{design pattern}$에 해당하는 것이다. FSM은 유한한 개수의 상태를 정의하는 것으로부터 시작해서 이런 상태들이 다른 상태에 어떻게 논리적으로 연결되는지 관리하는 역할을 한다. FSM은 하나의 상태가 다른 상태로 언제 어떻게 전환되는지를 결정한다. 우리가 구현해야 하는 이런 상황에서 적 캐릭터는 실질적으로 두 가지 상태 머신에 의존하게 되는데, 하나는 C# 코드이고 다른 하나는 메카님 애니메이션 그래프다. 후자는 각각의 상태에서 적 메시에 재생해야 할 애니메이션만을 제어하는 역할을 한다. 먼저 메카님 그래프를 만들어보자.

Project 패널에서 우클릭해 새로운 Animatior Controller 애셋을 만든다. 다음 그림과 같이 애플리케이션 메뉴 중 Windows ➤ Animator를 선택해 접근 가능한 Animator 창 안에서 애셋을 연다.

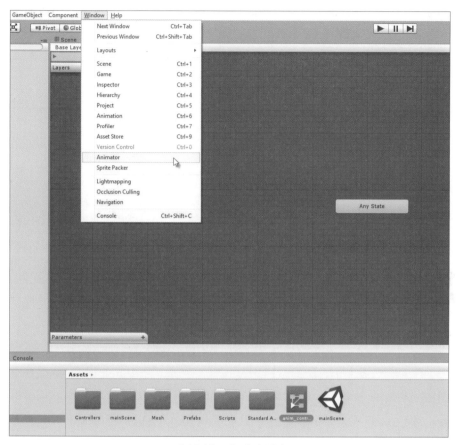

애니메이션 그래프에 접근하기

메카님 애니메이터 그래프는 메시에 적용 가능한 모든 종류의 애니메이션 상태를 정의하는데, 이 상태들은 앞에서 대략 정의했던 상태들인 idle, patrol, chase, attack, flee 상태에 대응한다. 이러한 애니메이션 상태를 설정하려면 Project 패널에서 Constructor 메시 애셋을 선택하고, 다음 그림처럼 오브젝트 인스펙터에서 Loop Time과 Loop Pose 체크박스를 선택해 모든 애니메이션을 반복 가능하게 만든다. 이렇게 하면 캐릭터 애니메이션이 한 번만 실행된 후 멈추지 않도록 한다.

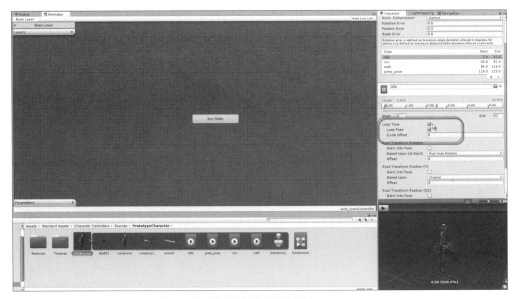

메카님 FSM을 위한 애니메이션 애셋 준비하기

이제 그래프에 각각 하나씩 애니메이션을 가지고 있는 애니메이션 상태들을 추가하자. Idle 상태에서는 유휴 상태 애니메이션이 재생되어야 한다. Patrol 상태에서는 캐릭터가 걸어다닐 수 있게 걷는 애니메이션이 재생되어야 한다. Chase와 Flee 상태에서는 뛰는 애니메이션이 재생되어야 하고, Attack 상태에서는 점프 애니메이션이 재생되어야 한다. Contructor 모델에는 공격을 위한 애니메이션이 없는 관계로, 이 예제에서는 점프 애니메이션을 공격 애니메이션 대용으로 사용하려 한다.

계속해서, 다음 그림처럼 Project 패널에서 그래프 에디터로 각각의 애니메이션을 드래그앤드롭한 후 그래프에 추가하고 적당한 이름을 정해준다.

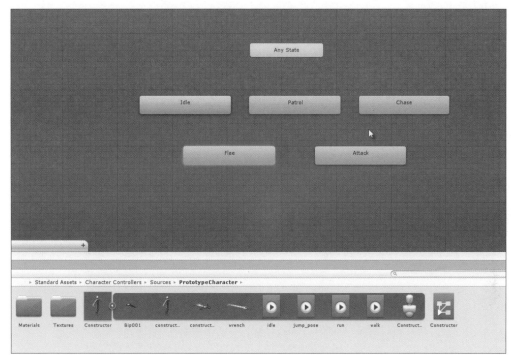

Animator 창에서 FSM 만들기

지금까지 추가한 일반적인 애니메이션 상태에 빈 상태도 추가한다. 애니메이션을 재생하지 않는 기본적인 적의 초기 상태를 정의해, 적을 레벨 시작 시점에 특정 상태로 지정하기 전까지는 상태가 지정되지 않은 상태가 되도록 한다. 기본 빈 상태를 만들기 위해 그래프 에디터의 빈 공간에서 우클릭하면 뜨는 컨텍스트 메뉴의 **Create State ➤ Empty** 옵션을 선택하고(이름을 Start나 Init 등 적합한 이름으로 지정한다.), 다음 그림처럼 이 상태 위에서 우클릭한 후 **Set As Default**를 선택한다.

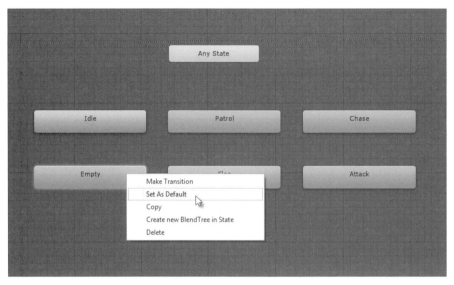

빈 노드를 기본 상태로 설정하기

이제 이 그래프는 캐릭터의 상태마다 애니메이션 하나씩을 포함하게 되었지만 아직 상태 간에 서로 연결되지 않고 분리되어 있다. 구체적으로 말해, 하나의 상태를 다른 상태로 움직이도록 조건을 조절하는 로직이 없는 상태다. 이 문제를 해결하기 위해 메카님 창 우하단 구석의 Parameters 박스를 이용해서 다섯 개의 새로운 트리거를 생성한다. 트리거 변수는 매번 true로 만들어지면 유니티가 자동으로 false로 재설정하는 특별한 불리언^{Boolean} 형식을 따르는데, 상태 변경과 같이 한 번만 초기화되는 동작을 가능케 한다. C# 코드에서 이 트리거들에 접근할 수 있다.

우선은 다음 그림처럼 Idle, Patrol, Chase, Attack, SeekHealth 다섯 개의 트리거를 만들자.

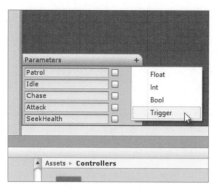

각 애니메이션 상태마다 트리거 만들기

상태와 트리거를 모두 만들었으면, 그래프에서 상태 간 연결을 더 명확하게 정의
할 수 있다. 구체적으로 설명하면, Patrol 트리거가 활성화될 때 Idle 상태는 Patrol
상태로 전환되고, Chase 트리거가 활성화되면 Patrol 상태는 Chase 상태로 전환되
며, Attack 트리거가 활성화될 때 Chase 상태가 Attack 상태로 전환된다. 추가로 대
부분의 상태는 양방향 연결을 가지는데, Patrol 상태는 Chase 상태로 전환될 수 있
고(적이 플레이어를 볼 때), Chase 상태에서 다시 Patrol 상태로 돌아갈 수도 있다(적
이 플레이어를 시야에서 놓칠 때). 상태 간 연결을 만들려면, 상태 위에서 우클릭해 컨
텍스트 메뉴에서 Make Transition을 선택하고 연결을 만들 대상이 되는 상태를 클
릭한다.

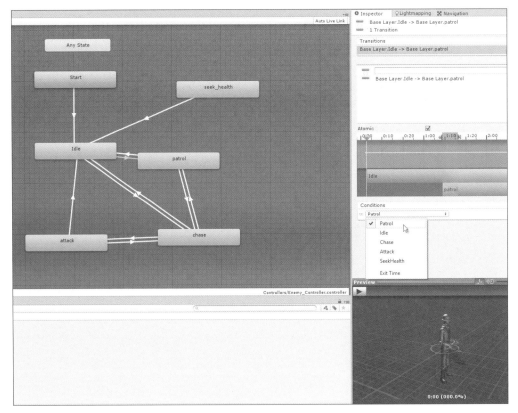

상태 전환을 위한 조건 설정하기

이제 그래프에 적 오브젝트를 위한 완성된 애니메이션 상태 머신[FSM]이 정의되었다. 이제 간단히 이 그래프를 적 오브젝트에 붙일 수 있다.

Project 패널에서 Animator 컴포넌트의 Controller 필드로 다음 그림처럼 애니메이터 컴포넌트를 드래그앤드롭한다.

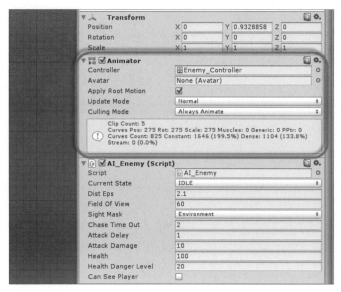

적 오브젝트에 애니메이터 붙이기

C#에서의 유한 상태 머신

이제 애니메이션을 위한 FSM이 완성되었으니, 메카님 그래프에서 트리거를 발생시켜 적시에 적절한 애니메이션을 재생할 수 있도록 하기 위해 적의 행동을 결정하는 C#에서의 FSM을 주목해야 할 시점이다. 다음 예제 코드 7-1처럼 AI_Enemy.cs 스크립트 파일의 맨 위에 `public` 열거형을 추가하는 것부터 구현을 시작해보자. 이 열거형은 적의 FSM에서 가능한 모든 상태를 정의하며 각 상태에는 고유한 문자열 해시 코드가 할당되어 있다. `IDLE` 상태는 문자열 `IDLE`의 해시 코드인 2081823275가 할당되어 있고, 다른 상태들도 같은 식으로 할당되어 있다. 나중에 트리거를 발생시키도록 메카님과 연동할 때 중요한 부분이다. `Animator` 클래스의 `StringToHash` 함수를 이용해서 문자열의 해시 코드를 얻는 것도 가능하다.

```
// 적의 가능한 상태들을 정의한다(각 상태는 대문자 문자열의 해시 코드에 대응한다)
public enum AI_ENEMY_STATE {
```

```
                        IDLE = 2081823275,
                        PATROL=207038023,
                        CHASE= 1463555229,
                        ATTACK=1080829965,
                        SEEKHEALTH=-833380208};
```

 Animator 클래스의 StringToHash에 대한 자세한 내용은 다음 유니티 문서를 참고
한다.

http://docs.unity3d.com/kr/ScriptReference/Animator.StringToHash.html

AI_Enemy 클래스는 AI_ENEMY_STATE 열거형에 기반한 public 변수인
CurrentState를 통해 현재 활성화된 적 오브젝트 상태를 표현한다. 이 변수는
다음 코드처럼 시간이 지남에 따라 상태가 변경될 때 변경된다.

```
// 적의 현재 상태
public AI_ENEMY_STATE CurrentState = AI_ENEMY_STATE.IDLE;
```

대부분의 오브젝트처럼 AI_Enemy 클래스는 Awake 함수를 제공해 NavMeshAgent
와 로컬 트랜스폼, Player 오브젝트처럼 씬의 다른 오브젝트 및 컴포넌트에 대한
참조를 저장해둘 수 있다. 이 참조 값들은 다음 코드 예제처럼 스크립트의 다른
곳에서 이용된다.

```
// 애니메이터를 얻는다
ThisAnimator = GetComponent<Animator>();

// 내비게이션 메시 에이전트를 얻는다
ThisAgent = GetComponent<NavMeshAgent>();

// 트랜스폼 컴포넌트를 얻는다
ThisTransform = transform;

// 플레이어의 트랜스폼을 얻는다
PlayerTransform = GameObject.FindGameObjectWithTag("Player").transform;
```

```
// 충돌체를 얻는다
ThisCollider = GetComponent<BoxCollider>();
```

 이 코드는 ThisAnimator, ThisTransform, ThisAgent, ThisCollider와 같은 참조변 수들을 사용한다. 이렇게 해서 부착된 컴포넌트에 대한 참조를 레벨 시작 시점에 직접 적으로 즉시 얻을 수 있어 매번 오브젝트에 접근해야 할 때마다 C# 프로퍼티 함수(get 및 set)를 부르지 않아도 되도록 해준다. 결론적으로 참조변수인 ThisTransform을 이 용하는 것이 this.transform을 이용하는 것보다 성능상 큰 이득이 된다.

하나의 상태가 하나의 코루틴에 대응되도록 FSM에 존재하는 각각의 상태를 별 개의 코루틴으로 작성한다. 이 코루틴은 해당 상태가 지속되는 동안 무한히 반복 실행되면서 적이 이 상태일 때 해야 할 동작을 정의한다. 상태 머신의 주요 역할 은 특정 조건이 충족될 때 적합한 상태를 선택해 시작되도록 하는 것이다. 적의 기본 상태(혹은 보통 상태)로 쓰일 Idle 상태를 만드는 것부터 시작해보자.

Idle 상태 만들기

적 오브젝트는 Idle 상태('아무것도 하지 않는' 상태)에서 시작한다. 이 상태에서 적 은 위치한 자리에 서서 idle 애니메이션을 재생한다. 씬 시작 시에 이 상태에 들어 가는데, 다른 상태들에서 빠져나올 때 새로운 상태로 옮겨가는 중간 상태로서 이 상태로 되돌아오는 것도 가능하다. 실질적으로 이 상태에서 적은 idle 애니메이 션을 한 번만 재생하고 재생이 완료되면 상태를 빠져나간다. 적은 자동으로 Patrol 상태로 옮겨가 씬에서 플레이어를 찾기 시작한다. 여기에는 두 단계의 처리가 따 른다. 첫 번째로, Idle 상태가 시작되면 idle 애니메이션을 재생시켜야 한다. 두 번 째로, idle 애니메이션 재생이 완료되면 Patrol 상태로 전환할 수 있게 알림을 받을 수 있어야 한다. 다음 예제 코드 7-1은 Idle 상태의 예제다.

```
01   //--------------------------------------------------
02   // 오브젝트가 idle 상태일 때 이 코루틴이 실행된다
03   public IEnumerator State_Idle()
```

```
04      {
05          // 현재 상태를 설정한다
06          CurrentState = AI_ENEMY_STATE.IDLE;
07
08          // 메카님에서 idle 상태를 활성화시킨다
09          ThisAnimator.SetTrigger((int) AI_ENEMY_STATE.IDLE);
10
11          // 내비게이션 메시 에이전트 이동을 멈춘다
12          ThisAgent.Stop();
13
14          // idle 상태에 있는 동안 무한히 반복한다
15          while(CurrentState == AI_ENEMY_STATE.IDLE)
16          {
17              // 플레이어를 볼 수 있는지 검사한다
18              if(CanSeePlayer)
19              {
20                  // 플레이어를 볼 수 있으면, 공격 거리에 도달하기 위해 추격한다
21                  StartCoroutine(State_Chase());
22                  yield break;
23              }
24
25              // 다음 프레임까지 기다린다
26              yield return null;
27          }
28      }
29      //-------------------------------------------------
```

다음은 예제 코드 7-1에 대한 설명이다.

- 3번 줄: State_Idle은 코루틴으로 코딩되었다. 코루틴에 대한 자세한 내용
  은 유니티 문서 http://docs.unity3d.com/kr/Manual/Coroutines.html을 참
  고한다. 간단히 말해, 코루틴은 비동기 함수(다른 함수와 동시에 백그라운드에
  서 동작하는 코드 블록)처럼 동작한다. 따라서 코루틴은 별도의 스레드처럼 실행
  되기 때문에 15번 줄의 무한 루프가 크래시를 만들진 않는다. 코루틴은 항상
  IEnumerator 형식을 반환하며 어딘가에서 항상 yield 절을 포함해야 한다.

- 9번 줄: 애니메이터의 `SetTrigger` 함수가 여기에서 호출된다. 이 함수는 문자열 **Idle**의 해시 코드를 파라미터로 전달해 메카님 그래프에 Idle 트리거를 설정하고 idle 애니메이션의 재생을 시작한다. 이 함수는 C# FSM을 메카님 FSM으로 연결한다. 12번 줄의 `Stop` 함수가 호출되어 `NavMeshAgent` 컴포넌트로 하여금 오브젝트가 수행 중인 모든 동작을 멈추도록 한다. Idle 애니메이션이 재생되는 동안 적이 움직이지 말아야 하기 때문이다.

- 15번 줄: `State_Idle` 함수가 여기서 무한 루프에 들어가게 된다. 즉, 적이 `Idle` 상태인 동안 매 프레임 반복하게 된다. 시간이 흐름에 따라 오브젝트를 업데이트하고 행동을 변경시키는 반복문의 모든 내용이 `Idle` 상태가 활성화된 동안 반복된다.

- 18번 줄: idle 애니메이션이 완료되기를 기다리는 대신, 중간에 플레이어가 보이는 경우 `Idle` 상태를 빠져나오는 조건이다. 불리언 변수인 `CanSeePlayer`에 의해 플레이어가 보이는지 결정된다(시야에 대한 자세한 내용은 뒤에서 다룬다). `CanSeePlayer`가 `true`이면 `StartCoroutine`을 통해 `Chase` 상태가 활성화되고, `yield break`가 호출될 때 `Idle` 상태가 종료된다.

여기까지 `Idle` 상태를 구현하고 나면, 플레이어가 보이지 않는 동안에 이 상태가 무한히 반복되어 다른 상태로 전환되지 않는다. 하지만 `Idle` 상태는 일시적인 상태로서 idle 애니메이션은 한 번만 재생된 후 완료되었을 때 알려줄 수 있어야 한다. 이러한 재생 알림을 구현하기 위해 애니메이션 이벤트를 사용할 수 있다. 애니메이션 이벤트를 설정하려면 **Project** 패널에서 Constructor 캐릭터 메시를 선택하고, **Animation** 탭을 열어 오브젝트 인스펙터에서 idle 애니메이션을 살펴볼 수 있게 한다. 그런 후 다음 그림에 보이는 **Events** 탭을 연다.

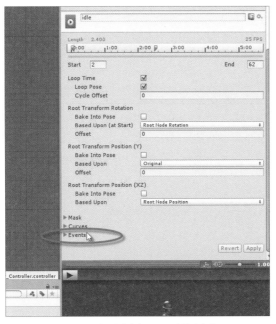

오브젝트 인스펙터에서 Events 탭 확장하기

그런 다음, 애니메이션 타임라인의 시간 1(맨 끝) 부분을 더블클릭하고 이 시점에 함수 호출을 삽입한다. 다음 그림에서처럼 적 오브젝트의 애니메이션이 완료되면 메시지를 보내게 된다. 이렇게 구현하기 위해 AI_Enemy 클래스 안에 OnIdleAnimCompleted 메소드를 코딩했다.

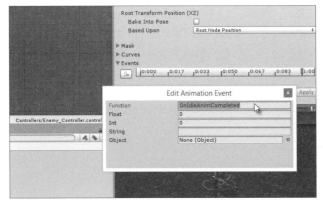

애니메이션 끝에서 함수 호출하기

idle 애니메이션이 완료되면 유니티가 `OnIdleAnimCompleted` 함수를 자동으로 호출한다. 다음 예제 코드는 이 함수를 구현한 모습이다.

```
// idle 애니메이션이 완료될 때 호출되는 이벤트
public void OnIdleAnimCompleted()
{
    // 활성화된 Idle 상태를 멈춘다
    StopAllCoroutines();
    StartCoroutine(State_Patrol());
}
```

Patrol 상태 만들기

`Patrol` 상태에서 적은 주변 환경을 돌아다니면서 플레이어를 찾는다. idle 애니 메이션이 완료된 후 `Idle` 상태에서 이 상태에 들어올 수 있으며, `Chase` 상태도 마찬가지로 추격 중 플레이어를 시야에서 놓치게 되면 이 상태로 들어올 수 있게 된다. **Patrol**은 반복적인 로직을 필요로 한다. 구체적으로 말해, 적은 내비게이션 메시상의 임의의 목적지를 뽑아 해당 위치로 이동한다. 목적지에 도착했을 때, 이 러한 처리가 계속 반복된다. 적이 이 상태에서 빠져나갈 수 있는 유일한 조건은 플레이어를 발견해 `Chase` 상태가 되는 것뿐이다.

설명은 간단하지만 이 상태는 두 가지 더 복잡한 문제를 수반한다. 첫 번째는 임 의의 위치가 반드시 선택되어야 한다는 것이고, 두 번째는 플레이어 가시성 검사 가 반드시 수행되어야 한다는 것이다. 먼저, 임의의 위치 선택에 대해 살펴보자.

Scene 탭에서 **Waypoint**로 태그된 아무런 일을 하지 않는 일련의 중간 기점들(빈 게임오브젝트들)을 만들어 NavMesh 바닥에 위치를 표시한다. 이런 중간 기점들은 `Patrol` 상태에서 적이 이동하는 동안 지나갈 수 있는 위치를 나타내는 것이다. 따라서 다음 적은 다음 그림에 보이는 것 같은 이런 목적지 중 하나를 임의로 선 택해야 한다.

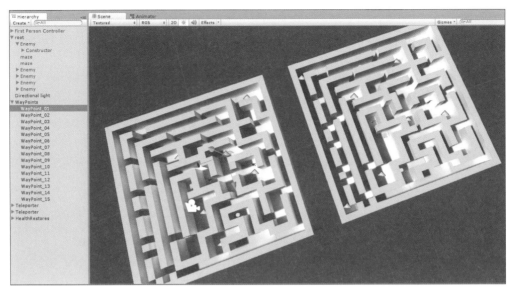

Scene 탭에서 목적지까지의 중간 기점 생성하기

Patrol 상태에서 목적지를 선택하도록 구현하려면, AI_Enemy의 Awake 함수에서 나중에 사용할 씬의 중간 기점들의 리스트를 받아두도록 한다. 다음 예제처럼 LINQ를 이용해 구현할 수 있다. 이 예제 코드는 씬에 존재하는 중간 기점들의 모든 트랜스폼을 private 정적 배열 변수인 Waypoints에 담는다.

```
// 중간 기점을 표시하는 모든 게임오브젝트를 찾는다
GameObject[] Waypoints =
    GameObject.FindGameObjectsWithTag("Waypoint");

// LINQ를 이용해서 중간 기점들의 트랜스폼 컴포넌트를 선택한다
WayPoints = (from GameObject GO in Waypoints
            select GO.transform).ToArray();
```

모든 중간 기점들을 담고 나면, 다음 예제 코드 7-2처럼 새로운 목표점으로서 중간 기점들을 선택하도록 Patrol 상태를 코딩할 수 있다.

```
01    //-------------------------------------------------
02    // 오브젝트가 patrol 상태일 때 이 코루틴이 실행된다
03    public IEnumerator State_Patrol()
```

```
04    {
05        // 현재 상태를 설정한다
06        CurrentState = AI_ENEMY_STATE.PATROL;
07
08        // Patrol 상태를 설정한다
09        ThisAnimator.SetTrigger((int) AI_ENEMY_STATE.PATROL);
10
11        // 임의의 중간 기점을 뽑는다
12        Transform RandomDest =
13            WayPoints[Random.Range(0, WayPoints.Length)];
14
15        // 목적지로 이동한다
16        ThisAgent.SetDestination(RandomDest.position);
17
18        // patrol 상태에 있는 동안 무한히 반복한다
19        while(CurrentState == AI_ENEMY_STATE.PATROL)
20        {
21            // 플레이어를 볼 수 있는지 검사한다
22            if(CanSeePlayer)
23            {
24                // 플레이어를 볼 수 있으면, 공격 거리에 도달할 수 있게 추격한다
25                StartCoroutine(State_Chase());
26                yield break;
27            }
28
29            // 목적지에 도달했는지 검사한다
30            if(Vector3.Distance(ThisTransform.position, RandomDest.position)
31                <= DistEps)
32            {
33                // 목적지에 도착했으면 Idle 상태로 변경한다
34                StartCoroutine(State_Idle());
35                yield break;
36            }
37
38            // 다음 프레임까지 기다린다
39            yield return null;
40        }
```

```
41      }
42      //-----------------------------------------------
```

다음은 예제 코드 7-2에 대한 설명이다.

- 12번 줄: `Random.Range` 함수는 `Waypoints` 배열에서 임의의 목적지들을 선택한다. 여기에서 적을 목적지로 보내는 `NavMeshAgent` 컴포넌트의 `SetDestination` 함수에 목적지 파라미터를 넘겨준다.

- 30번 줄: 에이전트가 목적지에 도착했는지 판단하기 위해 `Vector3.Distance` 함수가 사용되었다. 이 함수가 적 위치와 목적지 위치가 동일한지 체크하지는 못하는데, 부동소수점 형식의 부정확함으로 인해 두 위치가 동일한지 보장할 수 없기 때문이다. 대신 이 함수를 이용해 적이 목적지에서 지정된 거리 (`DistEps`) 안으로 들어왔는지를 검사하고 도착했는지를 판단한다.

- 34번 줄: 목적지에 도착하면 적은 `Idle` 상태로 되돌려진다. `Idle` 애니메이션의 한 주기가 끝나기를 기다린 후, 적은 다시 `Patrol` 상태에 들어가게 된다.

- 22번 줄: `Patrol` 상태는 다시 플레이어가 적에게 보이는 상태인지를 검사한다. 조건에 해당되는 경우 `Chase` 상태에 들어가게 된다.

불리언 변수인 `CanSeePlayer`는 매 프레임 플레이어가 적에게 보이는지를 가리킨다. 이 변수는 매 프레임마다 업데이트된다. 이러한 처리는 다음 예제 코드와 같이 `Update` 함수 안에서 이루어진다.

```
void Update()
{
    // 플레이어를 볼 수 없다고 가정한다
    CanSeePlayer = false;

    // 플레이어가 경계 내에 없는 경우 빠져나간다
    if(!ThisCollider.bounds.Contains(PlayerTransform.position))
        return;

    // 플레이어가 경계 내에 있는 경우 시야를 업데이트한다
    CanSeePlayer = HaveLineSightToPlayer(PlayerTransform);
}
```

Update 함수에서 검사하는 부분은 플레이어가 적에 붙은 박스 충돌체 안에 있는지에 대한 것이다. 이 박스 충돌체는 적의 시야나 범위를 나타내는 것이다. 플레이어가 박스 안에 있다면 플레이어가 적에 보일 수 있게 된다. 이 경우, 확인하기 위해 검사가 좀 더 필요하다. HaveLineSightToPlayer 함수가 필요한 이유다. 이 함수는 다음 예제 코드처럼 플레이어가 적에게 보이는지를 가리키는 불리언 (true/false) 값을 반환한다.

```
// 현재 플레이어가 보이는지를 반환하는 함수
private bool HaveLineSightToPlayer(Transform Player)
{
    // 적의 시선과 플레이어 간의 각도를 구한다
    float Angle = Mathf.Abs(Vector3.Angle(
        ThisTransform.forward,
        (Player.position-ThisTransform.position).normalized));

    // 각도가 시야보다 큰 경우 플레이어를 볼 수 없다
    if(Angle > FieldOfView) return false;

    // 레이캐스트를 이용해 검사한다 - 플레이어가 반대쪽 벽에 있는 것이 아닌지 검사
    if(Physics.Linecast(
        ThisTransform.position,
        Player.position, SightMask))
        return false;

    // 플레이어를 볼 수 있다
    return true;
}
```

앞쪽 장들에서 살펴봤듯이, 두 단계의 처리를 통해 가시성을 판별할 수 있다. 첫 번째로, 적의 지향 벡터와 적에서부터 플레이어를 가리키는 벡터의 단위 벡터 사이의 각도를 통해 가시성을 결정한다. 만약 각도가 적의 시야 각도보다 작으면 플레이어는 적 앞에 있는 것으로서, 플레이어와 적 사이에 놓인 벽과 같은 장애물이 없는 경우 적에게 보이는 상태가 된다. 두 번째 검사는 Physics.Lincast를 통해 수행되는 것으로 적과 플레이어 사이에 끊임없이 이어지는 선을 그릴 수 있

는지를 판단한다. 가능하다면 둘 사이에 장애물이 존재하지 않고 플레이어는 보이게 된다.

Chase 상태 만들기

플레이어가 적에게 보이지만 공격 거리 내에 있지 않은 경우, 적은 플레이어를 공격하기 위해 달리게 된다. 이 상태는 Chase 상태로서, 적은 플레이어를 향해 적대적인 의도를 품고 달려간다. 이 상태에서 빠져나가는 두 가지 주요 조건이 있다. 공격 거리에 도달하게 되면 적은 Chase 상태에서 Attack 상태로 전환된다. 반대로 플레이어가 시야에서 사라지는 경우, 적은 한동안 최선을 다해 계속 추격하다가 일정 시간이 지난 후 플레이어가 여전히 보이지 않는 경우 추격을 포기한다. 다음 예제 코드 7-3을 참고하자.

```
01    // 오브젝트가 chase 상태일 때 이 코루틴이 실행된다
02    public IEnumerator State_Chase()
03    {
04        // 현재 상태를 설정한다
05        CurrentState = AI_ENEMY_STATE.CHASE;
06
07        // Chase 상태를 설정한다
08        ThisAnimator.SetTrigger((int) AI_ENEMY_STATE.CHASE);
09
10        // chase 상태에 있는 동안 무한히 반복한다
11        while(CurrentState == AI_ENEMY_STATE.CHASE)
12        {
13            // 플레이어의 목적지를 설정한다
14            ThisAgent.SetDestination(PlayerTransform.position);
15
16            // 플레이어에 대한 시야를 잃었을 때 시간 초과 시점까지 계속 추격한다
17            if(!CanSeePlayer)
18            {
19                // 시간 초과 계산 시점
20                float ElapsedTime = 0f;
```

```
21
22              // 계속 추격한다
23          while(true)
24          {
25              // 시간을 증가시킨다
26              ElapsedTime += Time.deltaTime;
27
28              // 플레이어의 목적지를 설정한다
29              ThisAgent.SetDestination(PlayerTransform.position);
30
31              // 다음 프레임까지 기다린다
32              yield return null;
33
34              // 시간이 초과되었는가
35              if(ElapsedTime >= ChaseTimeOut)
36              {
37                  // 여전히 플레이어가 보이지 않는다면 idle 상태로 전환한다
38                  if(!CanSeePlayer)
39                  {
40                      // idle로 전환한다 - 여전히 플레이어가 보이지 않음
41                      StartCoroutine(State_Idle());
42                      yield break;
43                  }
44                  else
45                      break;  // 다시 플레이어가 보이므로 추격을 계속한다
46              }
47          }
48      }
49
50      // 플레이어에게 도달했다면 공격한다
51      if(Vector3.Distance(
52          ThisTransform.position, PlayerTransform.position)
53          <= DistEps)
54      {
55          // 도달했으므로 공격한다
56          StartCoroutine(State_Attack());
57          yield break;
```

```
58          }
59
60          // 다음 프레임까지 기다린다
61          yield return null;
62      }
63   }
```

다음은 예제 코드 7-3에 대한 설명이다.

- 17-48번 줄: 이 단계에서 반복문을 통해 플레이어에 대한 가시성을 잃어버렸
  는지를 판별하게 된다. 그런 상태가 되면 적은 ChaseTimeOut 시간 동안 플레
  이어를 계속 추격하게 된다. 이 시간이 지난 후 플레이어에 대한 가시성을 다
  시 검사한다. 이 시점에 플레이어가 보이는 경우, 앞에서처럼 추격을 지속한
  다. 그렇지 않으면 적은 Idle 상태로 전환되어 다시 플레이어를 찾는 순찰을
  새로 시작한다.
- 51-61번 줄: Chase 상태에서 적이 공격 범위(DistEps) 안으로 들어왔는지 검
  사한다. 범위 안으로 들어온 경우 FSM은 State_Attack에 들어가게 된다.

Attack 상태 만들기

Attack 상태에서 적은 플레이어가 보이는 동안 끊임없이 공격한다. 공격 후, 적
이 새로운 공격을 시작하기 전에 반드시 회복이 필요하다. 이 상태에서 빠져나가
는 유일한 조건은 플레이어를 시야에서 잃어버리는 것이다. 이런 조건이 되면 적
은 Chase 상태로 돌아가고, Chase 상태에서 플레이어가 발견되었는지에 따라 다
시 Attack 상태로 돌아오거나 Idle 상태로 전환된다.

```
01   // 오브젝트가 attack 상태일 때 이 코루틴이 실행된다
02   public IEnumerator State_Attack()
03   {
04      // 현재 상태를 설정한다
05      CurrentState = AI_ENEMY_STATE.ATTACK;
06
```

```
07        // Chase 상태를 설정한다
08        ThisAnimator.SetTrigger((int) AI_ENEMY_STATE.ATTACK);
09
10        // 내비게이션 메시 에이전트의 이동을 멈춘다
11        ThisAgent.Stop();
12
13        // 공격 주기를 정하는 타이머를 설정한다
14        float ElapsedTime = 0f;
15
16        // attack 상태에 있는 동안 무한히 반복한다
17        while(CurrentState == AI_ENEMY_STATE.ATTACK)
18        {
19            // 타이머를 업데이트한다
20            ElapsedTime += Time.deltaTime;
21
22            // 플레이어가 공격 범위를 벗어나거나 사라졌는지 검사해서 추격을 시작한다
23            if(!CanSeePlayer ||
24               Vector3.Distance(
25                   ThisTransform.position,
26                   PlayerTransform.position) > DistEps)
27            {
28                // chase 상태로 전환한다
29                StartCoroutine(State_Chase());
30                yield break;
31            }
32
33            // 공격 주기를 검사한다
34            if(ElapsedTime >= AttackDelay)
35            {
36                // 타이머를 재설정한다
37                ElapsedTime = 0f;
38
39                // 공격을 시작한다
40                if(PlayerTransform != null)
41                    PlayerTransform.SendMessage(
42                        "ChangeHealth",
43                        -AttackDamage,
```

```
44                      SendMessageOptions.DontRequireReceiver);
45          }
46
47          // 다음 프레임까지 기다린다
48          yield return null;
49      }
50  }
```

Seek-Health 상태 만들기

Seek-Health 상태는 적의 체력이 바닥났을 때 발생하며 구급함을 수집해 복구할
수 있다. 이 상태는 다른 상태와는 다르게 어떤 상태에서도 들어올 수 있다. 이 상
태에 들어오는 것은 다른 상태와의 관계 대신 플레이어의 체력에만 의존적이다.
구체적으로, 적의 체력이 최소치 미만으로 감소했을 때 이 상태에 진입하게 된다.
이런 설정에 따라 다음 그림처럼 메카님에서 Seek-Health 애니메이션 상태를
Any State 노드에 걸어서 어떤 상태에서든 달리는 애니메이션이 트리거될 수 있게
만든다.

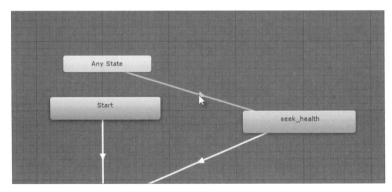

어떤 상태에서든 Seek-Health 상태에 접근할 수 있다.

각각의 적은 Health 변수를 가지고 있다. 이 변수는 적이 구급함을 찾는지 아
니면 공격당하는지에 따라 증가하거나 감소하도록 조정된다. 이런 변화는
ChangeHealth 메소드 안에서 일어나는데 SeekHealth 상태가 어디에서 일어날

지 알게 해주는 곳이 바로 이곳이다. ChangeHealth 함수는 public으로 선언되어 필요한 경우 SendMessage나 BroadcastMessage로 이벤트를 발생시킬 수 있다.

```
// 체력이 변경되었을 때 호출되는 이벤트
    public void ChangeHealth(float Amount)
    {
        // 체력을 감소시킨다
        Health += Amount;

        // 죽게 되는가
        if(Health <= 0)
        {
            StopAllCoroutines();
            Destroy(gameObject);
            return;
        }

        // 체력 위험 단계를 검사한다
        if(Health > HealthDangerLevel) return;

        // 체력이 위험 단계 이하일 때 가능한 경우 체력 회복 아이템을 찾는다
        StopAllCoroutines();
        StartCoroutine(State_SeekHealth());
    }
```

State_SeekHealth 메소드는 다음 예제 코드 7-4처럼 코딩할 수 있다.

```
01    // 오브젝트가 Seek-Health 상태일 때 이 코루틴이 실행된다
02    public IEnumerator State_SeekHealth()
03    {
04        // 현재 상태를 설정한다
05        CurrentState = AI_ENEMY_STATE.SEEKHEALTH;
06
07        // Seek-Health 상태를 설정한다
08        ThisAnimator.SetTrigger((int) AI_ENEMY_STATE.SEEKHEALTH);
09
10        // 가장 가까운 체력 회복 아이템
```

```
11          HealthRestore HR = null;
12
13          // seek-health 상태에 있는 동안 무한히 반복한다
14          while(CurrentState == AI_ENEMY_STATE.SEEKHEALTH)
15          {
16              // 체력 회복 아이템이 유효하지 않은 경우, 가장 가까운 회복 아이템을 얻는다
17              if(HR == null) HR = GetNearestHealthRestore(ThisTransform);
18
19              // 유효한 체력 회복 아이템이 있는 곳으로 이동한다
20              ThisAgent.SetDestination(HR.transform.position);
21
22              // 체력 회복 아이템이 null이거나 체력이 위험 수치보다 높으면
23              // 체력을 복구할 필요가 없으니 idle 상태로 전환한다
24              if(HR == null || Health > HealthDangerLevel)
25              {
26                  // idle로 전환
27                  StartCoroutine(State_Idle());
28                  yield break;
29              }
30
31              // 다음 프레임까지 기다린다
32              yield return null;
33          }
34      }
```

다음은 예제 코드 7-4에 대한 설명이다.

- 17번 줄: Health-Seek 상태는 씬 안에서 에이전트의 목적지에 가장 가까운
  구급함을 찾아 사용하는 일을 시작한다. 사실 이런 방법은 속임수에 가까운
  것인데, 멀리 내다보는 능력이 없는 이상 가까운 구급함이 어디에 위치해 있
  는지 적이 아는 방법은 없기 때문이다. 하지만 적이 실제로 알고 있는지보다
  게이머에게 어떻게 보이는지가 중요하다는 점을 기억하자. 게이머가 이 로직
  에 대해 모르고 겉보기에 이상한 점이 없다면, 그다지 중요한 부분이 아닐 수
  있다. 또한 적이 목적지에 도착하기 전에 플레이어나 다른 적이 구급함을 미
  리 수집할 수도 있다는 점에 유의하자. 이러한 이유로 적은 매 프레임마다 대

상 구급함이 아직도 유효한지를 판단하고, 그렇지 않은 경우 다음으로 가까운 구급함을 골라야 한다.

- 24번 줄: 구급함을 찾을 수 없거나 체력이 안전선까지 복구되었을 때 적은 Idle 상태로 복귀한다.

SeekHealth 상태는 씬에서 가까운 구급함을 찾아 참조를 얻는 것에 의존적이다. 이러한 내용은 다음 예제 코드의 GetNearestHealthRestore 메소드를 이용해 구현된다.

```
01    // 씬에서 가장 가까운 체력 회복 아이템을 지정하기 위한 함수
02    private HealthRestore GetNearestHealthRestore(Transform Target)
03    {
04        // 모든 체력 회복 아이템을 얻는다
05        HealthRestore[] Restores = Object.FindObjectsOfType<HealthRestore>();
06
07        // 최단 거리
08        float DistanceToNearest = Mathf.Infinity;
09
10        // 선택된 체력 회복 아이템
11        HealthRestore Nearest = null;
12
13        // 모든 체력 회복 아이템을 순회한다
14        foreach(HealthRestore HR in Restores)
15        {
16            // 이 체력 회복 아이템까지의 거리를 구한다
17            float CurrentDistance =
18                Vector3.Distance(Target.position, HR.transform.position);
19
20            // 더 가까운 체력 회복 아이템을 찾은 경우 업데이트한다
21            if(CurrentDistance <= DistanceToNearest)
22            {
23                Nearest = HR;
24                DistanceToNearest = CurrentDistance;
25            }
26        }
27
```

```
28        // 가장 가까운 아이템이나 null을 반환한다
29        return Nearest;
30    }
```

요약

7장에서 만든 완성된 AI 프로젝트는 다운로드한 책의 예제 파일들 중 7장의 ai 폴더에서 찾을 수 있으며, 이 프로젝트를 열어 테스트해보기를 권한다. 다음 그림처럼 1인칭 컨트롤러를 이용해 플레이어는 레벨을 진행하거나 적을 피하고, 적이 범위에 들어올 때 스페이스바를 눌러 공격할 수도 있다.

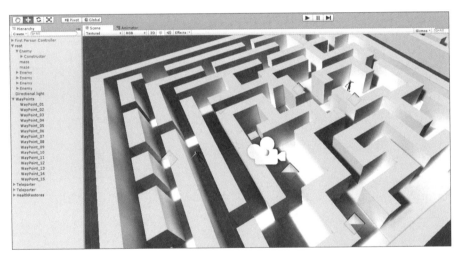

AI_Enemy 클래스 테스트하기

그렇지만 프로젝트를 더 향상시킬 수 있는 여러 가지 방법들이 아직 남아있다. 예를 들면, 여러 종류의 적을 추가하고 적의 종류별로 숨기에서 죽은 척까지 다양한 전략도 추가할 수 있다. 하지만 C# FSM과 애니메이션 재생을 위한 메카님 FSM을 함께 이용하는 인공지능을 개발하며 크게 발전한 것 또한 사실이다.

8장에서는 AI의 세계에서 나와 게임 개발을 더 부드럽게 만들어줄 에디터 사용자화의 세계 속으로 뛰어들어보자!

8

유니티 에디터 사용자화

유니티 에디터는 강력하고 범용적인 게임 개발 도구다. 그렇지만 개발하는 동안 에디터가 가지지 않은 특정 기능을 제공하거나 특정한 방식으로 동작하기를 바랄 때가 있는데, 독자를 위해 혹은 특정 게임을 위해 보다 편리함을 제공할 수 있기 때문이다. 경로 편집 기능이나 일괄 이름 변경 기능, 메시 생성 도구 등의 기능을 원할지 모르겠다. 이런 경우 애셋 스토어에서 요구사항에 맞는 애드온을 찾아보면 된다. 하지만 찾지 못할 경우도 있다. 따라서 우리의 목적에 맞게 어떻게 에디터를 개조하거나 사용자화할 수 있는지로 초점을 옮겨본다. 고맙게도 유니티를 도구처럼 바꿀 수 있는 여러 가지 방법이 있는데, 8장에서는 개별적인 사례에 대해 초점을 맞춰 살펴볼 예정이다. 첫 번째로, 한 번의 처리로 선택된 복수의 오브젝트 이름을 변경할 수 있는 일괄 이름 변경 도구를 어떻게 만들 수 있는지를 알아본다. 두 번째로, 오브젝트 인스펙터에서 슬라이더를 이용해 두 가지 색상을 혼합할 수 있는 색상 영역 필드를 만드는 방법을 다룬다. 세 번째로, 오브젝트 인스펙터에 public C# 프로퍼티를 노출해 값을 설정하고 얻어오는 방법을 알아본다. 마지막으로, C# 속성을 사용해 현지화^{localization} 도구 키트^{toolkit}를 만들어서 버튼 터치 한 번으로 게임 내 문자열들을 선택한 언어(영어, 불어 등)로 자동 변경하는 방법을 다룬다.

일괄 이름 변경

복수의 적, 체력 증가 아이템, 소품, 다른 오브젝트 인스턴스를 가진 씬을 만들 때, 보통 복제 기능(Ctrl + D)을 이용해 오브젝트를 복제할 것이다. 이렇게 하면 여러 오브젝트가 동일한 이름을 갖게 된다. 이름이 중복되는 것이 기술적으로 문제가 되진 않지만 불편하고 난잡한 느낌이 있다. Hierarchy(계층) 패널에 여러 개의 동일한 이름을 가진 오브젝트가 존재하는 결과를 만들어서 이름만으로는 특정 오브젝트를 분간하기가 사실상 불가능해진다. 게다가 동일한 이름의 오브젝트는 모두 반환되기 때문에 스크립트에서 GameObject.Find 함수를 이용한 오브젝트 검색으로 원하는 특정 오브젝트를 얻는 것도 불가능해진다. 그래서 해결책은 각각의 오브젝트에 고유하면서도 적합한 이름을 지어주는 것이다. 하지만 많은 오브젝트에 이렇게 하기란 지루한 일이다. 따라서 일괄 이름 변경 도구가 필요한 이유를 여기서 찾을 수 있다.

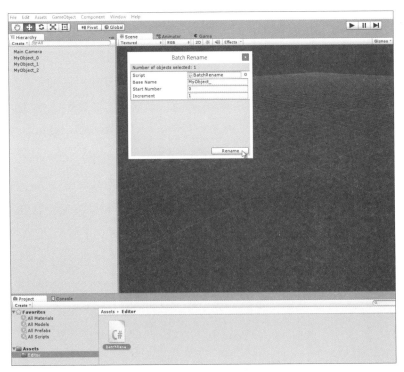

일괄 이름 변경 에디터 애드온 만들기

이 도구는 이론적으로 Hierarchy 패널에서 복수의 오브젝트를 선택해 숫자 형식에 따라 자동으로 이름을 변경한다. 유일한 기술적인 문제는 유니티가 이런 기능을 내장해서 지원하지 않는다는 점이다. 하지만 앞의 그림과 같이 이런 기능을 직접 코딩하면 된다.

유니티 에디터에서 사용자화 코드를 만들려면, 우선 프로젝트 안에 Editor라는 이름의 폴더를 만들어야 한다. 이 부분이 무척 중요하다. Editor 폴더는 유니티가 모든 에디터 사용자화 스크립트를 담는 위치로 인식하는 특별한 폴더다. 따라서 유니티 에디터를 변경할 계획을 가지고 있다면, 모든 사용자화 스크립트를 반드시 Editor 폴더에 두자. Editor 이름의 폴더가 프로젝트 안에 여러 개 존재하는 것은 문제가 되지 않는다. 다음 그림처럼 하나 이상의 Editor 폴더와 에디터 스크립트만 있으면 된다.

모든 에디터 스크립트를 담는 Editor 폴더 만들기

다음으로 ScriptableWizard 클래스를 이용해 일괄 이름 변경 유틸리티[utility]를 만든다. 이 클래스는 우리가 파생해서 만들 새로운 클래스의 원형 클래스다. 모든 파생 클래스는 팝업 유틸리티 대화창처럼 작동해 유니티의 메인 메뉴에서 실행할 수 있다. 이 대화창의 목적은 유저가 선택할 수 있는 옵션들을 표시해 확인 버튼을 누를 때 한 번에 처리하도록 하는 것이다. 다시 말해, ScriptableWizard에서 파생한 클래스는 하나 혹은 여러 오브젝트에 한 번의 자동화된 처리를 할 때 이상적이다.

ScriptableWizard 클래스에 대한 자세한 내용은 다음 유니티 문서를 참고한다.

http://docs.unity3d.com/kr/ScriptReference/ScriptableWizard.html

다음 예제 코드 8-1은 일괄 이름 변경 유틸리티의 완성된 소스 코드다.

```
01 //------------------------------------------------------------------
02 using UnityEngine;
03 using UnityEditor;
04 using System.Collections;
05 //------------------------------------------------------------------
06 public class BatchRename : ScriptableWizard
07 {
08     // 기본 이름
09     public string BaseName = "MyObject_";
10
11     // 시작 숫자
12     public int StartNumber = 0;
13
14     // 증가치
15     public int Increment = 1;
16
17     [MenuItem("Edit/Batch Rename...")]
18      static void CreateWizard()
19      {
20          ScriptableWizard.DisplayWizard("Batch Rename",
21              typeof(BatchRename),"Rename");
22      }
23      //------------------------------------------------------------
24     // 창이 처음 나타날 때 호출된다
25     void OnEnable()
26     {
27         UpdateSelectionHelper();
28     }
29      //------------------------------------------------------------
30     // 씬에서 선택 영역이 변경될 때 호출되는 함수
```

```
31     void OnSelectionChange()
32     {
33        UpdateSelectionHelper();
34     }
35     //-------------------------------------------------------------------
36     // 선택된 개수를 업데이트한다
37     void UpdateSelectionHelper()
38     {
39        helpString = "";
40
41        if (Selection.objects != null)
42           helpString = "Number of objects selected: "
43              + Selection.objects.Length;
44     }
45     //-------------------------------------------------------------------
46     // 이름 변경
47     void OnWizardCreate()
48     {
49        // 선택된 것이 없으면 종료한다
50        if (Selection.objects == null)
51           return;
52
53        // 현재 증가치
54        int PostFix = StartNumber;
55
56        // 순회하며 이름을 변경한다
57        foreach(Object O in Selection.objects)
58        {
59           O.name = BaseName + PostFix;
60           PostFix += Increment;
61        }
62     }
63     //-------------------------------------------------------------------
64 }
65 //-------------------------------------------------------------------
```

다음은 예제 코드 8-1에 대한 설명이다.

- 3번 줄: 에디터 확장 기능은 에디터 클래스와 오브젝트에 접근할 수 있도록 UnityEditor 네임스페이스를 포함해야 한다.

- 6번 줄: BatchRename 클래스는 대부분의 스크립트 파일처럼 MonoBehaviour 에서 파생하지 않고 ScriptableWizard에서 파생된다. 여기에서 파생된 클래스들은 애플리케이션 메뉴에서 실행되는 유니티의 독립된 유틸리티와 같은 식으로 처리된다.

- 17-21번 줄: CreateWizard 함수에 MenuItem 속성이 붙어있다. 이 속성은 애플리케이션 메뉴의 하위에 Edit ▶ Batch Rename··· 메뉴 항목을 만들고, 이 항목이 클릭될 때 CreateWizard 함수를 불러 Batch Rename 창을 표시한다.

- 8-15번 줄: CreateWizard가 불리면 Batch Rename 창이 표시된다. 이때 모든 public 클래스 멤버들(Base Name, Start Number, Increment)이 자동으로 유저가 편집할 수 있는 필드 형태로 창에 표시된다.

- 47-62번 줄: 유저가 Batch Rename 창의 Rename 버튼을 누르면 OnWizardCreate 함수가 이벤트로서 불린다. 20번 줄에서 이 버튼의 이름이 Rename으로 지정되었다. OnWizardCreate 함수는 씬에서 선택된 모든 오브젝트를 차례로 순회하며, 다음 그림에서 보이는 Base Name, Start Number, Increment 필드에 따라 순서대로 이름을 변경한다.

일괄 이름 변경 도구

일괄 이름 변경 도구를 사용하려면 씬에서 오브젝트의 그룹을 선택하고, 애플리
케이션 메뉴의 Edit ➤ Batch Rename…을 클릭하면 된다. Base Name 필드에는 모든
오브젝트 이름에 들어갈 접두어를 넣고, Increment 필드에는 앞에서 지정한 기본
이름에 붙을 숫자 값의 증가치를 넣는다. Start Number 값은 다음 그림과 같이 증
가치를 적용하기 시작할 숫자를 지정한다.

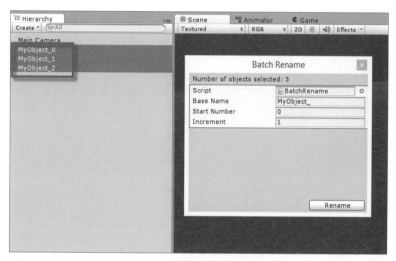

일괄 이름 변경 도구를 사용해 이름이 변경된 오브젝트들

C# 특성과 리플렉션

지금부터 다루는 모든 에디터 확장 기능은 특성[attribute]과 리플렉션[reflection]에 많이
의존하게 된다. 이 개념들은 유니티에만 한정된 것이 아니라 컴퓨터공학 및 프로
그래밍에서 일반적으로 다루어지며, 닷넷 프레임워크의 C#과 같은 언어에서도
지원한다. 다음 에디터 확장 기능으로 넘어가기 전에 특성에 대해, 그리고 유니
티에서 네이티브로 지원하는 Range 특성 예제를 통해 리플렉션에 연관된 개념을
알아본다. 다음 코드를 살펴보자.

```
public float MyNumber = 0;
```

이 public 변수는 오브젝트 인스펙터에 유저가 유효한 부동소수점 숫자를 입력할 수 있는 에디트 필드를 통해 표시되는데, 다음 그림에서 보이는 것처럼 MyNumber 값을 설정할 수 있게 된다.

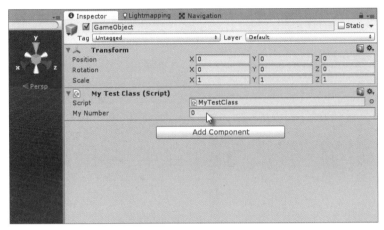

오브젝트 인스펙터에서 부동소수점 값 입력하기

대부분의 경우에 이 코드는 적절히 잘 돌아가지만, 숫자 입력란의 숫자를 최솟값과 최댓값 사이로 제한해 특정 범위 안에 들어가는 유효한 값으로 만들기를 원할 때도 있다. Mathf.Clamp 함수를 이용해도 이런 처리가 가능하지만, 특성을 이용해서 해당 항목에 유효한 값만 받도록 만들 수도 있다. 다음 코드와 같이 부동소수점 변수(MyNumber)에 Range 특성을 선언하면 에디트 박스 대신 슬라이더가 보이게 된다.

```
[Range(0f, 1f)]
public float MyNumber = 0;
```

 특성에 대한 자세한 내용은 다음 유니티 문서를 참고한다.
http://unity3d.com/kr/learn/tutorials/modules/intermediate/scripting/attributes

이 코드가 컴파일되면 오브젝트 인스펙터에서 MyNumber 변수가 다른 식으로 표시되는데, 다음 그림처럼 0과 1 사이의 숫자 범위를 받아들이게 된다. Range 특성에 파라미터로 들어가는 모든 숫자는 컴파일 시점에 명시적으로 알 수 있는 값이어야 하고, 런타임에 달라질 수 있는 변수를 포함하는 표현식은 허용되지 않는다. 모든 특성 값은 반드시 컴파일 타임에 알 수 있는 값이어야 한다.

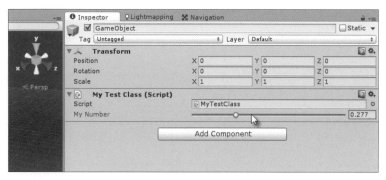

특성을 이용해서 인스펙터에 표시되는 모습을 사용자화하기

그렇다면 특성은 어떤 식으로 동작할까? 간단히 설명하자면, 특성은 태그처럼 동작하는 메타데이터metadata의 형식이다. 프로그래머는 클래스나 변수, 메소드에 특성을 선언해 데이터와 연관 지어 컴파일러가 알 수 있게 한다. 특성 자체는 순전히 기술하기 위한 목적으로 사용하는 것이며, 실제로는 아무 일도 하지 않는 데이터일 뿐이다. 닷넷(혹은 모노)에 기반한 모든 코드는 '유체 이탈'해서 프로그램 안에 포함된 모든 클래스와 데이터 형식 및 인스턴스를 볼 수 있는 능력을 갖고 있다. 프로그램 안의 각각의 오브젝트에 대해 해당 오브젝트의 메타데이터(특성)를 조사할 수도 있다. 이렇게 '스스로를 바깥에서 바라보는' 능력은 마치 거울을 통해 바라보는 것과 같다 하여 리플렉션(반영)이라 부른다. 물론, 프로그램은 거울처럼 반전된 모습을 본다거나 왜곡된 모습을 보는 것은 아니고, 메타데이터를 포함한 실제 그대로의 모습을 보게 된다. 다음 예제 코드를 통해 간단히 리플렉션을 다루는 예를 살펴보자. 이 코드는 유니티의 모든 소스 파일을 통틀어 유니티로 만든 애플리케이션에 포함된 직접 만든 모든 클래스들을 순회한다. 씬에 포함된 모든 클래스 인스턴스들을 나열하는 것은 아니고 클래스 그 자체를 나열한다(즉, 비유적으로 말하자면 청사진 같은 것이 되겠다).

```
01  using UnityEngine;
02  using System.Collections;
03  using System.Reflection;
04  using System;
05
06  public class MyTestScript : MonoBehaviour
07  {
08      // 여기에서 초기화한다
09      void Start ()
10      {
11          // 어셈블리 안의 모든 클래스를 나열한다
12          foreach(Type t in Assembly.GetExecutingAssembly().GetTypes())
13          {
14              Debug.Log (t.Name);
15          }
16      }
17  }
```

다음은 위의 예제 코드에 대한 설명이다.

- 3-4번 줄: 네임스페이스 System과 System.Reflection이 포함되어야 한다. 여기에서 닷넷 리플렉션에 필요한 모든 클래스와 오브젝트가 제공된다.
- 12번 줄: foreach 반복문이 현재 어셈블리(직접 만든 스크립트 파일들을 포함해 함께 컴파일된 코드)에 포함된 모든 클래스(형식)를 순회한다.

리플렉션의 개념에 대해 좀 더 알아보자. 위의 예제 코드에서는 메소드, 프로퍼티, 변수(Fields)의 형식을 포함한 모든 형식을 나열했다. 다음 예제 코드는 특정형식의 파라미터를 전달받아 여기에 포함된 모든 public 멤버 변수를 나열한다.

```
// 클래스 t의 모든 public 변수들을 나열하는 함수
public void ListAllPublicVariables(Type t)
{
    // 모든 public 변수들을 순회한다
    foreach(FieldInfo FI in
        t.GetFields(BindingFlags.Public | BindingFlags.Instance)
    {
```

```
    //  변수의 이름을 출력한다
    Debug.Log (FI.Name);
  }
}
```

 이 코드에서 사용한 비트 연산에 대한 더 자세한 내용은 다음 웹사이트를 참고한다.
http://www.blackwasp.co.uk/CSharpLogicalBitwiseOps.aspx

하지만 가장 결정적인 장점은 형식에 할당된 특성을 나열할 수 있다는 것이다.
이런 장점으로 인해 다음 예제 코드처럼 해당 형식의 메타데이터를 조회하고 프
로퍼티를 검사할 수 있다.

```
public void ListAllAttributes(Type t)
{
    foreach(Attribute attr in t.GetCustomAttributes(true))
    {
        //  발견한 특성의 형식을 나열한다
        Debug.Log (attr.GetType());
    }
}
```

위의 예제 코드는 런타임에 코드에서 주어진 데이터 형식의 모든 특성 데이터를
얻는 예제다. 데이터 형식과 변수들에서 얻어올 수 있는 연관된 메타데이터가 있
는데, 이것들은 어떻게 오브젝트를 처리할지에 대해 큰 영향을 미치곤 한다. 데이
터 형식이나 멤버 변수에 선언할 수 있게 직접 정의한 특성을 만듦으로써, 유니
티 에디터에 우리가 만든 코드를 통합할 때 논리적인 혹은 런타임상의 구조가 올
바르지 않은 상태가 되지 않도록 할 수 있어 에디터 플러그인을 만들 때 강력한
면모를 보인다. 코드에서 변수들에 특성으로 태그를 달아 올바르지 않은 로직 또
는 구조를 만들거나 영향을 끼치지 않고서 유니티 에디터에 어떻게 보이게 될지를
정의할 수 있다. 지금부터 에디터를 사용자화하기 위해 사용자 정의 특성을 만드는
방법을 살펴보자.

색상 혼합

앞에서 살펴봤듯이 Range 특성을 정수형이나 부동소수점 변수에 선언하면, 유니티 에디터에서 최댓값과 최솟값 사이의 값만 받아들이도록 제한할 수 있다. 유니티 에디터에서 슬라이더 컨트롤은 직접 값을 입력할 수 있는 필드를 대신해 변수의 값을 받는 컨트롤이다. 동일한 변수의 값에 대해 당연히 영향을 주지는 않는다. 런타임에서 코드의 Range 특성 자체는 아무런 효과가 없다. 대신 Range 특성은 오브젝트 인스펙터에 표시되는 숫자 형식의 public 변수에 유저 입력을 통해 들어오는 값을 제어한다. 배후에서 Editor 클래스가 리플렉션을 통해 오브젝트의 특성 데이터를 조회함으로써 오브젝트 인스펙터에 데이터 형식을 어떻게 표현할지 제어하게 된다.

Range 특성은 숫자 형식에 잘 적용된다. 하지만 단지 숫자뿐 아니라 다른 데이터 형식에도 비슷하게 작동하도록 할 수 있다면 좋을 것이다. 예를 들면, 페이드 인/페이드 아웃 씬 전환 효과를 만들기 위해 검정색에서 투명으로 페이드되는 경우처럼 다른 색상 사이에서 페이드되는 기능을 흔히 볼 수 있다. 이런 기능을 색상 선형 보간color lerp이라 부른다. 요컨대, 정규화된 부동소수점 수치를 이용한 두 극단 사이(0과 1 사이)에서 중간 색상이 생성된다.

이런 데이터 형식에 어울리는 인스펙터 프로퍼티의 형태는 Range 특성을 사용했을 때 볼 수 있었던 슬라이더 컨트롤일 것이다. 다음 그림처럼 0과 1 사이에서 보간된 색상을 제어한다.

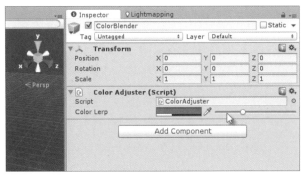

두 색상 사이의 선형 보간

그리하여 우리가 지정한 사용자 정의 형식의 public 멤버를 가진 오브젝트가 씬에서 선택되었을 때, 어떻게 이 멤버가 오브젝트 인스펙터에 표현될지를 직접 지정하도록 에디터를 사용자화할 필요가 있다. 사용자화를 통해 단순히 기본 상태로 값을 받아오는 대신, 멤버의 데이터 항목을 검증할 수 있게 오브젝트 인스펙터에서 사용자 컨트롤 및 입력을 제공할 수 있다. 이런 처리를 위해 사용자 클래스를 만들고 색상 혼합을 위해 필요한 모든 데이터를 정의하자. 색상 혼합에는 네 가지 변수가 필요한데, 먼저 SourceColor와 DestColor를 이용해 혼합할 한계 색상을 표시한다. 다음으로 BlendFactor는 0과 1(시작과 끝) 사이로 정규화된 부동소수점으로서 선형 보간을 통해 생성되는 중간 색상이 어떤 것인지를 결정한다. 그런 다음 마지막으로 출력 색상(BlendedColor)이 있다. 완성된 클래스 정의는 다음과 같다.

```
[System.Serializable]
public class ColorBlend : System.Object
{
    public Color SourceColor = Color.white;
    public Color DestColor = Color.white;
    public Color BlendedColor = Color.white;
    public float BlendFactor = 0f;
}
```

ColorBlend 클래스는 [System.Serializable] 특성을 사용해 유니티가 오브젝트 인스펙터에 클래스와 클래스의 public 멤버들을 표시하게 한다. 기본적으로 ColorBlend의 모든 public 멤버들이 표시되고, BlendFactor 필드는 다음 그림처럼 0과 1 밖으로 벗어나는 숫자를 포함해서 직접 입력이 가능한 필드로 표시된다.

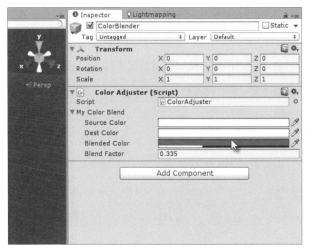

기본적으로 색상 조정 클래스가 보이는 모습

이제 유니티가 오브젝트 인스펙터에 이 클래스를 표시하는 방법을 사용자화해보자. 다음 예제 코드 8-2처럼 ColorRangeAttribute라는 새 특성 클래스를 만들자.

```
01 public class ColorRangeAttribute : PropertyAttribute
02 {
03    //-----------------------------------------------------------
04    public Color Min;
05    public Color Max;
06    //-----------------------------------------------------------
07    public ColorRangeAttribute(float r1, float g1, float b1, float a1,
08                               float r2, float g2, float b2, float a2)
09    {
10       this.Min = new Color(r1, g1, b1, a1);
11       this.Max = new Color(r2, g2, b2, a2);
12    }
13    //-----------------------------------------------------------
14 }
```

다음은 예제 코드 8-2에 대한 설명이다.

- 1번 줄: ColorRangeAttribute 클래스는 다른 데이터 형식에 태그를 달 수 있도록 메타데이터를 정의하는 클래스다. PropertyAttribute에서 파생된 클래

332

스라는 점에 유의하자. ColorRangeAttribute는 특성이자 메타데이터 구조이며, 일반적인 클래스가 아니라는 점이 다른 무엇보다 중요하다. 일반적인 클래스처럼 인스턴스화하면 안 된다.

- 7번 줄: 이 특성은 선형 보간을 위한 원본과 대상 색상의 RGBA를 정의하는 여덟 개의 부동소수점 값을 받는 생성자 함수를 가지고 있다. 이 특성을 변수에 붙여 선언할 때 이 생성자가 곧 사용될 예정이다.

이제 ColorRangeAttribute 특성을 붙인 ColorBlend 인스턴스를 선언하는 클래스를 작성하려 한다. 하지만 아직 처리할 에디터 클래스를 작성하지 않았기 때문에 ColorRangeAttribute를 추가하는 것만으로는 아무 일도 일어나지 않는다. 다음 코드에서 클래스의 모습을 볼 수 있다.

```
public class ColorAdjuster : MonoBehaviour
{
    [ColorRangeAttribute(1f,0f,0f,0f,   0f,1f,0f,1f)]
    public ColorBlend MyColorBlend;
}
```

ColorRangeAttribute 클래스 처리를 위한 슬라이더 컨트롤을 이용해 ColorBlend를 오브젝트 인스펙터에 표시하는 에디터 클래스를 만들려 한다. 구체적으로 설명하자면, 유니티는 확장 기능의 기본 클래스인 PropertyDrawer를 제공해 변수에 추가하는 특정 특성들이 오브젝트 인스펙터에 표현되는 형식을 재정의하는 파생 클래스를 새로 만들 수 있게 해준다. 요컨대, PropertyDrawer 클래스는 일반적인 특성을 이용해 다양하게 태그된 모든 변수들이 인스펙터에 그려지는 모습을 사용자화할 수 있게 해준다. 프로젝트의 Editor 폴더에 다음 예제 코드 8-3과 같이 새로 ColorRangeDrawer 클래스를 작성한다.

```
01 using UnityEngine;
02 // 모든 확장 기능 클래스에 UnityEditor를 꼭 포함해야 한다
03 using UnityEditor;
04 using System.Collections;
05 //------------------------------------------------------------
```

```
06  // CustomPropertyDrawer 특성은 모든 ColorRangeAttribute 멤버가 표시되는 모습을 재정의한다.
07  [CustomPropertyDrawer(typeof(ColorRangeAttribute))]
08  public class ColorRangeDrawer : PropertyDrawer
09  {
10      //-------------------------------------------------------------
11      // GUI 업데이트가 일어날 때 유니티가 호출하는 이벤트
12      public override void OnGUI (
13          Rect position, SerializedProperty property, GUIContent label)
14      {
15          // ColorRangeAttribute 메타데이터를 얻는다
16          ColorRangeAttribute range  = attribute as ColorRangeAttribute;
17
18          // 인스펙터에 레이블을 추가한다
19          position =
20              EditorGUI.PrefixLabel(position, new GUIContent ("Color Lerp"));
21
22          // 색상 영역과 슬라이더 컨트롤의 크기를 정의한다
23          Rect ColorSamplerRect =
24              new Rect(position.x, position.y, 100, position.height);
25          Rect SliderRect =
26              new Rect(position.x+105, position.y, 200, position.height);
27
28          // 색상 영역 컨트롤을 표시한다
29          EditorGUI.ColorField(
30              ColorSamplerRect,
31              property.FindPropertyRelative("BlendedColor").colorValue);
32
33          // 슬라이더 컨트롤을 표시한다
34          property.FindPropertyRelative("BlendFactor").floatValue =
35              EditorGUI.Slider(
36                  SliderRect,
37                  property.FindPropertyRelative("BlendFactor").floatValue,
38                  0f, 1f);
39
40          // 슬라이더에 의해 혼합된 색상을 업데이트한다
41          property.FindPropertyRelative("BlendedColor").colorValue =
42              Color.Lerp(
```

```
43                 range.Min, range.Max,
44                 property.FindPropertyRelative("BlendFactor").floatValue);
45     }
46     //------------------------------------------------------------
47 }
48 //------------------------------------------------------------
```

다음은 예제 코드 8-3에 대한 설명이다.

- 7번 줄: CustomPropertyDrawer 특성을 이용해서 PropertyDrawer 클래스와 ColorRangeAttribute 특성을 연결했다. 유니티 에디터는 내부적으로 이 메타데이터를 이용해 어떤 형식이 오브젝트 인스펙터에서 사용자화되어 표시되어야 하는지를 판단한다. 이 예제에서는 PropertyDrawer 클래스의 OnGUI 함수에서 모든 ColorRangeAttribute 특성을 가진 멤버들이 수동으로 그려지게 된다.

- 12번 줄: OnGUI 함수는 ColorRangeAttribute 특성을 가진 모든 필드가 오브젝트 인스펙터에 어떻게 그려져야 하는지를 정의하기 위해 기본 클래스에서 재정의된 것이다. EditorGUI는 버튼, 텍스트박스, 슬라이더와 같은 GUI 구성 요소들을 그리기 위한 유니티 에디터의 내장 유틸리티 클래스다. EditorGUI에 대한 자세한 내용은 유니티 문서 http://docs.unity3d.com/kr/ScriptReference/EditorGUI.html을 참고한다.

- 16번 줄: OnGUI 함수가 한 번 호출될 때마다(초당 여러 번 호출된다.) 오브젝트 인스펙터에 각각의 고유한 멤버들을 렌더링한다. 여기서 형 변환[type casting]을 통해 ColorRangeAttribute 특성 데이터를 얻어두면 렌더링되는 현재 오브젝트의 모든 멤버에 직접 접근할 수 있다. 특성과 다르게 오브젝트 자체에서 멤버 변수에 접근하려면(읽기/쓰기), FindPropertyRelative 메소드처럼 SerializedProperty 인자를 사용해야 한다. 더 자세한 내용은 유니티 문서 http://docs.unity3d.com/kr/ScriptReference/SerializedProperty.html을 참고한다.

- 29번 줄: 여기서부터 계속해서 FindPropertyRelative 함수가 호출되어 선

택된 오브젝트의 SourceColor, DestColor, BlendedColor와 같은 public 멤버 변수를 받아온다. 슬라이더 컴포넌트를 움직여서 실질적으로 값을 설정하는 부분이다.

 PropertyDrawer 클래스에 대한 더 자세한 내용은 다음 유니티 문서를 참고한다.
http://docs.unity3d.com/kr/Manual/editor-PropertyDrawers.html

예제 코드 8-3은 ColorRangeAttribute 특성으로 태그된 ColorBlend 인스턴스가 오브젝트 인스펙터에 표시되는 모습을 재정의한다. 이렇게 해서 혼합된 색상을 쉽게 만드는 방법을 제공할 수 있다. 다음 그림처럼 원본 색상과 대상 색상을 public으로 만들어 인스펙터(Inspector) 탭에서 접근 가능하게 만들 수도 있다는 점을 기억해두자.

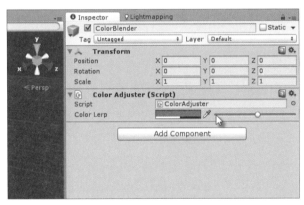

ColorBlend 클래스를 위한 색상 혼합기 만들기

프로퍼티 노출

기본적으로 오브젝트 인스펙터는 클래스의 모든 public 멤버 변수를 표시한다. 디버그 모드인 경우나 SerializeField 특성을 표시한 경우 private 멤버 변수도 표시된다.

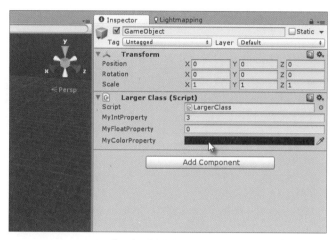

오브젝트 인스펙터에서 프로퍼티 접근하기

하지만 C# 프로퍼티는 릴리스^{Release} 모드든 디버그 모드든 전혀 표시되지 않는다. 1장에서 말했듯이 C# 프로퍼티는 변수의 접근자 함수처럼 동작하기 때문이다. 모든 get과 set 동작은 내부 함수 호출을 수반하는 덕분에 프로퍼티는 get과 set 동작의 유효성을 검증할 수 있게 된다. 하지만 유니티의 제약에 관계없이 오브젝트 인스펙터에 클래스의 모든 프로퍼티를 보여주는 에디터 확장 기능을 만들어서 값을 직접 얻어오고 설정할 수 있다. 이번 절에서 그 방법을 좀 더 자세히 다루어본다. 이번에도 리플렉션에 의존해서 구현하게 된다.

 SerializeField 클래스에 대한 자세한 내용은 다음 유니티 문서를 참고한다.
http://docs.unity3d.com/kr/ScriptReference/SerializeField.html

몇 개의 프로퍼티가 포함된 다음 예제 코드 8-4를 살펴보자.

```
01 //----------------------------------------
02 using UnityEngine;
03 using System.Collections;
04 //----------------------------------------
05 [System.Serializable]
06 public class ClassWithProperties : System.Object
07 {
08     // 프로퍼티를 가지고 있는 클래스
09     //----------------------------------------
10     public int MyIntProperty
11     {
12         get{return myIntProperty;}
13         // 값의 유효성 검사를 수행한다
14         set{if(value <= 10) myIntProperty = value; else myIntProperty=0;}
15     }
16     //----------------------------------------
17     public float MyFloatProperty
18     {
19         get{return myFloatProperty;}
20         set{myFloatProperty = value;}
21     }
22     //----------------------------------------
23     public Color MyColorProperty
24     {
25         get{return myColorProperty;}
26         set{myColorProperty = value;}
27     }
28     //----------------------------------------
29     // private 멤버들
30     private int myIntProperty;
31     private float myFloatProperty;
32     private Color myColorProperty;
33     //----------------------------------------
34 }
35 //----------------------------------------
```

다음 예제 코드 8-5처럼 이 클래스는 다른 클래스의 내부에서 public 멤버로 사용된다.

```
1 using UnityEngine;
2 using System.Collections;
3
4 public class LargerClass : MonoBehaviour
5 {
6     public ClassWithProperties MyPropClass;
7 }
```

기본적으로, public 멤버인 MyPropClass는 (System.Serializable로 태그되더라도) 오브젝트 인스펙터에 멤버들을 보여주지 않는다. C# 프로퍼티는 기본으로 지원하고 있지 않기 때문이다.

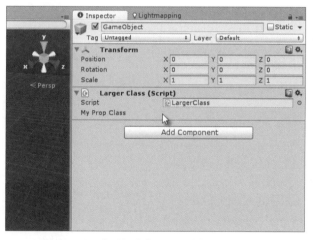

기본적으로, 오브젝트 인스펙터는 C# 프로퍼티를 표시하지 않는다.

이 문제를 해결하기 위해 다시 PropertyDrawer 클래스를 살펴보자. 다음 예제 코드 8-6처럼 이번에는 이 클래스를 특성 대신 특정 클래스와 함께 사용한다.

```
01 // 클래스의 전역 프로퍼티들을 노출하기 위한 사용자 정의 에디터 클래스
02 //---------------------------------------------
03 using UnityEngine;
```

```
04 using UnityEditor;
05 using System.Collections;
06 using System.Reflection;
07 //---------------------------------------------
08 [CustomPropertyDrawer(typeof(ClassWithProperties))]
09 public class PropertyLister : PropertyDrawer
10 {
11     // 인스펙터 패널의 높이
12     float InspectorHeight = 0;
13
14     // 한 줄의 픽셀 단위 높이
15     float RowHeight = 15;
16
17     // 줄 간격
18     float RowSpacing = 5;
19
20     // 주어진 영역 안에 프로퍼티를 그린다
21     public override void OnGUI(
22         Rect position, SerializedProperty property, GUIContent label)
23     {
24         EditorGUI.BeginProperty(position, label, property);
25
26         // 참조된 오브젝트를 얻는다
27         object o = property.serializedObject.targetObject;
28         ClassWithProperties CP =
29             o.GetType().GetField(property.name).GetValue(o)
30             as ClassWithProperties;
31
32         int indent = EditorGUI.indentLevel;
33         EditorGUI.indentLevel = 0;
34
35         // 레이아웃
36         Rect LayoutRect =
37             new Rect(position.x, position.y, position.width, RowHeight);
38
39         // 오브젝트의 모든 프로퍼티를 찾는다
40         foreach(var prop in typeof(ClassWithProperties).GetProperties(
```

```
41          BindingFlags.Public | BindingFlags.Instance))
42      {
43          // 정수형 프로퍼티일 때
44          if(prop.PropertyType.Equals(typeof(int)))
45          {
46              prop.SetValue(CP, EditorGUI.IntField(
47                  LayoutRect, prop.Name,
48                  (int)prop.GetValue(CP,null)), null);
49              LayoutRect = new Rect(
50                  LayoutRect.x, LayoutRect.y + RowHeight+RowSpacing,
51                  LayoutRect.width, RowHeight);
52          }
53
54          // 부동소수점 프로퍼티일 때
55          if(prop.PropertyType.Equals(typeof(float)))
56          {
57              prop.SetValue(CP, EditorGUI.FloatField(
58                  LayoutRect, prop.Name,
59                  (float)prop.GetValue(CP,null)), null);
60              LayoutRect = new Rect(
61                  LayoutRect.x, LayoutRect.y + RowHeight+RowSpacing,
62                  LayoutRect.width, RowHeight);
63          }
64
65          // 색상 프로퍼티일 때
66          if(prop.PropertyType.Equals(typeof(Color)))
67          {
68              prop.SetValue(CP, EditorGUI.ColorField(
69                  LayoutRect, prop.Name,
70                  (Color)prop.GetValue(CP,null)), null);
71              LayoutRect = new Rect(
72                  LayoutRect.x, LayoutRect.y + RowHeight+RowSpacing,
73                  LayoutRect.width, RowHeight);
74          }
75      }
76
77      // 인스펙터 높이를 업데이트한다
```

```
78        InspectorHeight = LayoutRect.y-position.y;
79
80        EditorGUI.indentLevel = indent;
81        EditorGUI.EndProperty();
82    }
83    //----------------------------------------------
84    // 이 함수는 필드의 높이(픽셀 단위)가 얼마여야 하는지를 반환한다
85    // 아래의 GUI 컨트롤과 겹치지 않게 만들기 위한 함수다
86    public override float GetPropertyHeight(
87        SerializedProperty property, GUIContent label)
88    {
89        return InspectorHeight;
90    }
91    //----------------------------------------------
92 }
93 //----------------------------------------------
```

다음은 예제 코드 8-6에 대한 설명이다.

- 8번 줄: CustomPropertyDrawer 특성은 다른 특성과 연결되는 것이 아니라 일반적인 클래스와 연결되었다. 이 예제에서는 다른 형식의 다양한 프로퍼티를 사용자화하는 대신, 오브젝트 인스펙터에서 특정 클래스가 표시되는 방법을 사용자화함으로써 다른 클래스에도 이런 특성을 공유해 사용할 수 있다.

- 12-18번 줄: 몇몇 public 멤버가 선언되었는데, 주로 오브젝트 인스펙터에서 한 줄의 높이(픽셀 단위)를 계산하기 위한 것이다. 기본적으로 오브젝트 인스펙터는 사용자화해서 그릴 수 있게 한 줄을 할당해주고 이 공간에 맞춰서 그려야 한다. 그려 넣은 결과의 총 높이가 한 줄의 높이를 초과하게 되면 아래의 컨트롤이나 데이터와 겹쳐지게 된다. 이 문제를 해결하기 위해 GetPropertyHeight 함수(86번 줄)를 이용함으로써 사용자화 그리기에 할당된 픽셀 높이를 반환한다.

- 27-30번 줄: 이 줄의 내용들은 무척 중요하다. 리플렉션을 사용해 OnGUI가 호출되는 시점에 그려지는 ClassWithProperties 인스턴스의 형 변환된 참조를 얻는다. 구체적으로 말해, targetObject(선택된 오브젝트)에 대한 레퍼런

스를 얻은 후 여기에서 다시 ClassWithProperties에 대한 참조를 얻는다. 이 코드의 결과로, ClassWithProperties 오브젝트에 대해 직접 접근할 수 있게 된다.

- 40-75번 줄: 오브젝트의 각 public 프로퍼티를 포함해 유효하거나 지원되는 데이터 형식들을 순서대로 순회하며, 프로퍼티 자체의 읽기/쓰기 메소드를 통해 해당 프로퍼티에 대한 읽기/쓰기 접근이 가능하도록 인스펙터에 그려진다.

다음 그림은 이 코드를 통해 보이는 C# 프로퍼티의 모습이다.

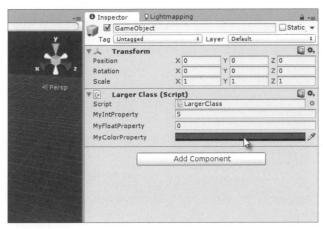

C# 프로퍼티 접근하기

현지화

아마도 게임 개발에서 가장 저평가되고 문서화가 부족한 부분은 현지화 관련 영역일 것이다. 현지화는 개발자가 영어, 프랑스어, 스페인어, 에스페란토어 등 복수의 자연어를 지원하기 위해 필요한 광범위한 기술적, 경제적, 기호논리학적 내용을 아우르는 말이다. 이런저런 특정 언어를 지원하는 것이 아닌, 언제든지 임의의 언어를 선택할 수 있는 기반을 만드는 것이 현지화의 기술적인 목표다. 현지화의 모든 내용을 이 책에서 다룰 수는 없지만, 유니티 에디터 사용자화를 통한 쉽고 빠른 한 가지 현지화 작업 방법에 대해 설명한다. 다음 예제 XML 파일을 살펴보자. 이 파일은 메인 메뉴 시스템의 버튼에 들어갈 텍스트를 영어와 요다[Yoda1]라고 불리는 '패러디 언어'로 함께 정의하고 있다.

```xml
<?xml version="1.0"?>
<text>
  <language id="english">
    <text_entry id="text_01"><![CDATA[new game]]></text_entry>
    <text_entry id="text_02"><![CDATA[load game]]></text_entry>
    <text_entry id="text_03"><![CDATA[save game]]></text_entry>
    <text_entry id="text_04"><![CDATA[exit game]]></text_entry>
  </language>
  <language id="yoda">
    <text_entry id="text_01"><![CDATA[new game, you start]]></text_entry>
    <text_entry id="text_02"><![CDATA[load game, you will]]></text_entry>
    <text_entry id="text_03"><![CDATA[game save, you have]]></text_entry>
    <text_entry id="text_04"><![CDATA[leave now, you must]]></text_entry>
  </language>
</text>
```

 CDATA 항목에는 모든 문자와 기호를 사용하는 사용자 정의 텍스트를 넣을 수 있다. CDATA에 대한 자세한 내용은 다음 웹사이트를 참고한다.
http://www.w3schools.com/xml/xml_cdata.asp

앞의 XML에는 네 개의 텍스트 항목이 정의되어 있는데, 예제 사용자 인터페이스 메뉴상의 각 버튼마다 하나씩 대응하는 것이다. 각각의 텍스트 항목들은 text_01, text_02, text_03, text_04와 같이 고유한 ID를 가지고 있다. 이러한 ID는 게임에서 각 항목을 확인해 지정한 언어의 해당 항목으로 연결할 수 있게 하는 역할을 한다. 이번 절에서의 목표는 텍스트 파일을 유니티로 임포트해 개발자가 버튼 터치 한 번으로 언어 사이를 전환할 수 있도록 하고, 언어 전환에 따라

---

1 저자는 영화 '스타워즈' 시리즈의 캐릭터인 요다의 말투를 흉내 내어 만든 가짜 언어를 이용해서 예제의 버튼 텍스트에 들어갈 내용을 채워 넣었다. '스타워즈'에서의 요다는 철학적인 대화를 하는 특성을 지녀 고대의 영시에서 찾아볼 수 있는 도치법과 비슷한 어법을 사용한다. – 옮긴이

게임의 관련 텍스트 요소들이 자동으로 알맞게 전환되는 것이다.

먼저 현지화 텍스트를 유니티 프로젝트의 Resources 폴더에 임포트한다. 다음 그림처럼 Resources라는 이름의 폴더를 만들고 현지화 텍스트를 그 안으로 임포트한다. 곧 보게 되겠지만, 이렇게 하면 코드상의 어느 오브젝트나 클래스든지 Resources.Load를 호출해서 텍스트 파일을 열거나 불러올 수 있게 된다.

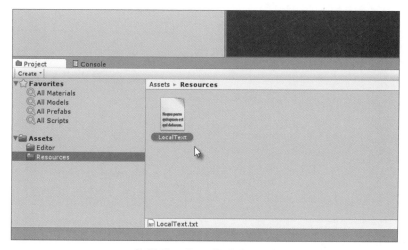

현지화 텍스트를 프로젝트에 임포트하기

 Resources 클래스에 대한 자세한 내용은 다음 유니티 문서를 참고한다.
http://docs.unity3d.com/kr/ScriptReference/Resources.html

임포트한 텍스트 파일에는 ID가 부여된 각각의 항목을 통해 게임에 포함될 모든 텍스트 데이터가 포함되어 있다. 각각의 문자열 값은 ID와 짝을 이루고 있는데, ID는 언어 간 동일하게 유지되므로 다른 언어 간 전환 시에도 매끄러운 전환이 가능해진다. 이러한 ID는 자동화된 현지화를 가능케 하는 하나의 기준이 된다. 코드에서 현지화 시스템을 구현하기 위해 우선 모든 현지화 문자열에 적용할 수 있는 특성을 하나 만든다. 다음 예제 8-7처럼 이 특성은 지정한 문자열 변수에 붙일 ID만을 정의하는 것이다.

```
using UnityEngine;
using System.Collections;

// 문자열 오브젝트에 붙일 특성
public class LocalizationTextAttribute : System.Attribute
{
        // 할당할 ID
        public string LocalizationID = string.Empty;

        // 생성자
        public LocalizationTextAttribute(string ID)
        {
                LocalizationID = ID;
        }
}
```

이렇게 만든 LocalizationTextAttribute 특성을 코드의 문자열 멤버에 적용해
다음 예제 코드 8-8처럼 특정 ID와 연결할 수 있다.

```
//--------------------------------------------
using UnityEngine;
using System.Collections;
//--------------------------------------------
public class SampleGameMenu : MonoBehaviour
{
        [LocalizationTextAttribute("text_01")]
        public string NewGameText = string.Empty;

        [LocalizationTextAttribute("text_02")]
        public string LoadGameText = string.Empty;

        [LocalizationTextAttribute("text_03")]
        public string SaveGameText = string.Empty;

        [LocalizationTextAttribute("text_04")]
        public string ExitGameText = string.Empty;
}
//--------------------------------------------
```

346

다음 그림에서 볼 수 있듯이 오브젝트 인스펙터에서 SampleGameMenu 클래스는 일반적인 클래스와 동일하게 표시된다. 다음으로, Editor 클래스를 통해 자동으로 모든 문자열 멤버를 선택된 언어로 바꿔주는 기능을 개발해보자.

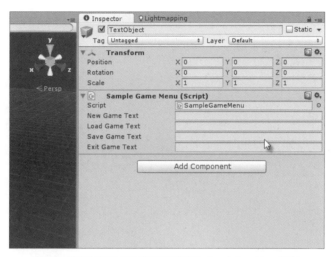

예제 메뉴 화면에 필요한 모든 텍스트를 제공하는 SampleGameMenu 클래스

이제 언어를 전환하는 Editor 클래스를 코딩해보자. 이 클래스는 다음 예제 코드 8-9처럼 애플리케이션 메뉴에 메뉴 항목을 추가해, 이 항목을 클릭하면 활성화된 언어를 변경하게 된다. 이 예제는 앞에서 봤던 다양한 개념과 새로운 개념을 이용한다. 예제에서는 모노 프레임워크의 XML 처리 클래스처럼 Reflection, Linq, Editor 클래스를 사용한다.

```
01 //--------------------------------------------
02 using UnityEngine;
03 using UnityEditor;
04 using System.Collections;
05 using System.Xml;
06 using System.Linq;
07 using System.Reflection;
08 //--------------------------------------------
09 public class LanguageSelector
10 {
```

```csharp
11      [MenuItem ("Localization/English")]
12      public static void SelectEnglish()
13      {
14          LanguageSelector.SelectLanguage("english");
15      }
16
17      [MenuItem ("Localization/French")]
18      public static void SelectFrench()
19      {
20          LanguageSelector.SelectLanguage("french");
21      }
22
23      [MenuItem ("Localization/Yoda")]
24      public static void SelectYoda()
25      {
26          LanguageSelector.SelectLanguage("yoda");
27      }
28
29      public static void SelectLanguage(string LanguageName)
30      {
31          // 프로젝트의 XML 텍스트 파일에 접근한다
32          TextAsset textAsset = Resources.Load("LocalText") as TextAsset;
33
34          // XML 리더 오브젝트에 텍스트를 불러온다
35          XmlDocument xmlDoc = new XmlDocument();
36          xmlDoc.LoadXml(textAsset.text);
37
38          // language 노드들을 불러온다
39          XmlNode[] LanguageNodes = (
40              from XmlNode Node in xmlDoc.GetElementsByTagName("language")
41              where Node.Attributes["id"]
42                  .Value.ToString().Equals(LanguageName.ToLower())
43              select Node
44          ).ToArray();
45
46          // 일치하는 노드를 찾지 못하면 종료
47          if(LanguageNodes.Length <= 0)
```

```
48        return;
49
50    // 첫 번째 노드를 얻어온다
51    XmlNode LanguageNode = LanguageNodes[0];
52
53    // 텍스트 오브젝트를 얻는다
54    SampleGameMenu GM =
55        Object.FindObjectOfType<SampleGameMenu>() as SampleGameMenu;
56
57    // 자식 xml 노드들을 순회한다
58    foreach (XmlNode Child in LanguageNode.ChildNodes)
59    {
60        // 현재 노드의 텍스트 ID를 얻는다
61        string TextID = Child.Attributes["id"].Value;
62        string LocalText = Child.InnerText;
63
64        // 모든 필드를 순회한다
65        foreach(var field in GM.GetType().GetFields(
66            BindingFlags.Instance |
67            BindingFlags.Public |
68            BindingFlags.NonPublic |
69            BindingFlags.FlattenHierarchy))
70        {
71            // 필드 형식이 문자열이면 관련이 있다
72            if(field.FieldType == typeof(System.String))
73            {
74                // 필드의 사용자 특성들을 얻는다
75                System.Attribute[] attrs =
76                    field.GetCustomAttributes(true) as System.Attribute[];
77
78                foreach (System.Attribute attr in attrs)
79                {
80                    if(attr is LocalizationTextAttribute)
81                    {
82                        // 현지화가 필요한 텍스트를 발견함. ID가 일치하는지 확인한다
83                        LocalizationTextAttribute LocalAttr =
84                            attr as LocalizationTextAttribute;
```

```
85
86                        if(LocalAttr.LocalizationID.Equals(TextID))
87                        {
88                            // ID가 일치하면 값을 설정한다
89                            field.SetValue(GM, LocalText);
90                        }
91                    }
92                }
93            }
94        }
95    }
96  }
97 }
98 //-----------------------------------------
```

다음은 예제 코드 8-9에 대한 설명이다.

- 2-7번 줄: 여기에 표시된 다양한 네임스페이스들을 포함시키자. 우리가 만들 코드는 이 네임스페이스들에 일정 부분 의존하게 된다.

- 11-23번 줄: 이 예제 애플리케이션은 애플리케이션 메뉴에서 English, French, Yoda를 세 가지 선택 가능한 언어로 보여준다. 독자가 직접 만드는 프로젝트의 언어 목록은 다를 수도 있다. 하지만 여기서 만든 현지화 시스템을 이용하면 나중에 추가로 언어를 통합하는 것도 쉽다.

- 32번 줄: Resources.Load 함수를 호출해 프로젝트의 Resources 폴더에서 XML 텍스트를 열면, 여기에 포함된 텍스트 내용들을 추출해 하나로 합쳐진 문자열 변수에 담는다.

- 35-36번 줄: 디스크나 메모리에 XML 파일을 캡슐화하는 모노의 클래스인 XmlDocument 오브젝트에 XML 문자열을 불러들인다.

- 58번 줄: XML 파일에서 언어가 선택되면 일치하는 ID를 찾기 위해 해당 언어의 모든 자식 노드를 순회한다.

- 65번 줄: 각 문자열 항목을 순회하면서 텍스트 클래스의 모든 public 문자열 멤버가 적합한 LocalizationTextAttribute를 가졌는지를 찾고, 적합한 멤버가 발견되면 일치되는지 검사하기 위해 문자열 ID를 비교한다.

여기서 만든 현지화 프레임워크를 사용하려면, 우선 다음 그림처럼 씬에 SampleGameMenu 오브젝트를 추가한다.

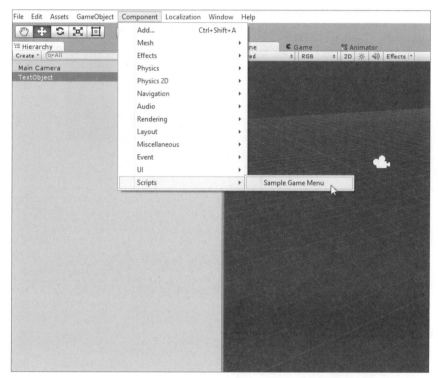

씬에 현지화된 텍스트 멤버를 포함하는 SampleGameMenu 오브젝트 추가하기

이후 다음 그림처럼 애플리케이션 메뉴에서 English나 Yoda를 선택해 언어를 고른다.

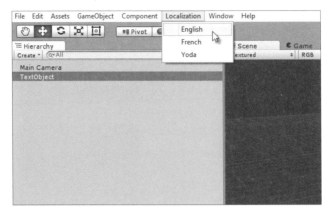

게임 언어 설정하기

언어를 지정하고 나면, 다음 그림처럼 LocalizationTextAttribute 특성을 적용한 모든 문자열이 업데이트된다.

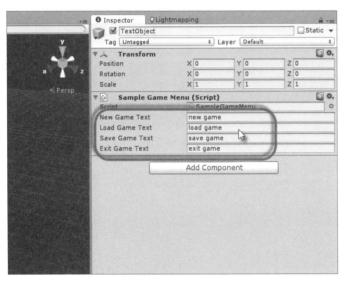

언어를 선택하면 현지화된 텍스트가 업데이트된다.

요약

8장에서는 리플렉션의 개념과 에디터의 기본 동작을 확장하는 에디터 클래스를 만드는 데 리플렉션을 활용하는 방법에 대해 심도 있게 다루었다. 이런 능력이 유니티 게임을 만들 때마다 항상 필요한 건 아니지만 작업하기 쉽게 만들어준다. 게다가 직접 확장 애드온을 만들어 다른 개발자를 돕고자 하는 생각이 있다면 애셋 스토어에 올려서 돈을 벌어줄 수도 있다. 이번 장에서 ScriptableWizard 클래스를 이용한 일괄 이름 변경 도구를 만드는 방법과 오브젝트 인스펙터에 색상 혼합 프로퍼티를 노출하는 방법을 살펴봤다. 다음으로 런타임에 프로퍼티에 직접 접근해서 값을 읽고 설정할 수 있도록 오브젝트 인스펙터에 모든 public C# 프로퍼티를 노출하기 위해 리플렉션을 여러 번 사용해봤다. 더 나아가 문자열 변수들을 선택한 언어에 맞게 변경할 수 있도록 에디터 클래스를 만듦으로써 XML을 이용한 현지화 프레임워크를 구현하는 방법을 살펴봤다. 더 자세한 내용은 다음 두 웹사이트 http://catlikecoding.com/unity/tutorials/editor/custom-data/ 와 http://catlikecoding.com/unity/tutorials/editor/custom-list/를 참고하기 바란다.

9장에서는 2D 세계를 새로운 각도에서 탐험해보기 위해 우리의 개념과 기술 꾸러미를 옮겨간다.

9

텍스처, 모델, 2D를
이용한 구현

최근 들어 대부분의 게임 엔진들은 일반적으로 2D 게임보다 3D 게임 제작을 지향하는 기능들을 탑재하는 추세다. 때문에 아이러니하게도 처음 배우기 시작할 때는 3D 작업 및 작업 방식이 2D보다 더 쉬운 경우가 많다. 9장에서는 다양한 2D 주제를 탐험해본다. 유니티 4.3 버전 이후 수많은 2D 기능이 에디터에 추가되었다. 내장된 스프라이트 시스템과 새로운 GUI 시스템이 대표적이다. 이 기능들은 각기 유용하지만, 이번 장에서는 이 기능들을 사용하는 데 초점을 맞추진 않는다. 첫 번째 이유는 이런 기능을 자세히 설명하는 수없이 많은 튜토리얼들이 이미 있기 때문이다. 두 번째 이유는 추가된 2D 기능을 사용함에 있어 막연히 2D를 이용한 구현에 대해 좀 더 기본적인 의문점들을 해결할 필요가 있기 때문인데, 이것이 가장 중요한 이유다. 이러한 의문점 중에는 정점과 2D 평면의 가장자리 같은 지오메트리geometry를 어떻게 다루는지, 텍스처 좌표를 어떻게 조정하고 애니메이션을 만드는지, 텍스처를 어떻게 편집하는지, 데칼이나 피 튀김을 만들기 위해 실시간으로 붓으로 칠하는 것처럼 어떻게 다른 텍스처 위에 텍스처를 그리는지 등이 포함되어 있다. 이러한 질문들은 2D 평면상의 지오메트리와 텍스처에 연관되어 있는 한 3D보다는 2D에 관련된 질문이지만, 일반적으로 2D와 3D 게임 모두에 연관되는 내용이다. 이러한 내용은 근래에 몹시 중요한 부분이지만,

흔히 접할 수 있는 튜토리얼에서는 충분히 설명되지 않는 터라 이번 장에서 다루게 되었다. 따라서 이번 장은 색다른 측면에서의 2D에 대해 대부분 살펴볼 것이다.

스카이박스

2D에 대한 연구를 시작하기에 스카이박스^{Skybox}는 낯선 주제로 보일 수 있지만, 카메라의 중요한 기능 중 하나인 레이어링을 살펴볼 수 있는 주제이기도 하다. 스카이박스는 항상 씬의 배경으로 동작하며 카메라에 붙어서 구름과 하늘, 다른 원거리 모습들을 보여주지만, 플레이어가 가까이 다가가서 볼 수 있는 대상은 아니다. 다음 그림처럼 항상 멀리 떨어져 있게 된다.

카메라에 하늘 배경을 표시하는 스카이박스 애셋

유니티가 지원하는 기본 스카이박스의 문제점은 이것이 기본적으로 고정적이고 움직임이 없는 상태로만 보인다는 것이다. 하지만 대부분의 개발자들은 카메라가 움직이지 않고 멈춰 있는 경우에도 하늘과 구름이 부드럽게 움직여서 시간의 흐름을 묘사하기를 원한다. 이제 유니티 스카이박스 애셋과 두 개의 레이어링된 카메라, C# 스크립트를 이용해서 향상된 스카이박스를 만들어보자.

다음 그림처럼 Character Controllers 패지키를 임포트해 `First Person Controller`
애셋을 가져오고, Terrain Assets 패키지를 임포트해 예제 지형 위에 입힐 수 있는
지형 텍스처를 가져온다. 그리고 Skyboxes 패키지를 임포트해 스카이박스 텍스처
를 가져온다.

회전하는 스카이박스 예제 프로젝트를 만들 때 이 애셋들은 유용하게 사용된다.

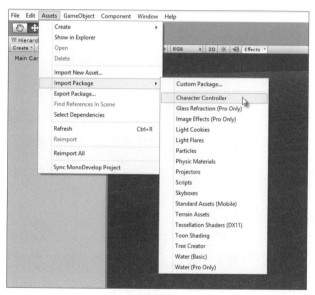

Character Controllers, Skyboxes, Terrain Assets 임포트하기

다음으로 재사용 가능한 오브젝트를 만들기 위해 회전하는 스카이박스 프리팹을
만들어보자. 이 오브젝트는 세 부분의 하위 오브젝트로 구성되어 있다. 플레이어
의 움직임 및 대부분의 씬 오브젝트를 렌더링할 1인칭 카메라, 1인칭 카메라 뒤
쪽에서 스카이박스만 보여주는 2차 카메라(스카이박스 카메라), 스카이박스 카메라
를 둘러싸고 각 면에 스카이박스 텍스처를 보여줄 법선이 뒤집힌 육면체 오브젝
트가 바로 그것이다.

씬의 원점에 새로 빈 오브젝트(SkyBoxCamera로 이름 지정)를 만들고 First Person Controller 오브젝트를 자식으로 추가한다. 다음으로, 메인 메뉴에서 GameObject ➤ 3D Object ➤ Quad를 선택해 여섯 개의 Quad 오브젝트를 만들고, 오브젝트들의 모퉁이 정점들이 서로 맞물리도록 정렬해 뒤집힌 육면체를 만든다. 뒤집힌 육면체란 다음 그림처럼 각 면을 안쪽으로 뒤집은 육면체를 말한다. 이 육면체는 직접 만들 스카이박스의 메시로 사용된다.

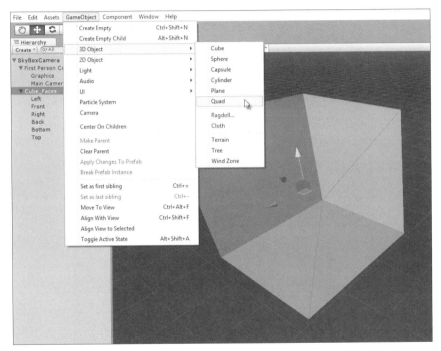

육면체 오브젝트로 직접 스카이박스 만들기

 필요한 경우 Quad 오브젝트들의 스케일을 조절해 스카이박스의 가운데에 First Person Controller가 포함될 수 있게 한다.

스카이박스의 각 면들을 새 레이어인 SkyBoxLayer로 할당하고 First Person Controller의 카메라(1인칭 카메라)를 선택한 후 Culling Mask 필드에서

SkyBoxLayer 레이어가 제외되도록 설정을 변경한다. 1인칭 카메라는 배경 오브젝트를 제외한 전경 오브젝트만 렌더링할 수 있어야 한다. 그러려면 다음 그림처럼 오브젝트 인스펙터에서 **Clear Flags** 필드를 **Depth only**로 설정한다. 이렇게 하면 카메라의 배경을 투명하게 렌더링해 뒤쪽에 렌더링되는 카메라가 있는 경우 투명한 부분으로 보이게 된다.

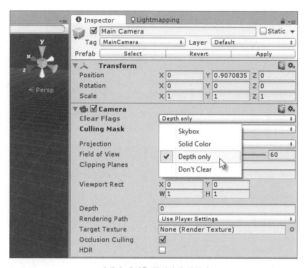

카메라 배경을 투명하게 만들기

이제 새로 Camera 오브젝트를 1인칭 카메라 바로 밑에 자식으로 추가해 위치와 회전, 스케일을 맞춘다. 이렇게 하면 2인칭 카메라의 모든 트랜스폼 정보를 새로 만든 카메라가 상속하게 된다. 1인칭 카메라가 1인칭 캐릭터의 위치와 회전을 잡는 동안, 이 카메라의 아래쪽 레이어에 스카이박스 오브젝트만을 따로 렌더링하도록 2차 카메라를 추가하는 것이다.

그러기 위해 새로운 카메라의 **Depth** 값을 −1과 같이 1인칭 카메라보다 낮은 값으로 변경한다. 필요하면 Audio Listener 컴포넌트는 제거한다.

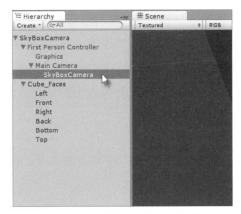

스카이박스 렌더링을 위해 2차 카메라 만들기

육면체 각 면에 각각 스카이박스 텍스처를 할당하고, 필요한 경우 텍스처를 회전시키거나 각 면의 정렬 상태를 조정해서 이음매가 생기지 않게 만든다. 그런 다음 스카이박스 재질^{material}의 Shader 형식을 Unlit/Texture로 변경해 스카이박스가 씬 조명의 영향을 받지 않게 만든다. 스카이박스 메시는 다음 그림과 같은 모습이 되어야 한다.

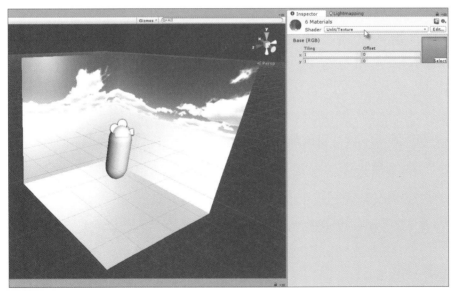

각 면에 스카이박스 텍스처 추가하기

마지막으로 스카이박스가 회전하면서 계속 카메라 위치에 정렬되도록 하는 다음 예제 코드 9-1을 스카이박스 부모 오브젝트에 적용한다. 이렇게 하면 카메라가 씬의 어디로 이동하든지 스카이박스의 중심점은 카메라 위치와 맞춰진다.

```
01 //---------------------------------------------------
02 using UnityEngine;
03 using System.Collections;
04 //---------------------------------------------------
05 public class SkyBox : MonoBehaviour
06 {
07     //-----------------------------------------------
08     // 스카이박스가 따라갈 카메라
09     public Camera FollowCam = null;
10
11     // 회전 속도(초당 회전각)
12     public float RotateSpeed = 10.0f;
13
14     // 트랜스폼
15     private Transform ThisTransform = null;
16     //-----------------------------------------------
17     // 여기에서 초기화한다
18     void Awake () {
19         ThisTransform = transform;
20     }
21     //-----------------------------------------------
22     // Update는 매 프레임마다 한 번씩 호출된다
23     void Update () {
24         // 위치를 업데이트한다
25         ThisTransform.position = FollowCam.transform.position;
26
27         // 회전각을 업데이트한다
28         ThisTransform.Rotate(new Vector3(0,RotateSpeed * Time.deltaTime,0));
29     }
30     //-----------------------------------------------
31 }
32 //---------------------------------------------------
```

이제 좀 더 향상된 완전한 형태의 스카이박스를 완성했다. 카메라를 둘러싸는 씬에 보다 현실감과 생명력을 불어넣기 위해 이 스카이박스는 카메라를 둘러싸고 회전한다. 안개나 이슬 등의 추가적인 효과를 만들기 위해 스카이박스 안쪽으로 여러 겹의 스카이박스를 더 추가할 수도 있다.

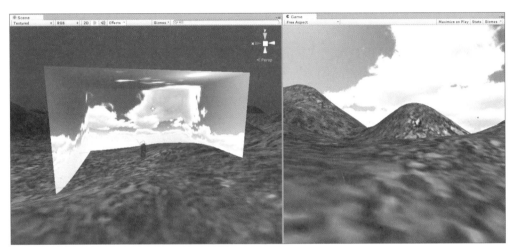

완성된 스카이박스 프리팹

절차적 메시 생성

유니티의 애플리케이션 메뉴에서 GameObject ➤ 3D Object ➤ Quad를 선택해 기본 사각형을 만들 수 있긴 하지만, 사각형 같은 지오메트리를 직접 만드는 방법을 알아두면 유용하다. 유용한 이유는 여러 가지다. 첫 번째 이유는 스크립트에서 다양한 효과를 만들기 위해 메시의 이동이나 애니메이션, 왜곡 등을 구현할 때 정점을 편집할 일이 빈번하기 때문이다. 예를 들어, 플랫폼platform 게임에서 캐릭터가 밟고 올라서면 젤리처럼 구부러지고 흔들리는 표면을 만든다고 하면 직접 정점을 편집해야 한다. 두 번째 이유는 애니메이션을 만들거나 스크롤되는 텍스처 효과를 만들 때, 메시의 UV 좌표를 편집해야 하기 때문이다.

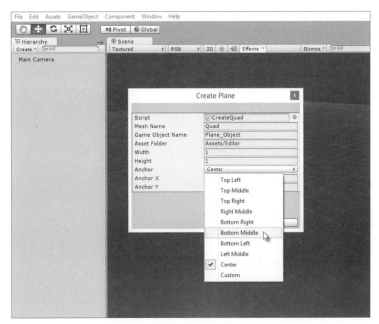

스크립트로 메시 생성하기

다음 예제 코드 9-2는 프로젝트의 Editor 폴더 안에 포함되어야 한다. 이 코드는 스크립트에서 메시 중심점의 위치를 직접 설정해 사각형을 생성하는 에디터 확장 기능을 만들기 위한 코드다. 코드상의 주석을 통해 볼 수 있듯이, 이 예제에서는 여러 가지 유용한 팁을 다루고 있다.

```
001 // 지정된 기준점에 사각형 메시를 만드는 에디터 클래스
002 //-------------------------------------------------
003 using UnityEngine;
004 using UnityEditor;
005 using System.IO;
006 //-------------------------------------------------
007 // 유니티 에디터에서 실행된다. 이 클래스는 프로젝트의 Editor 폴더에 포함되어야 한다
008 public class CreateQuad : ScriptableWizard
009 {
010     // 생성되는 사각형의 기준점
011     public enum AnchorPoint
012     {
```

```
013        TopLeft,
014        TopMiddle,
015        TopRight,
016        RightMiddle,
017        BottomRight,
018        BottomMiddle,
019        BottomLeft,
020        LeftMiddle,
021        Center,
022        Custom
023      }
024
025    // 사각형 애셋의 이름
026    public string MeshName = "Quad";
027
028    // 게임오브젝트의 이름
029    public string GameObjectName = "Plane_Object";
030
031    // 생성된 사각형 애셋을 담는 애셋 폴더의 이름
032    public string AssetFolder = "Assets";
033
034    // 사각형의 월드 단위(픽셀) 너비
035    public float Width = 1.0f;
036
037    // 사각형의 월드 단위(픽셀) 높이
038    public float Height = 1.0f;
039
040    // 기준점의 위치
041    public AnchorPoint Anchor = AnchorPoint.Center;
042
043    // 평면상의 기준점 가로 위치
044    public float AnchorX = 0.5f;
045
046    // 평면상의 기준점 세로 위치
047    public float AnchorY = 0.5f;
048    //-----------------------------------------------
049    [MenuItem("GameObject/Create Other/Custom Plane")]
```

```
050     static void CreateWizard()
051     {
052         ScriptableWizard.DisplayWizard("Create Plane",typeof(CreateQuad));
053     }
054
055     //------------------------------------------------
056     // 창이 생성되면 호출되는 함수
057     void OnEnable()
058     {
059         // 선택된 애셋의 경로를 불러오기 위해 선택이 변경되었음을 알리는 함수를 호출한다
060         OnSelectionChange();
061     }
062     //------------------------------------------------
063     // 초당 10번 호출된다
064     void OnInspectorUpdate()
065     {
066         switch(Anchor)
067         {
068             // 상단 왼쪽으로 설정된 기준점
069             case AnchorPoint.TopLeft:
070                 AnchorX = 0.0f * Width;
071                 AnchorY = 1.0f * Height;
072             break;
073
074             // 상단 가운데로 설정된 기준점
075             case AnchorPoint.TopMiddle:
076                 AnchorX = 0.5f * Width;
077                 AnchorY = 1.0f * Height;
078             break;
079
080             // 상단 오른쪽으로 설정된 기준점
081             case AnchorPoint.TopRight:
082                 AnchorX = 1.0f * Width;
083                 AnchorY = 1.0f * Height;
084             break;
085
086             // 우측 가운데로 설정된 기준점
```

```
087        case AnchorPoint.RightMiddle:
088            AnchorX = 1.0f * Width;
089            AnchorY = 0.5f * Height;
090        break;
091
092        // 하단 오른쪽으로 설정된 기준점
093        case AnchorPoint.BottomRight:
094            AnchorX = 1.0f * Width;
095            AnchorY = 0.0f * Height;
096        break;
097
098        // 하단 가운데로 설정된 기준점
099        case AnchorPoint.BottomMiddle:
100            AnchorX = 0.5f * Width;
101            AnchorY = 0.0f * Height;
102        break;
103
104        // 하단 왼쪽으로 설정된 기준점
105        case AnchorPoint.BottomLeft:
106            AnchorX = 0.0f * Width;
107            AnchorY = 0.0f * Height;
108        break;
109
110        // 좌측 가운데로 설정된 기준점
111        case AnchorPoint.LeftMiddle:
112            AnchorX = 0.0f * Width;
113            AnchorY = 0.5f * Height;
114        break;
115
116        // 정중앙으로 설정된 기준점
117        case AnchorPoint.Center:
118            AnchorX = 0.5f * Width;
119            AnchorY = 0.5f * Height;
120        break;
121
122        case AnchorPoint.Custom:
123        default:
```

```
124        break;
125      }
126    }
127    //------------------------------------------------
128    // 창이 업데이트되면 호출되는 함수
129    void OnSelectionChange()
130    {
131      // 에디터에서 유저의 선택을 검사한다 - 폴더 선택을 위한 검사
132      if (Selection.objects != null && Selection.objects.Length == 1)
133      {
134        // 선택된 애셋의 경로를 얻는다
135        AssetFolder =
136          Path.GetDirectoryName(
137            AssetDatabase.GetAssetPath(Selection.objects[0]));
138      }
139    }
140    //------------------------------------------------
141    // 사각형 메시를 만들기 위한 함수
142    void OnWizardCreate()
143    {
144      // 정점들을 만든다
145      Vector3[] Vertices = new Vector3[4];
146
147      // UV 좌표를 만든다
148      Vector2[] UVs = new Vector2[4];
149
150      // 사각형을 이루는 두 삼각형
151      int[] Triangles = new int[6];
152
153      // 기준점에 맞게 정점들을 할당한다
154
155      // 하단 왼쪽
156      Vertices[0].x = -AnchorX;
157      Vertices[0].y = -AnchorY;
158
159      // 하단 오른쪽
160      Vertices[1].x = Vertices[0].x+Width;
```

```
161        Vertices[1].y = Vertices[0].y;
162
163        // 상단 왼쪽
164        Vertices[2].x = Vertices[0].x;
165        Vertices[2].y = Vertices[0].y+Height;
166
167        // 상단 오른쪽
168        Vertices[3].x = Vertices[0].x+Width;
169        Vertices[3].y = Vertices[0].y+Height;
170
171        // UV를 할당한다
172        // 하단 왼쪽
173        UVs[0].x=0.0f;
174        UVs[0].y=0.0f;
175
176        // 하단 오른쪽
177        UVs[1].x=1.0f;
178        UVs[1].y=0.0f;
179
180        // 상단 왼쪽
181        UVs[2].x=0.0f;
182        UVs[2].y=1.0f;
183
184        // 상단 오른쪽
185        UVs[3].x=1.0f;
186        UVs[3].y=1.0f;
187
188        // 삼각형을 할당한다
189        Triangles[0]=3;
190        Triangles[1]=1;
191        Triangles[2]=2;
192
193        Triangles[3]=2;
194        Triangles[4]=1;
195        Triangles[5]=0;
196
197        // 메시를 생성한다
```

```
198        Mesh mesh = new Mesh();
199        mesh.name = MeshName;
200        mesh.vertices = Vertices;
201        mesh.uv = UVs;
202        mesh.triangles = Triangles;
203        mesh.RecalculateNormals();
204
205        // 데이터베이스에 애셋을 만든다
206        AssetDatabase.CreateAsset(mesh,
207          AssetDatabase.GenerateUniqueAssetPath(AssetFolder + "/" + MeshName)
208          + ".asset");
209         AssetDatabase.SaveAssets();
210
211        // 평면 게임오브젝트를 만든다
212        GameObject plane = new GameObject(GameObjectName);
213        MeshFilter meshFilter =
214          (MeshFilter)plane.AddComponent(typeof(MeshFilter));
215        plane.AddComponent(typeof(MeshRenderer));
216
217        // 메시를 메시 필터에 할당한다
218        meshFilter.sharedMesh = mesh;
219        mesh.RecalculateBounds();
220
221        // 박스 충돌체 컴포넌트를 추가한다
222        plane.AddComponent(typeof(BoxCollider));
223      }
224
225    //-------------------------------------------------
226 }
```

다음은 예제 코드 9-2에 대한 설명이다.

- 4번 줄: 이 예제는 에디터 플러그인을 코딩하는 것이다. 따라서 UnityEditor 네임스페이스가 포함된다. 에디터 플러그인 생성에 대한 자세한 내용은 8장을 참고하자.

- 135번 줄: 유저가 유니티 에디터에서 마우스나 키보드를 통해 선택을 변경하

면 `OnSelectionChanged` 이벤트가 호출된다. **Project** 패널에서 현재 열려 있는 폴더를 받아오기 위해 `GetAssetPath` 메소드를 호출한다.

- 142번 줄: 스크립트에서 사각형 메시를 생성하기 위해 `OnWizardCreate` 함수를 호출한다. 정점과 UV 배열을 채워 198번 줄에서 생성한 메시에 집어넣는다.

- 206번 줄: 메시는 특정 씬의 오브젝트로 함께 저장되지 않고, 프로젝트에 일반적인 애셋으로서 메시만 별도로 저장되어 프리팹 오브젝트처럼 여러 개의 인스턴스를 만들 수 있게 된다. `AssetDatabase` 클래스를 통해 이런 식으로 저장할 수 있다. 필요한 경우 여러 씬 사이에서 메시를 재사용할 수 있고, 메시를 변경하는 경우에도 여러 씬에서 동일하게 변경사항을 반영할 수 있어 요긴한 방법이다.

 AssetDatabase 클래스에 대한 자세한 내용은 다음 유니티 문서를 참고한다.
http://docs.unity3d.com/kr/ScriptReference/AssetDatabase.html

UV 애니메이션: 텍스처 스크롤

텍스처 스크롤은 많은 게임의 일반적인 요구사항이지만 유니티에서 기본적으로 지원하지 않으므로 구현하려면 코딩이 필요하다. 게임에서 구름이나 표면, 수면을 움직이거나 동작을 표현하기 위해 시차[parallax] 효과를 만들 때 스크롤되는 텍스처가 유용하게 이용된다. 일반적으로 스크롤되는 텍스처는 픽셀을 가로세로로 타일 형태로 이어 붙일 수 있는 이음매 없는 이미지다. 다음 그림에서 볼 수 있듯이 텍스처를 무한히 스크롤하거나 반복할 수 있는 형태를 가지고 있다.

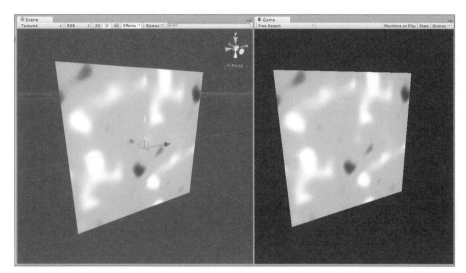

사각형에서 스크롤되는 텍스처

다음 예제 코드 9-3을 사각형에 붙이면, 이 코드는 텍스처를 가로 및 세로 속도에 따라 애니메이션한다.

```
01  // 평면상의 텍스처를 스크롤하는 클래스. 하늘을 움직일 때 사용할 수 있다
02  //-------------------------------------------------
03  using UnityEngine;
04  using System.Collections;
05  //-------------------------------------------------
06  [RequireComponent (typeof (MeshRenderer))] // 렌더러 필터 컴포넌트를 필요로 한다
07  public class MatScroller : MonoBehaviour
08  {
09      // public 변수들
10      //-------------------------------------------------
11      // 가로 방향 스크롤 속도
12      public float HorizSpeed = 1.0f;
13
14      // 세로 방향 스크롤 속도
15      public float VertSpeed = 1.0f;
16
17      // 스크롤할 가로/세로 UV의 최솟값 및 최댓값
18      public float HorizUVMin = 1.0f;
```

```
19     public float HorizUVMax = 2.0f;
20
21     public float VertUVMin = 1.0f;
22     public float VertUVMax = 2.0f;
23
24     // private 변수들
25     //-------------------------------------------------
26     // 메시 렌더러 컴포넌트에 대한 참조
27     private MeshRenderer MeshR = null;
28
29     // 메소드들
30     //-------------------------------------------------
31     // 여기에서 초기화한다
32     void Awake ()
33     {
34         // 메시 렌더러 컴포넌트를 얻는다
35         MeshR = GetComponent<MeshRenderer>();
36     }
37     //-------------------------------------------------
38     // Update는 매 프레임마다 한 번씩 호출된다
39     void Update ()
40     {
41         // 최솟값과 최댓값 사이에서 텍스처를 스크롤한다
42         Vector2 Offset = new Vector2(
43             (MeshR.material.mainTextureOffset.x > HorizUVMax)
44                 ? HorizUVMin
45                 : MeshR.material.mainTextureOffset.x + Time.deltaTime * HorizSpeed,
46             (MeshR.material.mainTextureOffset.y > VertUVMax)
47                 ? VertUVMin
48                 : MeshR.material.mainTextureOffset.y + Time.deltaTime * VertSpeed);
49
50         // UV 좌표를 업데이트한다
51         MeshR.material.mainTextureOffset = Offset;
52     }
53     //-------------------------------------------------
54 }
55 //-------------------------------------------------
```

MatScroller 클래스는 모든 MeshRenderer 컴포넌트 및 Quad 오브젝트와 함께 동작한다. 완성된 스크롤되는 텍스처 프로젝트는 다운로드한 파일 중 9장 폴더의 texture_animation 폴더에서 찾아볼 수 있다.

이 스크립트를 사각형 오브젝트에 붙이고, 다음 그림처럼 필요에 따라 스크롤되는 속도를 변경한다. 이 기능은 애니메이션되는 하늘 배경을 만들거나 횡 스크롤 슈팅, 플랫폼 게임의 배경을 만들 때 유용하게 이용할 수 있다. 또한 투명도를 적용하면 흐르는 폭포나 볼류메트릭 라이팅volumetric lighting[1]을 구현할 때에도 유용하다!

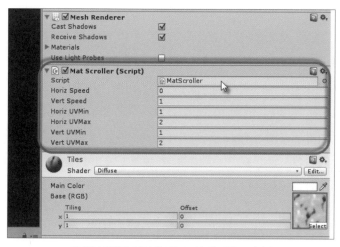

오브젝트 인스펙터에서 텍스처 스크롤 필드들을 조정하기

---

1 광원 효과를 실제 공식에 기반해서 복잡하게 적용하는 대신, 보이는 빛의 형태를 메시로 만드는 빠르면서도 시각적으로 나쁘지 않은 유사 광원 효과다. - 옮긴이

텍스처 그리기

런타임에 텍스처상에 픽셀을 그려야 하는 현실적인 경우들이 많다. 때론 알파 투명도를 이용해서 다른 표면의 앞쪽에 데칼decal 텍스처(발자국이나 적힌 글자와 같은 것들)를 보여주는 것처럼 흔한 요구사항이기도 하다. 이런 경우 단순히 배경 평면 앞에 알파 투명도를 가진 평면을 두는 식으로 우회해서 해결할 수도 있다. 하지만 더 복잡한 요구사항에 직면하거나 진짜 텍스처 그리기에 실제로 의존할 필요가 있는 경우도 있다. 예를 들면, 길거리 격투 게임의 경우 펀치 등의 공격을 받으면 바닥을 비롯한 주변 배경에 피가 튀기게 되는데, 이것을 환경 텍스처로 계속 남겨두고 싶을 것이다. 다른 예로는 캐주얼한 메이크업 아티스트 게임에서 게이머가 얼굴 메시 위에 볼터치나 아이섀도우를 그려야 할 때를 생각해볼 수 있겠다.

이럴 때에 단순히 별개로 나뉘어진 메시 오브젝트 앞에 텍스처를 입힌 사각형을 그리는 것을 원하지는 않을 것이다. 대신 메시에 적용될 대상 텍스처에 원본 텍스처(붓에 해당하는)를 실제로 그리기를 원할 것이다. 이러한 텍스처 그리기는 독립된 두 텍스처 사이에서 가능한 것이 아니라, 두 텍스처 사이에 개입하는 메시 하나와 UV 지정을 통해 이루어진다. 다시 말해, 원본 텍스처는 씬의 메시 표면 위에 적용 혹은 투영되어야 하고, 그런 후 붓 픽셀들이 UV 좌표를 통해 대상 텍스처로 반투영되어야 한다. 이렇게 하면 다음 그림처럼 대상 텍스처의 정확한 위치에 붓 픽셀들이 그려지게 된다. 따라서 이 방법을 이용하면 모든 3D 표면의 어떤 UV 좌표 크기를 가진 대상 텍스처에도 임의의 크기의 원본 텍스처를 그릴 수 있게 된다.

이번 절에서는 이러한 텍스처 그리기를 실용적이면서 효과적으로 하는 방법을 알아본다. 시작하기 전에 우선 당부해야 할 점이 있다. 이런 식으로 텍스처를 그리는 방법은 대안(알파 값을 가진 사각형 겹치기 등)이 없을 때 마지막으로 사용하는 방안이어야 한다. 실제로 텍스처를 그리는 연산 비용이 크기 때문이다.

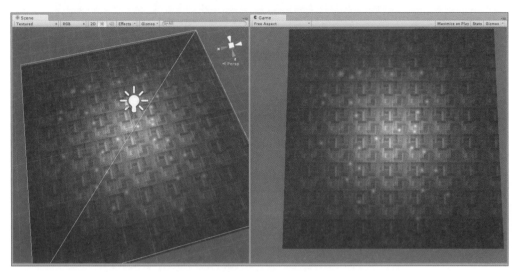

메시와 UV 지정을 통해 텍스처 붓으로 다른 텍스처 위에 실시간 그리기

 완성된 텍스처 그리기 프로젝트는 다운로드한 파일 중 9장 폴더의 texture_painting 폴더에서 찾아볼 수 있다.

1단계: 텍스처 혼합 쉐이더 만들기

두 레이어를 이용한 접근법이 이상적이다. 먼저, 씬 안의 메시를 사용자가 클릭할 때 대상 텍스처 위에 다음 그림과 같은 원본 붓 텍스처를 그리려 한다.

검은색을 투명색(알파)으로 처리하는 붓 텍스처

그런 다음, 붓자국이 그려질 다음과 같은 대상 텍스처를 메시에 적용한다.

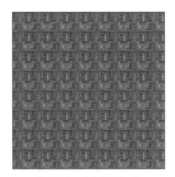

붓자국이 그려질 대상 텍스처

하지만 일반적으로 그리기 과정 중 대상 텍스처 원본에 붓자국을 덮은 채로 변경하는 것은 원하지 않을 것이다. 대상 텍스처는 씬의 다른 여러 오브젝트들에 적용할 수도 있으므로, 원본 텍스처의 픽셀을 변경하게 되면 이 텍스처를 사용하는 모든 오브젝트에 영향을 미치게 되기 때문이다.

대신 직접 정의한 재질material을 이용해서 그리기 효과들을 투명한 배경을 가진 별도의 텍스처로 분리하고, 이 텍스처를 대상 텍스처 위에 올려본다. 이렇게 하면 대상 텍스처와 그리기 효과 사이를 충실히 분리하면서도 외관상으로도 하나로 합쳐진 텍스처처럼 보이게 된다. 이렇게 하려면 다음 예제 코드 9-4와 같이 사용자 정의 쉐이더shader를 작성해야 한다. 이 쉐이더는 배경 텍스처 위의 텍스처(알파 투명도를 가진 텍스처)를 혼합하는 쉐이더다.

```
01 Shader "TextureBlender"
02 {
03     Properties
04     {
05         _Color ("Main Color", Color) = (1,1,1,1)
06         _MainTex ("Base (RGB) Trans (A)", 2D) = "white" {}
07         _BlendTex ("Blend (RGB)", 2D) = "white"
08     }
09
10     SubShader
```

```
11    {
12        Tags
13        {
14            "Queue"="Geometry-9"
15            "IgnoreProjector"="True"
16            "RenderType"="Transparent"
17        }
18        Lighting Off
19        LOD 200
20        Blend SrcAlpha OneMinusSrcAlpha
21
22        CGPROGRAM
23            #pragma surface surf Lambert
24            uniform fixed4 _Color;
25            uniform sampler2D _MainTex;
26            uniform sampler2D _BlendTex;
27
28            struct Input
29            {
30                float2 uv_MainTex;
31            };
32
33            void surf (Input IN, inout SurfaceOutput o)
34            {
35                fixed4 c1 = tex2D( _MainTex, IN.uv_MainTex );
36                fixed4 c2 = tex2D( _BlendTex, IN.uv_MainTex );
37
38                fixed4 main = c1.rgba * (1.0 - c2.a);
39                fixed4 blendedoutput = c2.rgba * c2.a;
40
41                o.Albedo = (main.rgb + blendedoutput.rgb) * _Color;
42                o.Alpha = main.a + blendedoutput.a;
43            }
44        ENDCG
45    }
46    Fallback "Transparent/VertexLit"
47 }
```

쉐이더를 작성한 후 저장하면, 오브젝트 인스펙터의 Material 패널을 통해 생성하는 재질에 선택 가능한 쉐이더로 표시된다. 다음 그림처럼 세부 표현이 필요한 모든 오브젝트에 이 쉐이더를 사용할 수 있다. _MainTex 슬롯은 이러한 세부적인 표현을 겹쳐 놓을 배경 텍스처를 지정한다. 물론 이 텍스처는 실제로 편집되는 것이 아니라 원본 상태로 보존된다. _BlendTex 슬롯은 _MainTex 위에 겹쳐질 텍스처로서 알파 투명도를 가지는 텍스처를 지정한다. 곧 살펴보겠지만, 일반적으로는 스크립트에서 런타임에 붓자국을 담는 투명 텍스처를 만들어서 이 슬롯에 지정하게 된다.

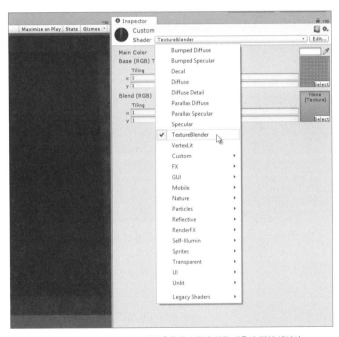

하단의 텍스처에 상단의 텍스처를 혼합하기 위해 만든 사용자 정의 쉐이더

2단계: 텍스처 그리기 스크립트 만들기

두 쉐이더를 입력(상단 및 하단 텍스처)으로 받아들이는 쉐이더를 만들어 알파 투명도를 이용해서 상단 텍스처를 하단에 혼합할 수 있게 되었다. 이렇게 하면 포토샵Photoshop의 레이어 같은 효과를 얻을 수 있다. 아래의 원본 텍스처 픽셀을 그대로 유지하면서 상단에 겹쳐지는 별도의 텍스처에 그릴 수 있게 된다.

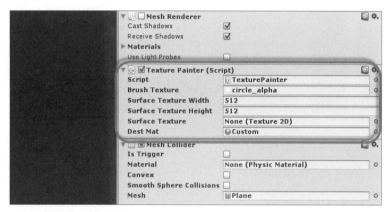

텍스처 그리기 스크립트 만들기

더 진도를 나가기 전에 먼저 오브젝트 인스펙터에서 사용할 붓 텍스처를 편집해야 한다. 구체적으로, 유니티 에디터의 Project 패널에서 붓 텍스처를 선택하고 Texture Type을 Advanced로 변경한다. Read/Write Enabled 체크박스에도 체크한다. 이 옵션을 활성화하면 텍스처 편집 함수를 이용해서 텍스처에 접근할 수 있게 된다.

추가로, 다음 그림처럼 Alpha is Transparency에 체크하고 Generate Mip Maps에는 체크를 해제한다.

텍스처 그리기를 위한 텍스처 설정

이제 마우스를 이용해서 붓 텍스처를 씬의 3D 오브젝트상에 UV 좌표를 통해 그리는 텍스처 그리기 스크립트를 만들어야 한다. 이 스크립트는 다음 예제 코드 9-5처럼 작성한다.

```
001 //----------------------------------------------------------
002 using UnityEngine;
003 using System.Collections;
004 //----------------------------------------------------------
005 public class TexturePainter : MonoBehaviour
006 {
007     // 붓 그래픽을 그릴 때 사용되는 알파 채널을 가진 사각형 텍스처
008     public Texture2D BrushTexture = null;
009
010     // 그릴 대상 텍스처의 너비와 높이
011     public int SurfaceTextureWidth = 512;
012     public int SurfaceTextureHeight = 512;
013
014     // 그릴 표면 텍스처에 대한 참조
015     public Texture2D SurfaceTexture = null;
016
017     // 대상 텍스처에 적용될 재질에 대한 참조
```

380

```
018    public Material DestMat = null;
019    //-----------------------------------------------------------
020    // 여기에서 초기화한다
021    void Start ()
022    {
023        // 대상 텍스처를 만든다
024        SurfaceTexture = new Texture2D(
025            SurfaceTextureWidth, SurfaceTextureHeight,
026            TextureFormat.RGBA32, false);
027
028        // 검정색 픽셀(투명, 알파=0)로 채운다
029        Color[] Pixels = SurfaceTexture.GetPixels();
030        for(int i=0; i<Pixels.Length; i++)
031            Pixels[i] = new Color(0,0,0,0);
032        SurfaceTexture.SetPixels(Pixels);
033        SurfaceTexture.Apply();
034
035        // 렌더러의 메인 텍스처로 지정한다
036        renderer.material.mainTexture = SurfaceTexture;
037
038        // 대상 텍스처를 위한 재질이 있는 경우, 여기서 만든 텍스처를 혼합 텍스처로 지정한다
039        // 사용자 정의 쉐이더와 함께 쓰이게 된다(TexBlender.shader 파일 참고)
040        if(DestMat)
041            DestMat.SetTexture("_BlendTex", SurfaceTexture);
042    }
043    //-----------------------------------------------------------
044    // Update는 매 프레임 한 번씩 호출된다
045    void Update ()
046    {
047        // 마우스 버튼이 눌리면 그리기를 시작한다
048        if(Input.GetMouseButtonDown(0))
049        {
050            // 마우스 커서가 위치한 지점의 교차점을 구한다
051            RaycastHit hit;
052
053            // 화면상의 좌표를 씬 안의 선으로 변환한다
054            if (!Physics.Raycast(
```

```
055              Camera.main.ScreenPointToRay(Input.mousePosition),
056              out hit))
057            return;
058
059         // 교차하는 충돌체를 얻는다
060         Renderer renderer = hit.collider.renderer;
061         MeshCollider Collide = hit.collider as MeshCollider;
062         if (renderer == null ||
063            renderer.sharedMaterial == null ||
064            renderer.sharedMaterial.mainTexture == null ||
065            Collide == null)
066            return;
067
068         // 교차하는 표면의 UV 좌표를 구한다
069         Vector2 pixelUV = hit.textureCoord;
070         pixelUV.x *= renderer.material.mainTexture.width;
071         pixelUV.y *= renderer.material.mainTexture.height;
072
073         // 좌표가 텍스처의 중점에 올 수 있도록 업데이트한다(붓 텍스처 중점을 커서 위치에 정렬)
074         pixelUV.x -= BrushTexture.width/2;
075         pixelUV.y -= BrushTexture.height/2;
076
077         // 픽셀 값을 0부터 텍스처 너비 사이의 값으로 제한한다
078         pixelUV.x =
079            Mathf.Clamp(pixelUV.x, 0, renderer.material.mainTexture.width);
080         pixelUV.y =
081            Mathf.Clamp(pixelUV.y, 0, renderer.material.mainTexture.height);
082
083         // 대상 텍스처 위에 그린다
084         PaintSourceToDestTexture(
085            BrushTexture, renderer.material.mainTexture as Texture2D,
086            (int)pixelUV.x, (int)pixelUV.y);
087      }
088   }
089   //------------------------------------------------------------
090   // 원본 텍스처를 대상 텍스처에 그린다
091   // 붓 텍스처를 대상 텍스처 위의 지정된 위치에 그리게 된다
```

```
092    public static void PaintSourceToDestTexture(
093        Texture2D Source, Texture2D Dest, int Left, int Top)
094    {
095        // 원본 픽셀들을 얻는다
096        Color[] SourcePixels = Source.GetPixels();
097
098        // 대상 픽셀들을 얻는다
099        Color[] DestPixels = Dest.GetPixels();
100
101        for(int x=0; x<Source.width; x++)
102        {
103            for(int y=0; y<Source.height; y++)
104            {
105                // 원본 픽셀 하나를 얻는다
106                Color Pixel =
107                    GetPixelFromArray(SourcePixels, x, y, Source.width);
108
109                // 대상 픽셀 위치를 구한다
110                int DestOffsetX = Left + x;
111                int DestOffsetY = Top + y;
112
113                if(DestOffsetX < Dest.width && DestOffsetY < Dest.height)
114                    SetPixelInArray(
115                        DestPixels, DestOffsetX, DestOffsetY,
116                        Dest.width, Pixel, true);
117            }
118        }
119
120        // 대상 텍스처를 업데이트한다
121        Dest.SetPixels(DestPixels);
122        Dest.Apply();
123    }
124    //-----------------------------------------------------------
125    // 픽셀 배열에서 색상을 읽어온다
126    public static Color GetPixelFromArray(
127        Color[] Pixels, int X, int Y, int Width)
128    {
```

```
129        return Pixels[X+Y*Width];
130     }
131     //-----------------------------------------------------------
132     // 픽셀 배열에 색상을 설정한다
133     public static void SetPixelInArray(
134        Color[] Pixels, int X, int Y, int Width,
135        Color NewColor, bool Blending=false)
136     {
137        if(!Blending)
138           Pixels[X+Y*Width] = NewColor; // 색상 교체
139        else
140        {
141           // 새로운 색상을 기존 표면 위에 알파를 보존한 채로 혼합한다
142           Color C = Pixels[X+Y*Width] * (1.0f - NewColor.a);
143           Color Blend = NewColor * NewColor.a;
144
145           Color Result = C + Blend;
146           float Alpha = C.a + Blend.a;
147
148           Pixels[X+Y*Width] = new Color(Result.r, Result.g, Result.b, Alpha);
149        }
150     }
151     //-----------------------------------------------------------
152 }
153 //-----------------------------------------------------------
```

다음은 예제 코드 9-5에 대한 설명이다.

- 8번 줄: 이 줄의 public 변수는 그리기 과정 중 붓 그래픽으로 사용될 유효한 텍스처 애셋에 대한 참조를 담는다. 마우스로 클릭할 때마다 이 텍스처가 SurfaceTexture 변수가 담고 있는 텍스처 위에 '쌓이게' 된다.

- 15번 줄: SurfaceTexture는 뒤에 놓인 텍스처가 보이도록 투명한 픽셀로 채워 동적 생성한 텍스처에 대한 참조다. 이 텍스처는 그리는 과정 중 붓자국들을 남기기 위한 것이다. 요컨대 이 텍스처는 TextureBlender 쉐이더의 _BlendTex 변수에 넣기 위한 것이다.

- 28-33번 줄: Start 함수에서 새 텍스처가 만들어졌다. 이 텍스처는 RGBA32 형식으로서 알파 채널을 지원한다. SetPixels 함수를 이용해 텍스처에 같은 색으로 일괄적으로 칠한다(플러드 필[2]). GetPixels와 SetPixels에 대한 자세한 내용은 뒤에서 다룬다.

- 48번 줄: Update 함수에서 마우스 클릭을 감지해 텍스처 그리기 기능을 시작하도록 한다.

- 50-66번 줄: 마우스 버튼이 눌리면 이 함수는 붓 텍스처를 대상 텍스처에 그리게 된다. 씬의 메시 오브젝트가 54번 줄에서 함수가 선[ray]과 교차했는지 검사하기 위해 Physics.Raycast 함수를 호출한다. 이 코드가 잘 동작하려면, 해당 오브젝트들에는 충돌체 컴포넌트가 붙어있어야 한다.

- 68-75번 줄: 충돌이 감지되면 RaycastHit 구조체의 textureCoord 변수를 통해 충돌 위치의 UV 좌표를 받게 된다. 이 변수에 대한 자세한 내용은 유니티 문서 http://docs.unity3d.com/kr/ScriptReference/RaycastHit-textureCoord.html을 참고한다. 이 멤버는 선과 교차한 메시가 BoxCollider 나 CapsuleCollider 등 다른 충돌체 형식일 때와 다르게 오브젝트에 MeshCollider가 붙어있을 때에만 여기에서 사용되는 멤버들이 유효하다. 다시 말해, 텍스처 그리기 대상으로 이용할 모든 오브젝트는 UV 데이터를 포함하는 MeshCollider를 가지고 있어야 한다. 68-75번 줄에서 UV 좌표를 픽셀의 절대 위치로 변환해 마우스 커서의 위치에 원본 붓 텍스처의 중점을 맞춘다. 이 코드를 통해 원본 붓 텍스처의 위치가 중심점 혹은 원점에 오게끔 명확히 할 수 있고, 대상 텍스처에 그려질 x, y 픽셀 좌표 위치를 확인할 수 있다.

- 84번 줄: 마지막으로 그리기 작업을 수행하기 위해 PaintSourceToDestTexture 함수를 호출했다.

- 92번 줄: PaintSourceToDestTexture 함수는 Source, Dest, Left, Top 네 개의 파라미터를 받는다. 이 파라미터들을 통해 Source 텍스처가 Dest 텍스처의 Left 및 Top 위치에 그려진다. 이 함수는 정적으로 선언된 함수이므로 클

---

2 플러드 필에 대한 자세한 내용은 다음 웹사이트의 설명을 참고하자. – 옮긴이
https://ko.wikipedia.org/wiki/플러드_필

래스의 인스턴스를 선언하지 않아도 된다.

- 95-99번 줄: 텍스처 그리기 과정의 첫 단계는 Source 및 Dest 텍스처의 모든 픽셀을 얻어오는 것이다. GetPixels 함수를 통해 이런 처리가 가능하다. GetPixels에 대한 자세한 내용은 웹사이트 http://docs.unity3d.com/kr/ScriptReference/Texture2D.GetPixels.html을 참고한다. 각각의 텍스처 이미지들은 눈으로 보기에 2차원 배열처럼 보이지만, GetPixels를 통해 받는 배열은 실제로 선형적인(1차원) 배열이다. 따라서 GetPixelFromArray와 SetPixelInArray 함수를 사용할 때는 픽셀의 x, y 좌표를 선형 배열의 인덱스로 변환해야 한다.

- 101-118번 줄: 여기에서 Source 텍스처에서 받아온 픽셀을 대상 텍스처에 그리게 된다. 붓 텍스처가 대상 텍스처의 범위에 들어가는지 검사도 수행한다. 붓자국이 텍스처 가장자리에 가깝게 찍히는 경우에는 대상 텍스처에 붓자국의 일부만이 그려지고 나머지 픽셀들은 잘려나가기 때문에 이런 검사가 필요하다. GetPixelFromArray를 통해 Source 텍스처에서 얻어온 픽셀들을 SetPixelInArray를 통해 설정한다.

- 121-122번 줄: 최종적으로 픽셀들을 결과 텍스처 버퍼에 집어넣고 Apply 함수를 호출해 처리를 확인한다. 유니티는 SetPixels(복수형) 말고도 SetPixel(단수형) 함수도 제공하고 있다. 하지만 SetPixel을 반복적으로 호출하는 것보다 SetPixels를 호출하는 편이 성능상 더 낫다.

- 126-130번 줄: GetPixelFromArray 함수는 픽셀 데이터 배열과 픽셀의 x, y 좌표 및 너비를 파라미터로 받는다. 이 파라미터를 통해 픽셀 배열에 변환한 1차원 인덱스를 넘겨 픽셀의 컬러 값을 찾는다.

- 133-150번 줄: SetPixelInArray 함수는 1차원 배열 안에서 픽셀의 색상을 변경한다. Blending 파라미터를 통해 변경 방법이 결정된다. Blending이 false로 지정된 경우, 단순히 원본 픽셀이 대상 픽셀을 덮어쓰게 된다. Blending이 true로 지정된 경우에는 알파 투명도에 근거해 원본 픽셀이 대상 픽셀에 혼합된다. 알파 투명도를 가진 붓 텍스처를 대상 텍스처에 그릴 때 색상 값을 혼합하도록 하려면 Blending을 true로 지정해야 한다.

3단계: 텍스처 그리기 설정

이제 동작하는 쉐이더와 텍스처 그리기 스크립트, 설정을 마친 텍스처가 준비되었으니 유니티에서 단계별로 텍스처 그리기를 설정하는 연습을 해본다. 다음 그림처럼 빈 프로젝트를 만들어 앞에서 만든 쉐이더와 텍스처 그리기 스크립트, 설정된 배경 및 붓 텍스처를 포함시킨다.

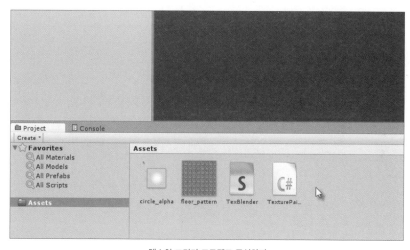

텍스처 그리기 프로젝트 구성하기

Project 패널의 붓 텍스처를 작은 사이즈(32×32 정도의 크기)로 설정하고, 다음 그림처럼 Format을 알파 투명도를 지원하는 RGB 32 bit로 설정한다.

붓 텍스처 설정하기

TextureBlender 쉐이더를 이용하는 새 재질을 만들고, 다음 그림처럼 MainTexture
슬롯에 배경 텍스처를 할당한다.

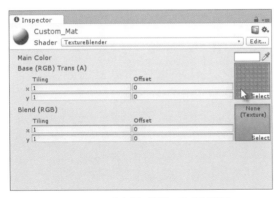

TextureBlender 쉐이더를 이용하는 새 재질 만들기

씬에 Quad, Plane, Mesh 등을 새로 추가하고 충돌체를 제거한다. 복제된 메시에
클릭이 감지되면 이 오브젝트는 최종 그리기 출력을 받게 된다. 클릭을 감지하는
메시와 최종적으로 출력되는 메시를 계속 분리된 상태로 유지해서 필요한 경우

다른 형식의 충돌체나 컴포넌트를 사용할 수 있도록 한다.

사각형을 추가했으면 다음 그림처럼 TextureBlender 쉐이더를 사용하는 재질을 할당한다.

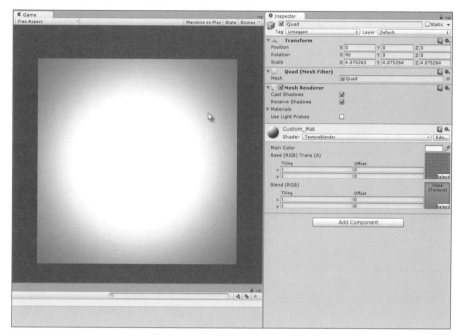

새로 사각형 추가하기

사각형을 복제하고 Mesh Collider를 추가해서 Mesh Renderer를 비활성화시킨 후 빈 Diffuse 재질을 할당한다. 이 메시는 렌더링되지 않고 그리기 처리를 수행하기 위해 마우스 클릭을 검출하는 역할만 하게 된다.

추가로 오브젝트에 TexturePainter 스크립트를 추가한 후, 다음 그림처럼 Brush Texture 필드에 붓 텍스처를 할당하고 Dest Mat 필드에는 Project 패널에 있는 Custom_Mat 재질을 할당한다.

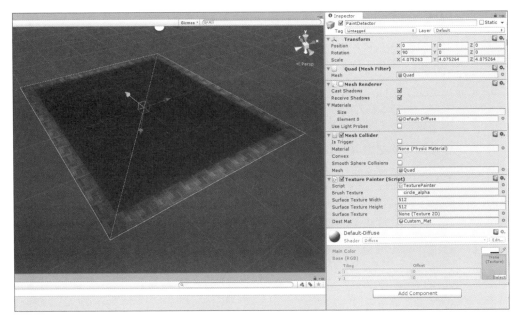

클릭 감지용 사각형 만들기

이제 애플리케이션을 실행하고 메시를 클릭해본다. 클릭하면 다음 그림처럼 텍스처에 붓자국이 적용되어 뷰포트에 보이게 된다.

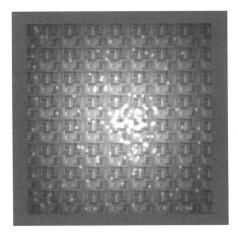

텍스처 그리기 결과

요약

9장에서는 일반적인 2D 영역의 광범위한 배경지식을 살펴봤다. 이번 장에서 살펴본 2D의 경우 2D 게임에서 일반적으로 다루는 내용과 좀 다르게, 2D 및 3D 게임에 보다 보편적으로 중요한 내용인 텍스처 기반의 사고 방법을 주로 다루었다. 그리고 이러한 주제를 바탕으로 2D 공간에서의 2D 평면에 대한 개념과 처리 방법을 살펴봤다. 구체적으로, 직접 스카이박스를 만들어서 스카이박스 배경을 회전시키고 카메라 깊이^{depth} 설정을 통해 레이어 형태로 렌더링하는 방법을 설명했다. 그리고 평면과 같은 지오메트리를 절차적으로 생성하는 방법도 알아봤다. 유니티에서 기본 사각형을 만드는 것에 비해 평면을 직접 생성하는 방법은 좀 더 제약이 많지만, 사각형을 포함한 모든 메시를 수정 및 변경이 가능한 상태로 보다 유용하게 만들기 위해 이런 방법과 개념을 통해 직접 생성해봤다. 메시를 실시간으로 편집하는 기능은 폭발의 파장과 같은 효과부터 젤리 같은 탄성 효과에 이르기까지 광범위한 효과를 만들 때 중요한 기능이다. 더 나아가서 메시 UV의 애니메이션을 만드는 방법을 알아봤다. 타일 형태의 텍스처가 붙어있는 2D 배경 사각형을 무한히 스크롤하는 방법을 통해 시차 효과와, 물의 왜곡이나 다른 움직임에서 오는 왜곡을 만들 수 있다. 마지막으로 마우스를 이용해 메시에 동적으로 텍스처를 그리는 방법을 살펴봤다. 마우스를 클릭하면 원본 텍스처를 메시에 적용된 텍스처에 UV 좌표와 알파 투명도를 통해 혼합하는 기능을 구현했다. 이 기능은 총알 자국이나 피 튀김, 플레이어의 동작에 기반한 효과(발자국 등)를 만들 때처럼 실시간으로 데칼을 만들 때 폭넓게 적용할 수 있는 강력한 기능이다. 10장에서는 유니티 프로젝트를 더 잘 관리할 수 있는 여러 가지 팁과 기술들을 살펴본다.

10

소스 관리 및 유용한 팁

10장에서는 C#으로 스트립트를 작성하거나 스크립트를 다룰 때 유용한 세 가지 팁에 대해 살펴본다. 이런 팁들은 효과적이며 중요하지만 이전 장들과 이어지지 않고 분리된 별개의 주제다. 이번 장에서 다루는 주제들은 특별한 순서가 없고 대체로 유용한 정도에 따라 포함되어 있다고 할 수 있다. 이러한 주제들을 다루는 다른 문서들은 여기저기에 흩어져 있고 불확실한 내용을 담은 경우도 많아서 이번 장에서 다루기로 했다. 따라서 이번 장은 현실적이고 실용적인 지식을 담고 있어 유용한 '오늘의 팁' 모음 정도로 생각하고 읽으면 될 것이다. 여기서는 주로 다음 내용들을 다룬다.

- 깃Git 버전 관리
- 리소스 폴더와 외부 파일
- 게임 로딩 및 저장

깃: 버전 관리

소스 관리source control나 버전 관리revision control는 가능한 한 많은 사람을 위해 실질적으로 간단하면서 안전하게 소프트웨어를 개발할 수 있도록 하는 방법을 일컫는 것이다. 즉 소스 관리를 통해 쉽고 빠르게 파일의 변경사항을 추적하거나 되돌릴 수 있고, 다른 사람과 공유할 수도 있다. 일반적으로 소프트웨어 개발(게임 개발 포함)에는 두 가지 중요한 요소가 필요하다. 첫 번째로는 집단 작업인데, 물리적으로 같은 장소(사무실 등의 장소)든 멀리 떨어져 있지만 가상 공간(가상 사무실, 인터넷 포럼, 하다못해 이메일이라도)을 통하는 것이든 간에 여러 개발자가 팀을 이루어 작업하는 경우가 모두 해당된다. 두 번째로는 개발 과정에서 개발자가 소스 코드를 수정해 향상시키는 것이다. 이런 두 요소에는 광범위한 요구사항이 수반되는데, 버전 관리를 통해 이러한 사항들을 만족시킬 수 있다.

수반되는 요구사항은 다음과 같다.

- 협업: 여러 개발자가 같은 프로젝트에서 코딩 작업을 할 때, 보통 소스 파일을 공유해야 할 경우가 많다. 개발자는 소스 파일을 이메일이나 다른 방법으로 손수 주고받을 수 있지만, 이런 방법은 큰 규모의 프로젝트나 긴 시간 동안 수행되는 프로젝트에서 코딩을 어렵게 만드는 요인이다. 시간이 흐름에 따라 코드 변경사항을 감시하거나 두 변경사항을 하나의 파일로 합치기가 금세 어려워진다.

- 복구: 때론, 변경하거나 향상시킨 코드가 잘못된 작업의 결과일 수 있다. 제안한 수정 내용이나 해결 방법이 항상 의도한 결과를 만드는 것은 아니므로, 이전 상태로 되돌릴 수 있어야 한다. 이전 상태의 파일을 복사해서 별도로 보관할 수도 있지만, 시간이 흐름에 따라 복사본이 많이 생겨 관리하기가 불편하고 불필요한 혼란을 야기할 수도 있다.

- 변경사항 및 이력 추적: 특히 디버깅할 때, 누가 무엇을 했는지 추적해야 하는 경우가 자주 있다. 누군가 코드를 수정하는 경우 누가, 언제, 왜 코드를 변경했는지를 알기 원할 것이다. 로그 파일을 남기거나 변경한 내용을 남기기 위해 주석을 작성할 수도 있지만, 이런 방법은 지루하면서 시간을 잡아먹는다.

이러한 협업, 복구, 변경사항 추적의 세 가지 주요 문제들을 해결하기 위해 버전 관리를 이용한다. 버전 관리 소프트웨어에는 깃^{Git}, 퍼포스^{Perforce}, 마이크로소프트 팀 파운데이션 서버^{Microsoft Team Foundation Server} 등이 있다. 이번 장에서는 그중에서 깃을 다루어본다. 깃은 널리 사용되는 크로스 플랫폼^{cross-platform} 무료 오픈소스 도구다. 깃을 이용해서 저장소^{repository}라 불리는 특별한 데이터베이스를 설정한다. 저장소는 로컬 위치(컴퓨터에 존재하는 위치)나 원격 위치(네트워크를 통한 위치)에 모두 존재할 수 있다. 저장소를 설정하고 나면 유니티 프로젝트들의 모든 변경사항을 추적하고 관리할 수 있게 된다. 필요한 경우 프로젝트의 이전 상태로 복구하거나, 다른 사람과 공유하고 협업하는 것이 가능해진다. 그래픽 유저 인터페이스를 이용해서 일반적인 목적으로 깃을 설정하는 방법을 알아보자.

1단계: 다운로드

깃을 유니티 프로젝트와 함께 사용하는 방법에는 여러 가지가 있다. 이번 장에서는 깃 프론트엔드^{frontend}인 TortoiseGit과 공식 깃 패키지를 함께 살펴본다. 이 두 가지 패키지를 이용해 개발자는 혼자 일하든, 팀으로 일하든 간에 프로젝트의 모든 변경사항을 추적 및 관리할 수 있게 된다.

다음 웹사이트에서 제공되는 공식 깃 소프트웨어를 다운로드하고 설치한다.
http://git-scm.com/

깃 다운로드 및 설치

깃 사용에 대한 자세한 내용을 다룬 무료 전자책을 다음 주소에서 찾아볼 수 있다.
http://git-scm.com/book/en/v2

깃 다운로드와 설치가 끝났으면 TortoiseGit을 구해두면 유용하다. TortoiseGit은 공식 깃 패키지의 구성 요소가 아니고, 별도의 윈도우용 프론트엔드 컴포넌트다. TortoiseGit을 이용하면 명령을 입력하는 대신, 윈도우 셸[1]과 통합되어 GUI로 깃과 상호작용할 수 있게 해준다.

TortoiseGit은 다음 웹사이트에서 다운로드할 수 있다.

https://tortoisegit.org/

---

1 shell: 탐색기, 대화상자, 바탕화면 등 윈도우의 전반적인 사용자 인터페이스를 칭하는 말이다. − 옮긴이

TortoiseGit 다운로드 및 설치하기

2단계: 유니티 프로젝트 준비

깃을 설치한 이유는 유니티 프로젝트의 변경사항을 추적 및 관리해서 필요한 경우 백업 버전처럼 원본 파일에 변경된 내용들을 되돌리고, 이러한 변경사항들을 다른 개발자와 공유하기 위해서였다. 따라서 이미 관리할 유니티 프로젝트가 준비되어 있다는 것을 전제하게 된다. Git과 TortoiseGit을 모두 설치한 다음, 관리가 필요한 새 유니티 프로젝트를 만들거나 기존의 유니티 프로젝트를 찾아둔다. 다음은 유니티 프로젝트 폴더의 모습이다.

유니티 프로젝트 폴더의 모습

유니티 프로젝트를 찾고 나서, 프로젝트 파일들을 볼 수 있게 윈도우 탐색기에서 프로젝트 폴더를 연다. 프로젝트 폴더의 위치를 모르는 경우, 유니티 에디터 인터페이스를 통해 탐색기에서 바로 열 수도 있다. 유니티의 Project 패널 안의 빈 공간에서 우클릭해 컨텍스트 메뉴의 Show in Explorer를 선택하면 된다.

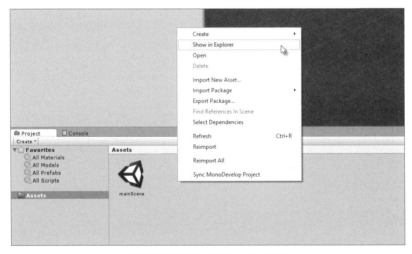

유니티 인터페이스에서 프로젝트 폴더 접근하기

3단계: 버전 관리를 위한 유니티 설정

깃은 바이너리나 텍스트 파일 모두와 작동하지만, 텍스트 파일과 가장 잘 맞는다. 유니티에서 작업할 때 에디터는 프로젝트와 임포트하는 애셋에 대한 여러 메타데이터 파일을 생성한다. 기본적으로 이 파일들은 유니티 프로젝트 폴더 안에 존재하는 파일들이며, 숨겨진 바이너리 형식이다. 생성되는 메타데이터는 메시, 텍스처, 스크립트 파일과 같이 프로젝트를 구성하는 애셋 및 데이터에 관련된 것이다. 반면 몇몇 메타데이터 파일들은 인터페이스 환경설정처럼 컴퓨터에서 실행되는 유니티 인스턴스에만 관련된 것이다. 깃을 이용할 때 최적의 방법은, 탐색기의 프로젝트 폴더에 메타데이터 파일들이 보이도록 유니티의 기본 설정을 수정하고, 바이너리 형식 대신 텍스트 기반의 형식을 사용하도록 하는 것이다. 이렇게 설정하기 위해 애플리케이션 메뉴의 Edit > Project Settings > Editor를 선택한다.

인스펙터에 표시되는 에디터 설정 창에서 Version Control 필드를 Visible Meta Files로 설정하고 Asset Serialization 필드를 Force Text로 설정한다.

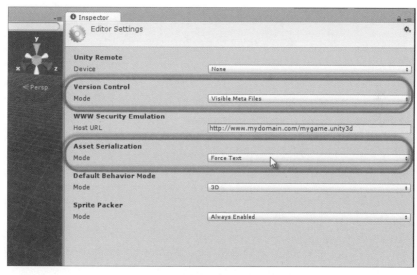

버전 관리를 위한 유니티 설정

이 설정들을 변경하고 나면, 씬을 포함한 각 프로젝트 애셋마다 연결된 .meta 파일을 볼 수 있게 된다. 추가로, 이 메타데이터 파일들은 다음 그림에서처럼 사람이 읽을 수 있는 텍스트 형식으로 구성되어 있어 직접 수정할 수도 있다(하지만 직접 수정하는 것은 권장하지 않는다).

텍스트 에디터에서 씬 애셋 열어보기

4단계: 깃 저장소 만들기

유니티 프로젝트를 만들고 나서 설정을 마치면, 다음 단계는 깃 저장소를 만들어 유니티 파일들을 추적 및 관리하는 것이다. 저장소는 원격 위치(네트워크나 외부 컴퓨터에서 호스팅되는 위치)나 로컬 위치(동일한 컴퓨터에서 호스팅되는 위치) 모두에 둘 수 있다. 저장소는 원본 파일과 시간에 따른 모든 변경사항을 가지고 있어 필요한 경우 이전 버전으로 되돌릴 수 있게 해준다. 또한 저장소를 공유하거나 다른 저장소와 병합하는 것도 가능하다. 이번 장에서는 로컬 저장소에 대해서만 다루므로, 로컬 저장소를 하나 만들어보자. 유니티 프로젝트 폴더(최상위 폴더)를 열고 우클릭해 윈도우 컨텍스트 메뉴를 연다. 이 메뉴에서 Git Init Here를 선택한다.

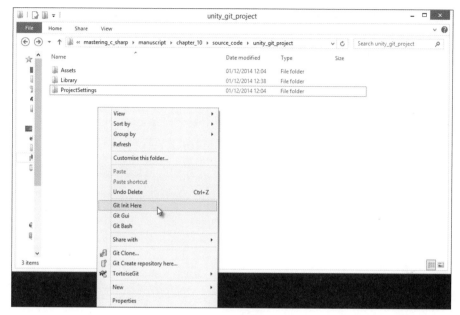

깃 저장소 만들기

만들고 나면 .git이라는 이름의 새로운 숨김 폴더가 생성된다. 이 폴더는 프로 젝트의 모든 저장소 파일들에 대한 내용을 담고 있다. 탐색기에서 파일과 폴더 를 나타내는 아이콘이 프로젝트 폴더에 아직 저장소로 추가되지 않은 파일이 있음을 가리키는 빨간색 기본 기호로 변경되는데, 깃은 이 파일들의 변경사항을 추적할 수 없는 상태다(이 문제는 곧 해결한다). 다음 그림에서 변경된 아이콘의 모 습을 볼 수 있다.

빨간 아이콘으로 강조된 폴더들. 깃 저장소에 포함되지 않은 파일들을 포함한다.

5단계: 무시할 파일 지정

깃 저장소를 만들었으니 이제 처음으로 파일 한 벌을 커밋^{commit}할 준비가 되었다. 파일을 추가하기 전에, 안전하게 특정 파일이나 형식을 무시하도록 할 수 있다. 유니티의 경우 프로젝트에 중요도가 낮은 사용자별 시스템 특성 파일이 포함되어 있다. 이를테면, 사용자 인터페이스 환경설정을 담은 읽기 전용 파일, 임시 파일, 저장소에 추가될 필요가 없는 특정 데이터 등을 안전하게 무시하도록 할 수 있다. 이러한 파일들을 무시하려면, 다음 그림처럼 프로젝트의 최상위 폴더에 .gitignore 텍스트 파일을 만들어서 무시할 모든 파일 및 폴더를 나열하면 된다.

저장소에서 지정한 형식의 파일을 제외하기 위해 .gitignore 파일 만들기

유니티를 위한 .gitignore 파일은 다음과 같은 모습으로 구성된다. 이 파일을 꼭 프로젝트 최상위 폴더에 두자.

```
[Ll]ibrary/
[Tt]emp/
[Oo]bj/
[Bb]uild/
/*.csproj
/*.unityproj
/*.sln
/*.suo
/*.user
/*.userprefs
/*.pidb
/*.booproj
sysinfo.txt
```

6단계: 첫 커밋 수행

유니티 프로젝트 파일의 첫 버전을 받을 수 있도록 저장소가 설정되었다. 파일들을 추가하려면 최상위 폴더 창 안에서 우클릭한 후 컨텍스트 메뉴에서 Git Commit > Master를 선택한다. 일반적으로 깃에서는 파일들을 하나씩 제출하지 않고 일괄적으로 제출한다. Commit 창에서 커밋할 파일을 한꺼번에 선택할 수 있다.

All 버튼을 클릭해서 폴더 안의 모든 파일을 선택하고, Message 필드에 커밋하는 내용에 대한 설명을 적는다. 여기에는 다른 사용자가 커밋에 포함된 파일들을 이해할 수 있는 설명을 적어야 한다. 준비되면 OK를 클릭해 파일들을 커밋한다.

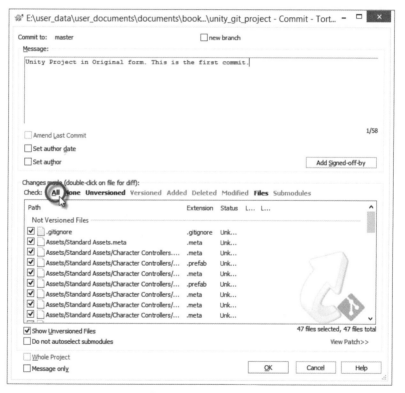

원본 프로젝트 파일 제출하기

커밋이 완료되면 파일의 아이콘이 파일이 일치함을 가리키는 녹색 기호로 변하는데, 저장소의 파일과 프로젝트 폴더의 파일이 동일함을 의미한다.

파일이 저장소의 최신 버전이다.

7단계: 파일 변경

깃은 완전한 파일 추적 솔루션이다. 즉 원본 파일뿐 아니라 변경사항을 계속해서 저장하므로 어느 버전으로든 이전으로 되돌릴 수 있다.

유니티로 돌아와서 새로운 애셋을 추가하거나 기존의 애셋을 편집하는 등 파일을 변경하는 경우, 윈도우 탐색기 안의 파일 아이콘이 다시 빨간색으로 변경되어 로컬 파일과 저장소 파일 간의 불일치를 나타내게 된다.

파일 변경

최근 변경한 내용이 잘못된 것으로 확인되는 경우 변경 이전으로 되돌리길 원할 수 있는데, 프로젝트 폴더 창 안에서 우클릭하고 컨텍스트 메뉴에서 TortoiseGit ➤ Revert…를 선택한다.

최근 변경 내용 되돌리기

Revert 창이 뜨면, 되돌릴 파일을 선택할 수 있다. 필요한 파일을 모두 선택한 후 OK를 클릭한다. 그러면 깃은 모든 선택된 파일을 되돌리기 위해 저장소의 마지막 버전을 로컬 버전 파일 위에 덮어쓴다.

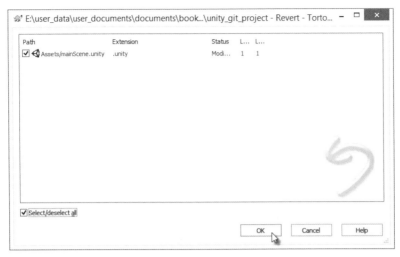

되돌릴 파일 선택하기

반면, 최근 변경된 내용을 되돌리지 않는 것을 원할 수도 있다. 올바르게 변경사항이 만들어진 경우 이 내용을 깃 저장소의 마지막 버전으로 추가해야 한다. 이런 경우, 간단히 파일을 다시 커밋하면 된다. 프로젝트 폴더 창 안에서 우클릭한후 컨텍스트 메뉴에서 Git Commit ➤ Master를 선택한다. Commit 창의 Message 필드에 새로운 커밋 설명을 입력하는 것을 잊지 말자.

8단계: 저장소에서 파일 가져오기

모든 파일에 대해 원본을 한 번 커밋하고 나면, .git이나 .gitignore 파일을 제외한유니티 폴더 안의 파일들을 의도적이거나 실수로 지워도 마지막 버전의 파일들을 다시 가져올 수 있다. 깃 저장소가 파일들을 저장하고 있기 때문에 이런 동작이 가능하다.

깃 저장소에서 프로젝트 폴더의 지워진 파일들을 다시 받아올 수 있다.

이 책을 따라 실제로 파일들을 지우는 경우, 테스트하는 과정에서 잘못될 경우를 대비해 지우기 전에 파일들을 수동으로 반드시 백업하길 바란다!

프로젝트 폴더 창 안에서 우클릭한 후 컨텍스트 메뉴에서 TortoiseGit ➤ Switch/Checkout을 선택한다.

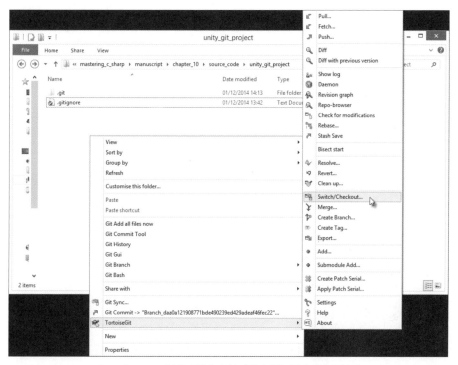

Switch/Checkout 옵션을 선택해 저장소에서 마지막 버전의 파일 가져오기

Switch/Checkout 창의 Switch To 필드에서 Master 브랜치^{branch}를 선택한다.

옵션에서 Force를 선택해야 할 수도 있다(자세한 내용은 깃 문서를 참고하자). 그런 다음 OK를 클릭해 마지막 버전의 파일들을 받는다. 파일들을 받고 나면 다음 그림과 같이 바뀐 모습을 볼 수 있다.

체크아웃(checkout)해서 마지막 버전의 파일 받기

마지막 버전의 파일을 받는 대신 이전에 저장소에 커밋된 파일로 프로젝트를 되돌리기를 원할 수 있다. 컨텍스트 메뉴에서 TortoiseGit ➤ Switch/Checkout을 선택해 Checkout 창을 띄운다. 그런 후 Switch To 그룹에서 Commit 라디오 박스를 활성화한다.

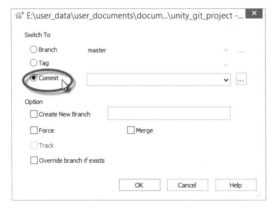

Commit 라디오 버튼을 활성화시켜 이전에 커밋한 파일 받기

Commit 필드 옆의 탐색 버튼(… 버튼)을 클릭해 선택 가능한 저장소 커밋 내역이 표시되면 전환할 이전 버전을 선택한다. 그런 다음에 OK 버튼을 클릭해 Repo Commit 창을 닫고, 다시 OK 버튼을 클릭해 선택된 커밋 버전에서 체크아웃하도록 확인한다. 선택된 커밋 버전의 파일들이 프로젝트 폴더에 되돌려진다. 각각의 커밋에는 저작자(팀으로 작업하는 경우 유용하다.)가 지정되어 있어 누가 변경했는지를 알아낼 수 있다.

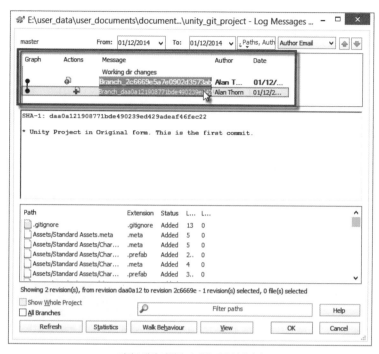

저장소에서 되돌릴 과거의 커밋 선택하기

9단계: 저장소 탐색

때로는 저장소에 파일을 추가하거나 받아오지 않고 그냥 무엇이 들어있는지 탐색해서 보길 원할 수도 있다. TortoiseGit의 저장소 탐색기 도구를 이용하면 쉽고 빠르게 탐색할 수 있다. 컨텍스트 메뉴의 TortoiseGit ➤ Repo-browser를 선택해서 이 도구를 사용할 수 있다.

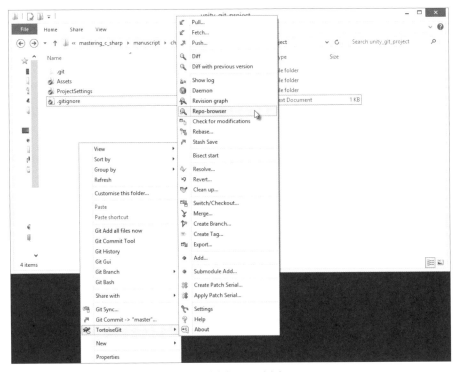

저장소 탐색기 도구 표시하기

저장소 탐색기 도구를 통해 GUI 창에서 파일 및 폴더 계층을 미리 볼 수 있다.

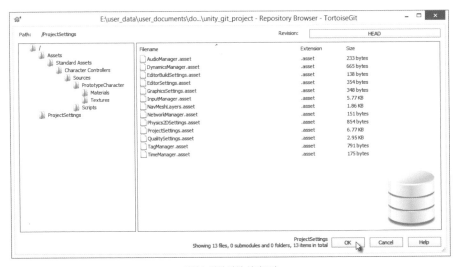

저장소 안의 파일 살펴보기

리소스 폴더와 외부 파일

제목, 현지화 텍스트, 레벨 등을 담은 XML 같은 파일에서 불러오는 외부 데이터가 게임에 필요한 경우가 빈번하다. 다음 그림을 살펴보자.

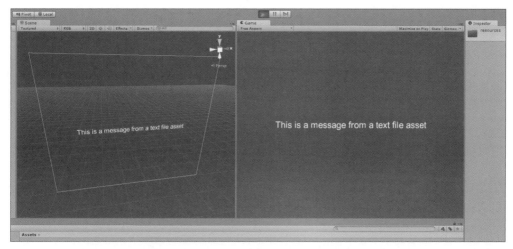

프로젝트와 함께 컴파일되는 외부 텍스트 파일에서 불러온 메시지 출력하기

이런 경우, 특정한 기능이 필요해진다. 첫 번째로 필요한 기능은 유니티가 인식할 수 있게 파일에서 메모리로 동적으로 데이터를 불러오는 기능이다. 두 번째로 필요한 기능은 유니티로 임포트한 이후에도 파일의 내용을 변경하거나 편집할 수 있는 기능으로서 코드를 변경하지 않고도 변경된 결과가 업데이트되어야 한다. 세 번째로 필요한 기능은 실행 파일과 분리되어 편집 가능한 데이터 파일을 함께 배포하는 대신, 유니티 빌드의 일부로 파일을 포함시켜 독립된 게임을 컴파일해 배포하는 기능이다. 세 번째 기능에 대해 좀 더 자세히 설명해보면, 게임을 배포할 때 XML처럼 분리된 파일을 함께 배포해 게이머가 열어서 수정하길 원하지는 않을 것이다. 대신 개발자가 유니티 에디터에서 파일을 편집 및 변경한 후, 다른 애셋들처럼 최종적으로 유니티 프로젝트가 독립형 실행 파일로 빌드될 때 함께 포함되기를 원할 것이다. 리소스 폴더를 이용하면 이렇게 빌드되게 만들 수 있다.

리소스 폴더를 이용하려면, 유니티 프로젝트 폴더에 resources라는 이름의 폴더를 만든다. 프로젝트에는 임의의 개수의 resources 폴더가 있을 수 있고, 전혀 없을 수도 있다. 이 폴더 안에 유니티가 런타임에 불러올 수 있는 텍스트 파일 등의 모든 애셋을 추가한다.

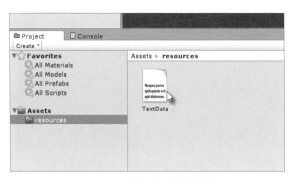

resources 폴더에 외부 파일 추가하기

resources 폴더에 파일을 추가하고 나면, `Resources.Load` 함수를 통해 이 파일을 메모리로 불러올 수 있다. 다음 예제 코드 10-1은 UI 텍스트 컴포넌트에 예제 텍스트 애셋을 불러온다.

```
01 using UnityEngine;
02 using System.Collections;
03 using UnityEngine.UI;
04 //---------------------------------------------
05 public class LoadTextData : MonoBehaviour
06 {
07    // UI 텍스트 컴포넌트에 대한 참조
08    private Text MyText = null;
09
10    // resources 폴더에 위치한 텍스트 애셋에 대한 참조
11    private TextAsset TextData = null;
12    //---------------------------------------------
13    // 여기에서 초기화한다
14    void Awake () {
15       // 텍스트 컴포넌트를 얻는다
16       MyText = GetComponent<Text>();
```

```
17
18          // resources 폴더에서 텍스트 데이터를 불러온다
19          TextData = Resources.Load("TextData") as TextAsset;
20      }
21      //-------------------------------------------
22      // Update는 매 프레임마다 한 번씩 호출된다
23      void Update () {
24          // 텍스트 라벨 컴포넌트를 업데이트한다
25          MyText.text = TextData.text;
26      }
27      //-------------------------------------------
28 }
29 //-------------------------------------------
```

 Resources 클래스와 리소스 폴더에 대한 자세한 내용은 다음 유니티 문서를 참고한다.
http://docs.unity3d.com/kr/ScriptReference/Resources.html

애셋번들과 외부 파일

프로 버전의 유니티를 사용하는 경우, 사용자가 직접 만든 애셋을 추가하거나 개발자가 만든 애드온 또는 플러그인 대신 사용자가 만든 애드온을 추가해 게임 내용을 수정[mod]할 수 있는 동적인 콘텐츠를 제공하기 위해 애셋번들[AssetBundle]을 이용할 수 있다. 애셋번들은 다른 종류의 여러 유니티 애셋들을 프로젝트 외부 파일 한 개로 묶어, 모든 유니티 프로젝트에서 디스크의 로컬 파일이나 인터넷을 통해 동적으로 불러올 수 있도록 해준다.

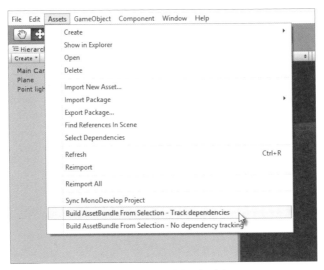

선택한 애셋으로 애셋번들 빌드하기

Project 패널에서 애셋번들을 쉽게 빌드할 수 있게 유니티 애셋번들 에디터 스크립트를 임포트한다. 다음 예제 코드 10-2를 프로젝트의 Editor 폴더 안에 위치한 C# 스크립트 파일 안에 붙여 넣는다. 아니면 웹사이트 http://docs.unity3d.com/kr/ScriptReference/BuildPipeline.BuildAssetBundle.html에서 스크립트를 다운로드해도 된다.

```
01 // C# 예제
02 // 프로젝트 탭에서 선택된 오브젝트들을 애셋번들로 빌드한다
03 // 컴파일된 후 애플리케이션 메뉴 중 Asset에서 하나를 선택해 애셋번들을 빌드한다
04
05 using UnityEngine;
06 using UnityEditor;
07
08 public class ExportAssetBundles {
09     [MenuItem("Assets/Build AssetBundle From Selection - Track dependencies")]
10     static void ExportResource () {
11         // 파일 저장 창을 띄운다
12         string path = EditorUtility.SaveFilePanel(
13             "Save Resource", "", "New Resource", "unity3d");
14         if (path.Length != 0) {
```

```
15          // 현재 선택된 리소스 파일을 빌드한다
16          Object[] selection = Selection.GetFiltered(
17              typeof(Object), SelectionMode.DeepAssets);
18          BuildPipeline.BuildAssetBundle(
19              Selection.activeObject, selection, path,
20              BuildAssetBundleOptions.CollectDependencies |
21              BuildAssetBundleOptions.CompleteAssets);
22          Selection.objects = selection;
23      }
24  }
25  [MenuItem("Assets/Build AssetBundle From Selection - No dependency tracking")]
26  static void ExportResourceNoTrack () {
27      // 파일 저장 창을 띄운다
28      string path = EditorUtility.SaveFilePanel(
29          "Save Resource", "", "New Resource", "unity3d");
30      if (path.Length != 0) {
31          // 현재 선택된 리소스 파일을 빌드한다
32          BuildPipeline.BuildAssetBundle(
33              Selection.activeObject, Selection.objects, path);
34      }
35  }
36 }
```

애셋번들을 만들려면, Project 패널에서 애셋번들에 포함시킬 애셋을 모두 선택한 후, 메뉴에서 Assets ➤ Build AssetBundle from election을 선택한다. 선택한 후, 애셋 번들이 저장될 위치를 컴퓨터에서 선택한다.

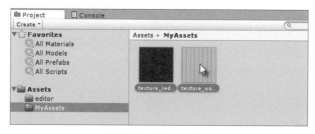

애셋번들에 포함될 애셋 선택하기

이제 애셋번들을 테스트하려면, 새로 프로젝트를 만들거나 애셋이 없는 다른 프로젝트를 연 후 WWW 클래스를 이용해 애셋번들을 프로젝트로 불러올 수 있다. 다음 예제 코드 10-3은 로컬 파일에서 애셋번들을 다운로드해 텍스처 애셋을 추출하고, 붙어있는 메시 렌더러 컴포넌트의 재질에 추출한 텍스처를 할당하는 예제 스크립트다.

```
01 using UnityEngine;
02 using System.Collections;
03
04 public class LoadAssetBundle : MonoBehaviour
05 {
06     // 메시 렌더러에 대한 참조
07     private MeshRenderer MR = null;
08
09     // 여기에서 초기화한다
10     IEnumerator Start ()
11     {
12         // 로컬 위치의 애셋번들 파일을 불러온다
13         WWW www = new WWW (@"file:///c:\asset_textures.unity3d");
14
15         // 불러오기가 완료될 때까지 기다린다
16         yield return www;
17
18         // 애셋번들에서 텍스처 불러오기
19         Texture2D Tex =
20             www.assetBundle.Load("texture_wood",typeof(Texture2D)) as Texture2D;
21
22         // 애셋번들에 들어있는 텍스처를 메시에 할당한다
23         MR = GetComponent<MeshRenderer>();
24         MR.material.mainTexture = Tex;
25     }
26 }
```

텍스처 애셋이 다음 그림처럼 보인다.

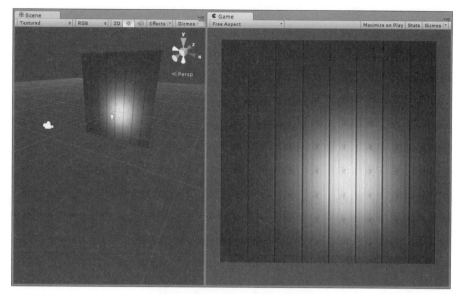

애셋번들에서 메시 렌더러로 텍스처 애셋 불러오기

 애셋번들에 대한 자세한 내용은 다음 유니티 문서를 참고한다.
http://docs.unity3d.com/kr/current/Manual/AssetBundlesIntro.html

지속되는 데이터와 게임 저장

게이머가 게임 상태를 저장하고 불러올 수 있도록 하는 것은 중요한 기능이다. 어드벤처나 실시간 전략, RPG 등과 같이 긴 시간 동안 플레이하는 게임의 경우 더욱 중요하다. 따라서 게임은 사용자가 게임 데이터를 외부 파일로 저장하고 불러오는 기능을 제공해줘야 한다.

유니티에서는 XML이나 바이너리 파일을 통한 데이터 직렬화serialization를 이용해 이런 기능을 제공해줄 수 있다.

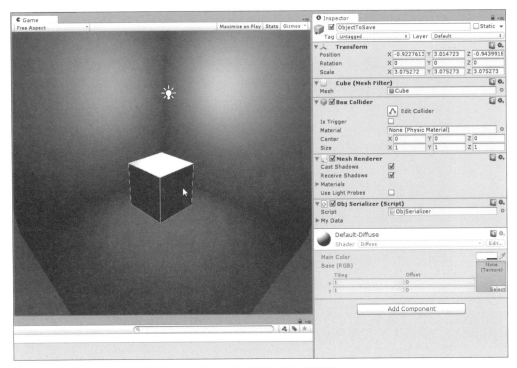

오브젝트의 트랜스폼 프로퍼티들을 XML 파일로 저장하기

직렬화란 메모리 안의 데이터(게임오브젝트의 컴포넌트 상태 등)를 스트림^{stream}으로 변환/전환하는 처리를 말하는 것으로, 파일로 쓰거나 파일로부터 불러와서 파일에 저장했을 때의 상태로 메모리에 컴포넌트를 다시 생성할 수 있도록 한다. 게임 저장 기능을 만들려면 우선 어떤 데이터를 저장해서 불러올지(게임에 따라 다르다.)를 정하고 이 데이터를 담을 새로운 클래스를 만든다. 다음 예제 코드 10-4(ObjSerializer.cs)를 살펴보자. 이 코드를 게임오브젝트에 붙이면 오브젝트의 트랜스폼 컴포넌트(이동, 회전, 스케일)를 직렬화해 외부의 XML이나 바이너리 형식의 파일로 저장하거나 불러올 수 있게 된다. `XmlSerializer` 클래스를 이용해 메모리의 오브젝트를 XML 파일로 변환하거나 `BinaryFormatter`를 이용해 메모리의 오브젝트를 바이너리 파일로 변환한다. 바이너리 파일은 일반적으로 사람이 읽거나 이해할 수 없는 반면, XML 파일은 사람이 읽을 수 있는 형식의 텍스트 파일이다.

```
001 //------------------------------------------------
002 using UnityEngine;
003 using System.Collections;
004 using System.Collections.Generic;
005 using System.Xml;
006 using System.Xml.Serialization;
007 using System.Runtime.Serialization.Formatters.Binary;
008 using System.IO;
009 //------------------------------------------------
010 public class ObjSerializer : MonoBehaviour
011 {
012     // XML이나 바이너리 파일로 저장할 데이터
013     [System.Serializable]
014     [XmlRoot("GameData")]
015     public class MySaveData
016     {
017         // 파일에 저장하거나 불러올 트랜스폼 데이터
018         // 트랜스폼 오브젝트를 부동소수점 같이 간단한 값으로 변환해서 나타낸다
019         [System.Serializable]
020         public struct DataTransform
021         {
022             public float X;
023             public float Y;
024             public float Z;
025             public float RotX;
026             public float RotY;
027             public float RotZ;
028             public float ScaleX;
029             public float ScaleY;
030             public float ScaleZ;
031         }
032
033         // 저장할 트랜스폼 오브젝트
034         public DataTransform MyTransform = new DataTransform();
035     }
036
037     // MySaveData 오브젝트를 선언한다
```

```
038    public MySaveData MyData = new MySaveData();
039    //---------------------------------------------
040    // 트랜스폼 데이터를 가진 MyData 구조체를 채운다
041    // 이 구조체가 파일로 저장될 데이터다
042    private void GetTransform()
043    {
044        // 이 오브젝트의 트랜스폼 컴포넌트를 얻는다
045        Transform ThisTransform = transform;
046
047        // 데이터 구조체를 트랜스폼 컴포넌트의 값으로 채운다
048        MyData.MyTransform.X = ThisTransform.position.x;
049        MyData.MyTransform.Y = ThisTransform.position.y;
050        MyData.MyTransform.Z = ThisTransform.position.z;
051        MyData.MyTransform.RotX = ThisTransform.localRotation.eulerAngles.x;
052        MyData.MyTransform.RotY = ThisTransform.localRotation.eulerAngles.y;
053        MyData.MyTransform.RotZ = ThisTransform.localRotation.eulerAngles.z;
054        MyData.MyTransform.ScaleX = ThisTransform.localScale.x;
055        MyData.MyTransform.ScaleY = ThisTransform.localScale.y;
056        MyData.MyTransform.ScaleZ = ThisTransform.localScale.z;
057    }
058    //---------------------------------------------
059    // 불러온 데이터로 트랜스폼 컴포넌트를 복원한다
060    // 복원을 위해 파일에서 데이터를 불러온 이후에 이 함수를 호출해야 한다
061    private void SetTransform()
062    {
063        // 이 오브젝트의 트랜스폼 컴포넌트를 얻는다
064        Transform ThisTransform = transform;
065
066        // 트랜스폼 컴포넌트를 불러온 데이터로 복원한다
067        ThisTransform.position =
068            new Vector3(
069                MyData.MyTransform.X,
070                MyData.MyTransform.Y,
071                MyData.MyTransform.Z);
072        ThisTransform.rotation =
073            Quaternion.Euler(
074                MyData.MyTransform.RotX,
```

```
075              MyData.MyTransform.RotY,
076              MyData.MyTransform.RotZ);
077       ThisTransform.localScale =
078          new Vector3(
079              MyData.MyTransform.ScaleX,
080              MyData.MyTransform.ScaleY,
081              MyData.MyTransform.ScaleZ);
082    }
083    //-----------------------------------------------
084    // 게임 데이터를 XML 파일로 저장한다
085    // 데이터를 XML 파일로 저장할 때 호출한다
086    // Save(Application.persistentDataPath + "/Mydata.xml"); 같은 식으로 호출한다
087    public void SaveXML(string FileName = "GameData.xml")
088    {
089       // 트랜스폼 데이터를 얻는다
090       GetTransform();
091
092       // 이제 게임 데이터를 저장한다
093       XmlSerializer Serializer = new XmlSerializer(typeof(MySaveData));
094       FileStream Stream = new FileStream(FileName, FileMode.Create);
095       Serializer.Serialize(Stream, MyData);
096       Stream.Close();
097    }
098    //-----------------------------------------------
099    // XML 파일에서 게임 데이터를 불러온다
100    // XML 파일에서 데이터를 불러올 때 호출한다
101    // LoadXML(Application.persistentDataPath + "/Mydata.xml"); 같은 식으로 호출한다
102    public void LoadXML(string FileName = "GameData.xml")
103    {
104       // 파일이 존재하지 않으면 끝낸다
105       if(!File.Exists(FileName)) return;
106
107       XmlSerializer Serializer = new XmlSerializer(typeof(MySaveData));
108       FileStream Stream = new FileStream(FileName, FileMode.Open);
109       MyData = Serializer.Deserialize(Stream) as MySaveData;
110       Stream.Close();
111
```

```
112        // 트랜스폼 설정 – 파일에서 다시 불러오기
113        SetTransform();
114    }
115    //----------------------------------------------
116    public void SaveBinary(string FileName = "GameData.sav")
117    {
118        // 트랜스폼 데이터를 얻는다
119        GetTransform();
120
121        BinaryFormatter bf = new BinaryFormatter();
122        FileStream Stream = File.Create(FileName);
123        bf.Serialize(Stream, MyData);
124        Stream.Close();
125    }
126    //----------------------------------------------
127    public void LoadBinary(string FileName = "GameData.sav")
128    {
129        // 파일이 존재하지 않으면 끝낸다
130        if(!File.Exists(FileName)) return;
131
132        BinaryFormatter bf = new BinaryFormatter();
133        FileStream Stream = File.Open(FileName, FileMode.Open);
134        MyData = bf.Deserialize(Stream) as MySaveData;
135        Stream.Close();
136
137        // 트랜스폼 설정 – 파일에서 다시 불러오기
138        SetTransform();
139    }
140    //----------------------------------------------
141    void Update()
142    {
143        // 1 키가 눌리면, XML 파일로 데이터가 저장된다
144        if(Input.GetKeyDown(KeyCode.Alpha1))
145        {
146            SaveXML(Application.persistentDataPath + "/Mydata.xml");
147            Debug.Log ("Saved to: " +
148                Application.persistentDataPath + "/Mydata.xml");
```

```
149        }
150
151        // 2 키가 눌리면, XML 파일에서 데이터를 불러온다
152        if(Input.GetKeyDown(KeyCode.Alpha2))
153        {
154            LoadXML(Application.persistentDataPath + "/Mydata.xml");
155            Debug.Log ("Loaded from: " +
156                Application.persistentDataPath + "/Mydata.xml");
157        }
158
159        // 3 키가 눌리면, 바이너리 파일로 데이터가 저장된다
160        if(Input.GetKeyDown(KeyCode.Alpha3))
161        {
162            SaveBinary(Application.persistentDataPath + "/Mydata.sav");
163            Debug.Log ("Saved to: " +
164                Application.persistentDataPath + "/Mydata.sav");
165        }
166
167        // 4 키가 눌리면, 바이너리 파일에서 데이터를 불러온다
168        if(Input.GetKeyDown(KeyCode.Alpha4))
169        {
170            LoadBinary(Application.persistentDataPath + "/Mydata.sav");
171            Debug.Log ("Loaded from: " +
172                Application.persistentDataPath + "/Mydata.sav");
173        }
174    }
175    //-----------------------------------------------
176 }
177 //-----------------------------------------------
```

 게임 데이터를 저장하고 불러오는 전체 예제는 다운로드한 예제 파일 중 10장의 XML_
and_Binary 폴더에서 찾을 수 있다.

요약

마지막 장에서는 파일 관리라는 공통점만을 가진 세 가지 팁에 대해 살펴봤다. 첫 번째 팁은 깃 버전 관리에 대한 내용으로, 무료 오픈소스 버전 관리 소프트웨어인 깃을 사용해 프로젝트의 변경사항을 추적하고 다른 개발자와 쉽게 협업하는 방법을 알아봤다. 두 번째 팁은 파일 데이터를 동적으로 불러오는 것에 관련된 내용으로, resources 폴더에서 프로젝트 내부의 파일을 불러오는 방법과 애셋 번들을 이용해 불러오는 방법을 살펴봤다. 후자의 방법은 개발자와 게이머가 함께 수정할 수 있는 외부 애셋을 만들 때 유용하다. 세 번째이자 마지막 팁으로는 직렬화를 통해 게임 내 데이터를 어떻게 파일로 저장하고 다시 불러오는지를 보여줬다. 직렬화를 이용하면, 사용자는 나중에 게임을 재개할 수 있도록 게임 데이터를 저장하거나 복구할 수 있다.

찾아보기

유니티 C# 스크립팅 마스터하기
고급 C# 팁과 기법을 통해 배우는 프로 게임 개발

발　행 | 2016년 1월 19일

지은이 | 앨런 쏜
옮긴이 | 장 석 현

펴낸이 | 권 성 준
편집장 | 황 영 주
편　집 | 조 유 나
디자인 | 윤 서 빈

에이콘출판주식회사
서울특별시 양천구 국회대로 287 (목동)
전화 02-2653-7600, 팩스 02-2653-0433
www.acornpub.co.kr / editor@acornpub.co.kr

한국어판 ⓒ 에이콘출판주식회사, 2016, Printed in Korea.
ISBN 978-89-6077-821-4
ISBN 978-89-6077-210-6 (세트)
http://www.acornpub.co.kr/book/mastering-unity-scripting

이 도서의 국립중앙도서관 출판시도서목록(CIP)은 서지정보유통지원시스템 홈페이지(http://seoji.nl.go.kr)와
국가자료공동목록시스템(http://www.nl.go.kr/kolisnet)에서 이용하실 수 있습니다.(CIP제어번호: CIP2016001504)

책값은 뒤표지에 있습니다.